O que as pessoas estão falando sobre
A Bíblia do Varejo

"*A Bíblia do Varejo* é um ótimo guia para profissionais de marketing de varejo. Ele expõe com clareza as estratégias a serem aplicadas pelos fornecedores e varejistas para deixar os clientes mais felizes – uma abordagem que costuma ser negligenciada no mix de marketing. A paixão do autor e sua experiência prática em marketing de varejo e em *shopper insights* realmente tornam esta uma leitura de valor inestimável."

Marc Schroeder, Vice-presidente Sênior do
SV Global Nutrition Group, PepsiCo

"Berkhout escreveu um livro que será indispensável tanto para os profissionais de varejo, em todos os níveis, quanto para os respectivos fornecedores. É admirável a profusão de detalhes, de uma ampla variedade de setores, provenientes de vários continentes."

Andrew Seth, ex-CEO da Lever Brothers, no Reino Unido,
e coautor de: *The Rise and Rise of the Supermarket Chains*

"Neste livro extremamente importante, Berkhout habilidosamente combina pesquisa acadêmica com sua vasta experiência em marketing de varejo, para oferecer numerosos *insights* baseados em fatos aos profissionais de marketing de varejo. Esses, por sua vez, devem ouvir com atenção e com abertura a convocação do autor para que cada leitor aguce a própria intuição e tome decisões esclarecidas, baseadas em fatos."

Jan-Benedict Steenkamp,
Massey Distinguished Professor of Marketing
e Marketing Area Chairman na University of
North Carolina's Kenan-Flagler Business School

"Constant Berkhout faz um ótimo trabalho ao derrubar muitos mitos em torno do comportamento de compra dos consumidores, que muita gente supõe que sejam verdadeiros. O livro ganha vida por meio de muitos exemplos do mundo real que perpassam diversos varejistas e diversas categorias, tornando-os aptos a serem aplicados em seu próprio negócio, seja você varejista ou fabricante. Tudo isso instiga os leitores a refletir sobre 'o que poderia eu ou a minha empresa fazer de maneira diferente para influenciar o comportamento do cliente para alcançar melhores resultados?'"

Bob Nolan, Vice-presidente Sênior de Customer Insights & Analytics na ConAgra Foods

"Leitura acessível e indispensável para todos os profissionais do varejo alimentício e não alimentício, e para qualquer pessoa que queira desenvolver uma compreensão profunda e atualizada sobre o comportamento dos *shoppers*. Este livro fornece todos os *insights* necessários para atender ainda melhor o cliente, deixar o *shopper* mais feliz e, consequentemente, vender mais, propiciando negócios melhores e mais sólidos em um futuro próximo!"

Hans van der Heyden, Vice-presidente do grupo GrandVision

"O *shopper marketing* e a gestão de categorias tornam-se mais acessíveis com este guia, que é bem alicerçado em numerosos casos e experimentos, tanto da literatura quanto da vasta experiência do autor. Eu, em especial, apreciei a sugestão de evoluir da decisão instintiva para a decisão baseada em fatos, e de testes e experimentos fáceis para análises mais avançadas de *big data*."

Jeroen Van de Broek, Director Category Development do Maxeda DIY Group

"Concordo plenamente com o autor quando ele diz que 'os varejistas não se destacam pelo amor a decisões baseadas em fatos e quantitativas', e estou convencido de que este livro pode mudar essa tendência do varejo! Berkhout explica por que e como atuar em múltiplos canais, considerando as necessidades emocionais e experimentais dos consumidores (que não são tão racionais nem tão movidos pelo preço quanto supõem os varejistas). Importantes estudos e princípios científicos são ilustrados neste livro, com excelentes exemplos da ampla experiência de Berkhout em varejo. Esta obra capacita os varejistas a decidir com base em dados e, assim, a alcançar e até ultrapassar os atuais líderes do setor."

Koen Pauwels, professor de marketing da Ozyegin University
e professor honorário da University of Groningen

A bíblia *do* VAREJO

Copyright © 2016 Constant Berkhout
Esta tradução foi publicada mediante acordo com a Kogan Page.

Título original: *Retail Marketing Strategy: Delivering Shopper Delight*

Todos os direitos reservados pela Autêntica Editora Ltda. Nenhuma parte desta publicação poderá ser reproduzida, seja por meios mecânicos, eletrônicos, seja via cópia xerográfica, sem autorização prévia da Editora.

A editora não se responsabiliza pelo conteúdo, funcionamento, manutenção ou atualização de links ou outros recursos apresentados pelo autor neste livro.

EDITOR
Marcelo Amaral de Moraes

EDITORA ASSISTENTE
Vanessa Cristina da Silva Sá

ASSISTENTE EDITORIAL
Luanna Luchesi

CAPA
Diogo Droschi

REVISÃO TÉCNICA
Marcelo Amaral de Moraes

PREPARAÇÃO DE TEXTO
Marcelo Amaral de Moraes
Vanessa Cristina da Silva Sá

REVISÃO
Luanna Luchesi

DIAGRAMAÇÃO
Guilherme Fagundes

Dados Internacionais de Catalogação na Publicação (CIP)
(Câmara Brasileira do Livro, SP, Brasil)

Berkhout, Constant
  A Bíblia do varejo : estratégias de marketing e vendas para sobreviver à revolução no varejo e prosperar / Constant Berkhout ; tradução Afonso Celso da Cunha Serra. -- 1. ed. -- Belo Horizonte : Autêntica Business, 2020.

  Título original: Retail marketing strategy : delivering shopper delight

  ISBN 978-85-51308-50-9

  1. Marketing 2. Varejo 3. Comportamento do Consumidor 4. Trade Marketing 5. Shopper Marketing I. Título.

20-39030   CDD-658.87

Índices para catálogo sistemático:
1. Varejo : Estratégia : Marketing : Administração 658.87

Maria Alice Ferreira - Bibliotecária - CRB-8/7964

A **AUTÊNTICA BUSINESS** É UMA EDITORA DO **GRUPO AUTÊNTICA**

Belo Horizonte
Rua Carlos Turner, 420
Silveira . 31140-520
Belo Horizonte . MG
Tel.: (55 31) 3465 4500

São Paulo
Av. Paulista, 2.073 . Conjunto Nacional
Horsa I . 23º andar . Conj. 2310 - 2312
Cerqueira César . 01311-940 . São Paulo . SP
Tel.: (55 11) 3034 4468

www.grupoautentica.com.br

Constant Berkhout

VA RE JO

A bíblia *do*

Estratégias de marketing e vendas para
sobreviver à revolução no varejo e prosperar

TRADUÇÃO Afonso Celso da Cunha Serra

autêntica
BUSINESS

SUMÁRIO

Sobre o autor *15*
Prefácio *17*
Agradecimentos *19*

PARTE UM: **A FELICIDADE DO *SHOPPER***

1 · CONTRIBUINDO PARA A FELICIDADE DO CLIENTE *25*

Tomando decisões baseadas em fatos *28*
Operando em vários canais ao mesmo tempo *29*
Desenvolvendo competências para compreender
profundamente os *shoppers* *30*
O *shopper* emocional *31*
A felicidade do *shopper* confere significado
à missão da organização *33*
Respostas aos desafios do varejo *34*
Varejo é pensar e fazer *35*
Considerações para a escolha das dimensões do varejo *36*
Compartilhando *40*
Estrutura do livro *41*

PARTE DOIS: **OS *SHOPPERS* SÃO PESSOAS**

2 · O MITO DAS COMPRAS POR IMPULSO *49*

O mito de que 70% das compras são feitas por impulso *49*
Estímulos demais em apenas dois segundos *52*
Armadilhas da pesquisa de mercado *54*
Compras por impulso *55*
Quanto mais rápido, melhor *58*

3 · EXPLORANDO O COMPORTAMENTO IRRACIONAL DO *SHOPPER* *61*

O que é comportamento irracional? *62*
Comportamentos de compra automáticos e
outras armadilhas *65*
Por que os *shoppers* caem em armadilhas irracionais? *81*

Nudge (empurrão): como aplicar o conhecimento
sobre a irracionalidade *82*
O *nudge* na prática do varejo *85*
Analisando a "jornada do *shopper* irracional" *87*
O setor público assume a liderança *89*
Será que é certo "empurrar" os *shoppers*? *90*

4 COMPREENDENDO O CÉREBRO DO *SHOPPER* POR MEIO DA NEUROPESQUISA *93*

Por que os questionários tradicionais fracassam *94*
Benefícios da neuropesquisa *95*
Diferenças de gênero *98*
Diferenças de idade *99*
Aplicações da neuropesquisa *99*
Sugestões práticas da neuropesquisa *101*

PARTE TRÊS: ESCOLHAS DE CANAL

5 PREFERÊNCIA DE CANAL: O FUTURO DO CANAL HIPERMERCADO *109*

O Carrefour numa encruzilhada *110*
O Carrefour, em específico, ou um problema
do canal hipermercado? *112*
Razões para o crescimento dos hipermercados *113*
As vantagens dos hipermercados desaparecem *116*
Estratégias para a virada dos hipermercados *120*
O Carrefour Planet como solução *122*
Forças do Carrefour Planet *125*
O Carrefour Planet é a resposta para os desafios
dos hipermercados? *128*
Ideias conclusivas *129*

6 O QUE O *SHOPPER* ESPERA DOS CANAIS DE COMPRA ON-LINE *131*

O on-line é inevitável *132*
Por que o futuro é on-line? *135*
Por que os produtos para supermercados
são diferentes on-line? *143*
O que está retardando as vendas dos
supermercados on-line? *144*
Três perguntas sobre o modelo de negócio:
separação, roteirização e entrega *150*

Tipos de entrega *153*

O on-line como uma saída para mercados saturados *157*

Posicionamento da execução logística ou da experiência de compra *159*

Tornando a escolha on-line inspiradora para os *shoppers* *161*

O mesmo princípio de marketing, práticas diferentes *163*

O canal on-line como venda adicional para supermercados tradicionais *165*

Conclusão *166*

PARTE QUATRO: DECISÕES BASEADAS EM FATOS

7 ACERTANDO NO MIX *173*

Espaço disponível como ponto de partida para o tamanho do mix de produtos *173*

Mix de produtos orientado para os *shoppers* *177*

Percorrendo as fases do ciclo de vida do mix *186*

Exemplo: a evolução da Schuitema *188*

Os *shoppers* gostam quando "mais é menos" *191*

O anseio dos varejistas pelo "mais é menos" *195*

Posso ter um pouco mais, por favor? *199*

Os varejistas podem ter tudo ao mesmo tempo *206*

8 FAZENDO OS CARTÕES FIDELIDADE REALMENTE FUNCIONAREM *210*

O que podemos aprender com a Tesco? *211*

Benefícios dos dados dos cartões fidelidade em comparação a outros dados *215*

Expansão internacional *216*

A mudança do poder para as mãos dos varejistas *218*

Uma nova fase para a pesquisa de mercado *219*

A implementação de cartões fidelidade pelos varejistas *221*

Consequências da implementação de cartões fidelidade para os fornecedores *225*

Riscos *231*

9 TORNANDO O *BIG DATA* DIGERÍVEL *236*

O que é *big data*? *237*

Drivers do *big data* no varejo *239*

Novos caminhos para deixar o *shopper* mais feliz *241*

A experimentação como hábito no mercado de bens de consumo *245*

Os desafios da privacidade *246*
Dados: *big*, limpos e abertos *248*

PARTE CINCO: **EXECUÇÃO NO PONTO DE VENDA**

10 O CRESCIMENTO DESENFREADO DAS "MARCAS PRÓPRIAS" E AS OPORTUNIDADES PARA AS GRANDES MARCAS *253*

As recessões aceleram as marcas próprias *254*
Por que investir em marcas próprias? *256*
A reação das grandes marcas às marcas próprias
dos varejistas *259*
Discussões entre os varejistas e as grandes marcas *262*

11 O EFEITO INEXPLICÁVEL DA MÚSICA *271*

Os efeitos da música *272*
As emoções que a música desperta *276*
O efeito da música sobre os funcionários da loja *282*
Desligue a música *283*
Escolhendo a música adequada *284*

12 OS AROMAS PODEM FAZER MARAVILHAS? *287*

Os aromas são realmente eficazes? *288*
Os efeitos indiretos dos aromas sobre o estado
de humor *289*
Processamento rápido pelo subconsciente *291*
Coerência com todas as variáveis do marketing
de varejo *294*
Os aromas como diferencial no marketing de varejo *298*
Quando usar os aromas? *302*

13 O *SELF-CHECKOUT* É MAIS QUE REDUÇÃO DE CUSTOS *304*

Nenhuma mudança nas perdas de mercadorias *305*
Um *business case* para o *self-checkout* *310*

PARTE SEIS: **DESENVOLVIMENTO ORGANIZACIONAL**

14 O NASCIMENTO DA GESTÃO DE CATEGORIAS *323*

O primeiro projeto de gestão de categorias *323*
Um novo conceito: gestão de categorias *329*

A gestão de categorias como parte do ECR 331
A transferência do ECR para a Europa 333
O processo de gestão de categorias em oito passos 336
O modelo ficou ultrapassado 339
A contribuição do ECR 342

15 A VERDADEIRA COMPREENSÃO DO CLIENTE 347

Desperdiçando o tempo dos varejistas 348
O *trade marketer* como parceiro transacional 349
A evolução do *trade marketing* 354
A compreensão do cliente como condição para
a profissionalização do *trade marketing* 358
Cinco coisas que um gestor de categorias espera numa
proposta de gestão de categorias 362

16 *SHOPPER MARKETING*: A NOVA FASE DO *TRADE MARKETING* 366

A definição de *shopper marketing* 367
O melhor do *shopper marketing* 369
Os dois principais *drivers* do *shopper marketing* 370
Um novo papel para o marketing de consumo 373
Obstáculos para o *shopper marketing* 376
Começando 378

PARTE SETE: ENVOLVENDO O *SHOPPER*

17 VAREJISTAS EM AÇÃO PARA AUMENTAR A FELICIDADE DO *SHOPPER* 383

Índice remissivo 385

SOBRE O AUTOR

CONSTANT BERKHOUT é apaixonado por marketing de varejo e por *shopper insights*. Obteve o grau de Master of Science in Economics "Cum Laude", com especialização em marketing. A curiosidade e a carreira o levaram a viajar pelo mundo e a morar em cidades como Ashville (Carolina do Norte), Buenos Aires e Londres.

Berkhout é fundador e proprietário da Rijnbrug Advies, uma empresa de consultoria nas áreas de marketing de varejo e de *shopper insights*, com sede nos Países Baixos. Apaixonada por varejo e alicerçada em mais de 20 anos de experiência, a Rijnbrug Advies lança novas maneiras de cultivar categorias e conectar-se com o *shopper*. Seus clientes incluem varejistas de alimentos, varejistas de não alimentos e fornecedores (www.constant-opportunities.com).

Antes de constituir sua própria agência, Berkhout construiu ampla experiência em um grande número de categorias, áreas funcionais e países:

- ▶ Nos varejistas De Boer Winkelbedrijven e Ahold, Berkhout familiarizou-se com os princípios do *efficient consumer response* (ECR), ou resposta eficiente ao consumidor, e gestão de categorias.
- ▶ Na Kraft Foods, adotou o *trade marketing* e trabalhou como gerente de contas em grandes redes de supermercados.
- ▶ Na Gilette/Procter & Gamble, liderou reestruturações de negócios nos departamentos comercial e de cadeia de

suprimentos, em vários países europeus. Mais tarde, tornou-se responsável pelo marketing da divisão europeia de *business-to-business* (B2B).

▸ Na PepsiCo, assumiu de início a atribuição de *consumer insights* e inovação no Norte Europeu. Em sua última função na PepsiCo, era responsável por *shopper insights* e pelo marketing em mais de 45 países da Europa. Implementou o *trade marketing* em países da Europa Oriental, como Rússia. Nos mercados da Europa Ocidental, aumentou a intimidade com os clientes em empresas como Carrefour, Casino e Tesco. Trabalhou em estreito entrosamento com colegas da América do Norte para aplicar tecnologias inovadoras.

Berkhout é casado, e ele e a esposa têm dois filhos juntos. No tempo livre, ele adora ler e viajar e, embora no passado tenha sido um jogador apaixonado por handball, usufrui grande parte do tempo livre em quadras de esportes, vendo os filhos jogarem futebol e basquete.

PREFÁCIO

TIVEMOS O prazer de trabalhar com Constant Berkhout em numerosos mercados internacionais, tão diversificados quanto China, Indonésia, Índia e Oriente Médio. A paixão e o conhecimento dele na área de *shopper marketing* são inigualáveis. Movido pelo pensamento único de que todas as ações na cadeia de suprimentos e na gestão de produtos devem ser concebidas para atender às necessidades dos consumidores, Berkhout produziu e ofereceu um programa de gestão de categorias altamente apreciado e impactante para a SPAR International.

A abordagem baseada em fatos para melhorar a experiência do consumidor preconizada por Berkhout neste livro foi executada no nível de lojas, e se mostrou eficaz em nossa própria cadeia de lojas, em âmbito internacional. Começando com *shopper insights* reais, Berkhout mapeia a jornada do profissional de marketing de varejo, capacitando-o a fazer escolhas que propiciam o desempenho eficaz nas lojas e a criação de uma estrutura duradoura que possibilite às equipes o ajuste fino de excelentes soluções, centradas no consumidor.

Em âmbito global, no setor supermercadista, constata-se a tendência de os fornecedores de bens de consumo buscarem o crescimento para lançar várias extensões de linhas e ofertas de marcas. Com o apoio de propaganda de massa, e de marketing promocional, a consequência é que está ficando cada vez mais difícil navegar e comprar nas prateleiras das lojas, de modo geral. As ineficiências desse excesso de oferta sobre a demanda acarretam problemas e custos em toda a cadeia de suprimentos. No âmago desse problema, destaca-se o fato de que o decisor mais importante não tem sido considerado adequadamente, e esse decisor supremo é o *shopper*. Em consequência, a situação predominante é a de *supplier push*, em que o fornecedor empurra, e não a de *customer pull*, em que o cliente puxa. Ao colocar o cliente no centro de todas as nossas decisões, desenvolvemos a capacidade de otimizar o planejamento, o layout e o fluxo de mix em nossas lojas. Como resultado dos workshops conduzidos por Berkhout, conseguimos que muitas de nossas equipes reavaliassem as principais categorias, propiciando menos duplicações nas faixas de produtos, melhor disponibilidade dos itens mais relevantes e simplificação dos níveis de preço. O aspecto mais interessante é que, em todos os casos, os consumidores reagiram com a percepção de aumento das escolhas e de simplificação da compra.

Berkhout trabalhou conosco para nos ajudar a compreender melhor o comportamento de compras e a aumentar a procura de nossos *shoppers*. Na SPAR, operamos mais de 12.500 lojas, em 40 países, em diversas localizações, do Círculo Ártico do Norte Europeu ao Cabo da Boa Esperança, no sul da África; do litoral da Irlanda, no Oceano Atlântico, à costa leste da China. Essa diversidade exige adaptabilidade, embora, apesar das diferenças em nossas áreas geográficas, os métodos de Berkhout sejam eficazes em todo o mundo.

Tenho certeza de que você gostará da abordagem exposta neste livro, uma metodologia prática, passo a passo, para a gestão de categorias e para a execução do *shopper marketing*. Com base em pesquisas acadêmicas e em sua ampla experiência, Berkhout conseguiu desmistificar a ciência da gestão de categorias, focando a arte de promover a felicidade dos consumidores.

Tobias Wasmuht
Diretor de varejo e de marketing
SPAR International

AGRADECIMENTOS

HÁ MUITOS ANOS, estou numa jornada... coletando estudos de caso, pesquisando artigos acadêmicos e estruturando minhas ideias. O resultado é este livro. Felizmente, não estou sozinho nesta aventura.

Minha querida esposa, Carola, encorajou-me a juntar e a expor minhas ideias e exemplos em formato de livro, e a melhorar a clareza de muitas frases e conceitos. Quando meu filho, Thomas, disse aos amigos que o pai dele era autor, o orgulho que transparecia em seu olhar e em sua voz elevou o meu espírito. Minha filha, Isabel, digitou algumas das palavras que você está lendo, de manhã bem cedo, depois de acordar e me acompanhar até o computador.

Quero agradecer a todos os meus colegas, do presente e do passado, que aguçaram os meus *insights*, compartilharam melhores práticas e participaram das discussões de como as coisas poderiam ser feitas para os nossos clientes de varejo e *shoppers*. E ainda restam as pessoas que merecem agradecimentos especiais:

Gé Lommen, editor-chefe da revista FoodPersonality. Ele aprimorou o conteúdo de muitos de meus artigos para a revista dele. Com o seu conhecimento profundo de varejo, ele questionou minhas ideias de maneira simples, ao mesmo tempo em que preservava a fecundidade e a amenidade da conversa.

Jolande de Ridder, profissional de marketing, dedicou muito tempo à correção cuidadosa do manuscrito preliminar, e muito contribuiu para facilitar a leitura deste livro.

Oliver Koll, *fellow* de pesquisa de pós-doutorado na Innsbruck University School of Management, e Peter Gouw, diretor da Vision2B, captaram estudos acadêmicos relevantes para este livro, em periódicos científicos e em bibliotecas on-line. Peter foi muito solidário, acolhendo-me de bom grado para sessões de troca de ideias sobre marketing.

Sean Raw, diretor da RAW Management Solutions, leu o manuscrito numa fase ainda incipiente e ofereceu-me ótimo *feedback* sobre a estrutura do livro.

Al Forbes, diretor da Solvinus, se dispôs a melhorar o meu capítulo sobre compreensão do cliente, e foi um privilégio contar com sua visão esclarecida e suas ideias construtivas sobre o tema.

Jasmin Naim, editora sênior de encomendas (*commissioning*) da Kogan Page, acreditou neste livro desde o início, e foi graças ao entusiasmo dela que ele agora está em suas mãos. Ela prestou orientações esclarecedoras durante todo o projeto.

Jenny Volich, editora de desenvolvimento da Kogan Page, aprimorou pacientemente a gramática e a sintaxe do texto, tornando a leitura deste livro muito mais amena e prazerosa.

Com o apoio de todas essas pessoas, este livro lhe fornece munição acadêmica e orientação prática que o ajudarão a deixar os seus *shoppers* felizes e a tornar o seu mix de marketing de varejo mais eficaz. Espero que este livro o ajude a refinar as suas ideias, a inspirá-lo para a ação e a motivá-lo a liberar as suas capacidades. Desejo-lhe muita felicidade.

À Carola, que torna minha vida florida e colorida todos os dias
Thomas, que capta meus sentimentos e me conecta com o mundo
Isabel, que me deixa mimado com o seu carinho e
amor incondicional

YAKOBCHUK VIACHESLAV/Shutterstock

1

PARTE UM
A FELICIDADE
DO *SHOPPER*

25 Capítulo 1 – Contribuindo para a felicidade do cliente

CAPÍTULO

1

CONTRIBUINDO PARA A FELICIDADE DO CLIENTE

NO SÉCULO XX, muitos varejistas atuavam mais ou menos como extensão logística das operações de fabricação e marketing do fornecedor. Desde que mantivessem os estoques em níveis adequados, ampliassem a rede lojas e embarcassem os produtos com eficiência por entre os seus mercados, eles prosperavam em ritmo muito confortável. Essa abordagem era favorável a grandes fornecedores, como Procter & Gamble e Philips, que desfrutavam de condições de negociação propícias. Produziam suas marcas em volumes substanciais e tinham a certeza de que os seus produtos estariam disponíveis em todas as lojas. Essa foi a era do marketing de consumo tradicional. Os fornecedores estimavam o tamanho do mercado, definiam os segmentos de consumidores, com base em características sociais e demográficas, e criavam demanda, divulgando os benefícios do produto em grandes campanhas publicitárias. A mídia não era tão difusa e variada quanto hoje, e os fornecedores sabiam ao certo quem estava vendo televisão, e quando. A execução do marketing era descrita em detalhes, em projetos de longo prazo, e a distribuição física era uma das minúcias que ficavam sob os cuidados dos fornecedores.

Evidentemente, as coisas às vezes ficavam difíceis. Incidentalmente, a demanda dos consumidores caia abruptamente, e os varejistas tinham de reduzir custos, como, por exemplo, quando o aumento nos preços do petróleo, na década de 1970, deflagrou uma crise econômica. Momentos como esse mostravam com clareza os varejistas que estavam com a casa em ordem: os que tinham investido nos elementos certos do mix de marketing, que haviam adotado conceitos de melhoria da eficiência logística, e cujas organizações se ajustavam com rapidez às mudanças de circunstâncias. Daí resultou uma consolidação dos varejistas ainda em evidência nas economias desenvolvidas e em desenvolvimento. Os mercados de varejo, como os de suprimentos de escritório, moda, decoração de casa e produtos eletrônicos, são dominados por um punhado de varejistas. A maneira como esses varejistas alcançaram essa posição de destaque foi fazendo basicamente duas coisas com muita eficácia: 1) execução no ponto de venda e 2) desenvolvimento organizacional.

Execução no ponto de venda é promover uma transação eficiente entre equipes de trabalho e clientes na loja. Envolve toda uma gama de decisões estratégicas e táticas no mix de marketing de varejo, desde o desenho eficiente do layout da loja até processos internos eficientes para a mudança das etiquetas de preços.

Desenvolvimento organizacional é encontrar e aplicar os melhores recursos para a estratégia de varejo. Por exemplo, uma grande mudança nas atividades e no foco do varejo ocorreu quando os varejistas incumbiram seus compradores internos responsáveis não só de negociar preços mais baixos com os fornecedores, mas também de promover a saúde duradoura da categoria. Os varejistas também precisavam ajustar seus modelos sempre que os *shoppers* deslocavam seus gastos para outros canais de varejo. Em consequência, eles talvez tivessem de abrir lojas nesses novos canais de varejo: por exemplo, quando os varejistas DIY, ou *do-it-yourself,* começaram a operar centros de jardinagem, para atender à demanda por ferramentas de jardinagem de *shoppers* que buscavam um ambiente de compras inspirador e natural.

Essas duas capacidades – execução no ponto de venda e desenvolvimento organizacional – eram fatores críticos de sucesso para os varejistas no século XX. Todavia, no mundo de hoje, elas se tornaram condições necessárias para sobreviver no varejo. O século XXI mostrou aos varejistas a necessidade de desenvolver novas capacidades, que consistem em compreender melhor o comportamento e as escolhas dos *shoppers* no momento da compra (Fig. 1.1).

Compreender o *shopper* se tornou essencial. Como reflexo das tendências sociais, os *shoppers* se tornaram mais explícitos na manifestação de seus desejos. Eles querem serviços ajustados às suas necessidades e estão menos interessados em seguir o exemplo dos pais ou a orientação de líderes de instituições sociais, como igrejas e sindicatos. Ademais, o panorama do varejo mudou; os canais se multiplicaram, com fronteiras menos definidas (*channel blurring*). A proliferação de canais diminuiu a lealdade dos *shoppers*. Ao mesmo tempo, a ampla variedade de mídia nas quais os *shoppers* estão sintonizados torna mais difícil alcançá-los por meio de um único canal – e, sob uma perspectiva de custo, aplicar o marketing de consumo por entre todos os canais de mídia não é mais uma opção. Contudo, os profissionais de marketing de consumo sabem que as pessoas podem ser encontradas em pelo menos um lugar: a loja.

Figura 1.1 – Perspectivas do marketing de varejo

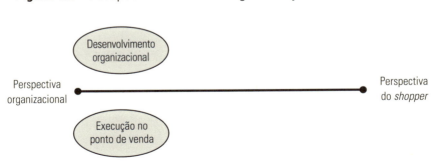

Figura 1.2 – Evolução das perspectivas do marketing de varejo

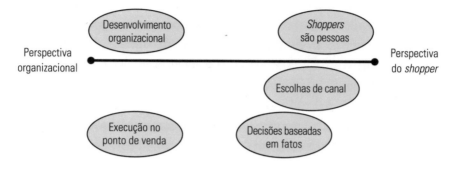

Portanto, a atenção dos profissionais de marketing se deslocou do momento do consumo para o momento da compra. Sob a perspectiva dos fornecedores, outra razão para transferir o investimento da publicidade para o marketing no ponto de venda é o fato de os varejistas se profissionalizarem cada vez mais, imporem exigências crescentes aos fornecedores, e converterem os nomes das lojas em marcas de produtos e serviços. A consolidação de muitos setores do varejo significa que, efetivamente, os fornecedores precisam lidar com cada vez menos varejistas para se comunicarem com os *shoppers*.

Nesse contexto em mutação, os varejistas precisam adquirir um novo conjunto de habilidades, acima e além dos aspectos operacionais, a fim de mudar para uma perspectiva de negócio cada vez mais orientada para os *shoppers* (Fig. 1.2).

- Tomar decisões baseadas em fatos.
- Operar em vários canais ao mesmo tempo.
- Desenvolver competências para compreender profundamente os *shoppers*.

◢ Tomando decisões baseadas em fatos

Os varejistas não se destacam pela capacidade de tomar decisões baseadas em fatos e números. Eles parecem saber intuitivamente que, se um concorrente reduzir os preços, os seus *shoppers* também exigirão preços menores, pelos mesmos produtos ou por produtos comparáveis. Os varejistas assumem que os *shoppers* comparam os produtos, sem levar em conta elementos que agregam valor, como, por exemplo, prestação de serviços pessoais ou adoção de políticas de compra sustentáveis. Muitas atividades de varejo são transacionais e repetitivas, exigindo foco no curto prazo. Em última análise, em comparação com os respectivos fornecedores, os varejistas geralmente obtêm retornos sobre o investimento muito mais baixos, o que lhes oferece uma boa desculpa para não investir em pesquisa de mercado.

O paradoxo no varejo é que os varejistas se instalam sobre montanhas de dados, mas não se dão ao trabalho de transformar os dados em informações significativas. Não quero dizer que as decisões baseadas em intuição estão sempre erradas, pelo contrário; o que está errado é não usar os dados disponíveis a fim de tomar melhores decisões para a empresa e para os *shoppers*. As lojas de departamentos, as lojas de moda e os centros de jardinagem que compram na base do que sentem ser a tendência são ultrapassados pelos varejistas que adotaram sistemas capazes de orientá-los na experimentação e ampliação do mix de itens da moda. A Zara é um ótimo exemplo de como o varejista pode decidir com base na intuição e com base em fatos: os designers da Zara têm autoridade para iniciar a produção de uma nova linha de roupas, depois de observar as novas tendências num evento de moda, mas os níveis de produção só aumentarão se as vendas na primeira semana forem boas.

◢ Operando em vários canais ao mesmo tempo

O varejista bem-sucedido do futuro será capaz de operar em vários canais ao mesmo tempo. Uma rede supermercadista pode optar por operar lojas de conveniência e supermercados; uma loja de moda pode aceitar pedidos on-line, ter lojas próprias e adotar o conceito *store-in-store* (loja dentro da loja), em lojas de departamentos. A razão para isso é simplicidade: o *shopper* se tornou menos leal, ficou mais crítico, e passou a usar tecnologias digitais para definir, durante a jornada de compra, onde encontrar as melhores ofertas.

A escolha do canal é resultado da missão de compra, que mostra por que o *shopper* está fazendo a compra. Por exemplo, um varejista DIY pode diferenciar entre uma jornada de compra para a renovação da casa, uma jornada de compra para a segurança da casa, e uma jornada de compra para a decoração de casa. A segmentação da missão permite que os varejistas se ponham no lugar do *shopper* e apresentem as soluções procuradas por ele. Isso ajuda os varejistas a pensar além dos produtos e serviços que já estão oferecendo, para absorver as melhores práticas de outros canais, e até para apresentar novas soluções ao *shopper*.

◢ Desenvolvendo competências para compreender profundamente os *shoppers*

Requisito essencial para o sucesso é compreender plenamente o *shopper* e suas necessidades, e dominar os meios para alcançar esse resultado. Ainda encontro diversos varejistas que, da boca para fora, se vangloriam de servir aos *shoppers*, mas, nas salas de reuniões e nos planos de gestão de categorias, simplesmente ignoram o *shopper*. Dito isso, a prova dos nove desse foco é até que ponto o *shopper* sente a intenção e o contato dos serviços. Por exemplo, quando compro no Marqt, supermercado holandês que vende produtos naturais e orgânicos, *todos* os membros da equipe me atendem, e não apenas *um*, e assim demonstram que me viram como pessoa e me atendem calorosamente. Como *shopper*, essa demonstração de receptividade e interesse é mais importante do que saber que eles têm excelentes planos de gestão de categorias. Além desse desejo intenso de compreender e atender os *shoppers*, os varejistas precisam adotar continuamente novas ferramentas que lhes propiciem *insights* mais profundos sobre o comportamento de compra, sobre as emoções dos *shoppers*, e sobre os motivos da visita à loja.

Ainda que os varejistas produzam excelentes relatórios de vendas diárias, essa capacidade não é suficiente para *ouvir* a voz do *shopper*.

Portanto, para alcançarem o sucesso, os varejistas precisam evoluir da visão organizacional para a *visão do shopper*. Todas as iniciativas e atitudes do varejista devem relacionar-se com as necessidades dos *shoppers* e com a maneira como tomam decisões e fazem escolhas. A otimização da execução no ponto de venda e o desenvolvimento organizacional podem ajudar os varejistas a alcançar esse resultado. Contudo, observe que a otimização dos instrumentos do mix de marketing de varejo não é um objetivo em si.

◢ O *shopper* emocional

A teoria econômica tradicional assume que todos os consumidores são racionais. Os modelos econômicos partem da premissa de que os consumidores têm acesso a todas as informações, compreendem as suas implicações e calculam os benefícios de todas as características do produto antes de decidir. A psicologia, porém, já demonstrou que esses pressupostos estão equivocados. Por exemplo, quando as pessoas estão em uma drogaria e precisam escolher uma vitamina entre centenas de opções disponíveis numa prateleira, elas tendem a seguir regras básicas para simplificar a decisão, como escolher a marca preferida dos pais ou a marca com mais destaque na imprensa nos últimos dias. Esses tipos de escolhas nem sempre são as melhores para o bem-estar e a felicidade duradoura do *shopper*.

Os varejistas precisam compreender não só o lado racional do *shopper*, mas também engajar-se com as emoções do *shopper* (Fig. 1.3). As emoções, as esperanças e as motivações são os desejos mais profundos a serem explorados pelo varejista para estabelecer vínculos mais fortes com o *shopper*. O varejista se relaciona mais facilmente com o lado calculista e emocional do *shopper*, ao oferecer-lhe um equilíbrio ótimo de qualidade e preço, como diferentes horários para entrega em domicílio e descontos promocionais esporádicos. O varejista pode detectar essas necessidades, por meio de questionários e processos simples de experimentação ou por métodos mais avançados, como análises de *big data*. Todavia, para engajarem-se com os desejos, esperanças e motivações mais profundos do *shopper*, esses tipos de pesquisas devem ser enriquecidos com conteúdo humano; as abordagens de engajamento necessárias para compreender as emoções são diferentes. Exemplos dessas abordagens são textos indiretos e associativos em entrevistas de saída (ou seja, quando os *shoppers* deixam a loja) e neuropesquisa. O varejista bem-sucedido almeja transformar a lealdade financeira do *shopper* numa combinação de lealdade racional e vínculo emocional. Muitos são os fatores que influenciam o sucesso das organizações de varejo. Acho, porém, que um deles é muito mais importante do que qualquer outro: o varejista pensa na felicidade do *shopper* em todas as suas decisões? Se o varejista se alinhar com o *shopper*, este se interessará em construir o relacionamento e, com o passar do tempo, começará a confiar no varejista e a associar-se à marca. A felicidade do *shopper* deve ser o objetivo principal dos profissionais de marketing. Se o varejista corresponder aos interesses dos *shoppers* e realmente atender aos anseios deles, os *shoppers* pagarão o preço sem hesitação.

Figura 1.3 – Perspectivas em marketing de varejo: *shopper* emocional e *shopper* calculista

◢ A felicidade do *shopper* confere significado à missão da organização

A missão da minha vida profissional tem sido criar *shoppers* felizes. Para cumprir essa missão, tive de descobrir o que contribui para a felicidade dos *shoppers* e o que as organizações precisam fazer para alcançar esse objetivo. O principal propósito deste livro é definir como é a felicidade do *shopper* e sugerir estratégias de varejo que ajudem os gestores a realizar esse desejo final. Por exemplo, pensar no *shopper* ao mudar o layout da loja ou a embalagem dos produtos. As organizações de varejo geralmente definem seus objetivos somente em termos de *market share* (participação de mercado), vendas, porcentagem de marcas próprias e lucro. Entretanto, esses são apenas resultados das decisões de marketing de varejo, refletindo uma abordagem da empresa em relação ao varejo, enquanto a perspectiva do *shopper* é mais sustentável e confere verdadeiro significado à missão da organização.

Vejamos um exemplo. Muitas organizações de varejo começaram a experimentar aromas ambientais em suas lojas, tema que será analisado com mais profundidade no Capítulo 12. Se adotarem uma abordagem organizacional aos aromas ambientais, os varejistas focarão a questão do aumento do faturamento gerado por eles. Se os *shoppers* estiverem no centro da decisão, porém, os varejistas se interessarão em saber se podem contribuir para a felicidade dos *shoppers* e se os aromas ambientais podem melhorar o humor dos *shoppers* e predispô-los a tomar melhor decisão de compra. Os varejistas, então, se interessarão em descobrir se o aroma ajudará o *shopper* não só no momento da compra, mas também se o *shopper* se sentirá mais à vontade com a política de aromas do varejista num momento mais importante, numa fase do processo de compra que seja mais racional e avaliativa. Este livro considerará questões como os efeitos dos aromas no ambiente de varejo, se os *shoppers* se sentem melhor com ou sem os aromas, e se agrada aos *shoppers* comprar em ambientes com perfumes acolhedores. Se as respostas forem positivas, os aromas ambientais poderão ser adotados como ingrediente eficaz no mix de marketing de varejo. Eles podem ajudar a conquistar o coração do *shopper* e, em consequência, obter um *share of wallet* (participação na carteira) do *shopper*. Não raro constato que os varejistas se concentram em iniciativas financeiras e imediatistas. Por conseguinte, perdem de vista o que deixa os *shoppers* felizes. Apenas ajudando realmente os *shoppers* os gestores podem desenvolver um negócio duradouro e sustentável. Contribuir para a felicidade do *shopper* é o fator que efetivamente determina a vitória ou o fracasso dos varejistas.

◢ Respostas aos desafios do varejo

Em minha missão para criar *shoppers* felizes, tentei realmente compreender a questão mais difícil do marketing de varejo. Durante toda a minha carreira, relacionei-me com profissionais dentro e fora do varejo, executei inúmeros experimentos e analisei ampla variedade de estudos e trabalhos acadêmicos. Essa abordagem me ajudou a desenvolver conceitos e modelos e a desenvolver melhor compreensão das seguintes questões:

- ▶ Como os varejistas podem criar um mix de produtos amplo o suficiente para gerar a sensação de controle, mas não tão variado a ponto de gerar estresse para que os *shoppers* escolham?
- ▶ Quais são os efeitos da música ambiente e de aromas no comportamento de compra?
- ▶ Por que o varejo on-line é menor no setor supermercadista do que em outros ramos de negócio?
- ▶ Como os varejistas podem convencer os *shoppers* a adotar novos hábitos de compra?
- ▶ Como os fornecedores podem vender produtos e ideias aos varejistas de forma mais eficaz?
- ▶ Como fornecedores e varejistas podem explorar seus investimentos em dados do cartão fidelidade para promover o sucesso?

► Qual é a diferença entre *trade marketing* e *shopper marketing*?

Este livro é resultado de uma busca que se estendeu por mais de 20 anos. Cada capítulo pode ajudar os gestores a adotar ações imediatas para aumentar seu *mindset* em varejo nos próximos anos. Ele se ergue sobre a sólida experiência em negócios de profissionais de varejo e da indústria de bens de consumo, para estruturar ainda mais seus pensamentos e inspirá-lo a implementar soluções pragmáticas no dia a dia do trabalho. Além disso, estudantes interessados em varejo reconhecerão modelos da literatura de marketing atual e aprenderão aspectos práticos das decisões de marketing de varejo.

◢ Varejo é pensar e fazer

Ao me deparar com os desafios do varejo, parti em busca de colegas de profissão para ver o que pensavam e faziam. Experimentei, refleti sobre minhas tentativas, e procurei os *stakeholders* para ampliar ainda mais suas ideias e práticas de varejo. A pesquisa e a validação acadêmica, associadas à prática, aumentaram a minha confiança de que este livro fornece novos *insights* para profissionais, que lhes permitirão ir mais longe em seu trabalho.

Grande parte do que escrevo decorre de experiências em primeira mão. Ao dirigir a área de *shopper marketing* na PepsiCo Europe, eu estava na posição privilegiada de trabalhar com grandes varejistas internacionais, como Carrefour, Casino e Tesco, acumulando experiência direta de configurar o *trade marketing* em países emergentes, como Rússia, e de lançar inovações, como novos layouts de lojas, com base em modelagem de *big data* em mercados desenvolvidos.

Passei grande parte de minha carreira no setor supermercadista; muitas das melhores práticas abordadas neste livro são oriundas dessa área. Entretanto, acredito que grande parte do conteúdo deste livro pode ser aplicado ao setor de varejo de forma mais ampla, como as competências de gerentes de *trade marketing* (isto é, na indústria), ao lidar com gerentes de categoria (isto é, compradores, no lado do varejo), e tecnologias como neuropesquisa. Além disso, também apresento estudos de caso e conhecimentos extraídos de experimentos científicos, conduzidos em vários setores de varejo, como restaurantes, bancos e lojas de artigos esportivos. A combinação de estudos acadêmicos, experimentos de campo e críticas de colegas e clientes ajudaram-me a desenvolver novos modelos de marketing, que são apresentados neste livro, como a *shopper journey*, para *insights* comportamentais e o ciclo de vida do mix de produtos.

◢ Considerações para a escolha das dimensões do varejo

Este livro demonstra cinco habilidades a serem cultivadas pelos varejistas, para alcançar o sucesso no futuro:

▶ Execução no ponto de venda (na loja).
▶ Desenvolvimento organizacional.
▶ Decisões cada vez mais baseadas em fatos.
▶ Atuação em vários canais ao mesmo tempo.
▶ Conjunto de competências para compreender profundamente os *shoppers*.

Essas habilidades são ilustradas na discussão de tópicos de varejo específicos. Minha escolha desses temas se baseia em algumas considerações.

⋯▶ Acabar com os mitos

Os mitos impedem o progresso e levam os gestores a andar em círculos. Uma das crenças mais comuns é que a maioria das decisões dos *shoppers* nas lojas são impulsivas.

A pesquisa acadêmica demonstrou que essa crença não é verdadeira. No entanto, há quem tenha interesse em preservar esse mito. Para avançar como função, o marketing de varejo deve ser claro em relação ao que é eficaz e ao que é ineficaz.

⋯➔ *Shopper insights* como nova rota para a inovação

Os profissionais de marketing geralmente veem os eventos e contextos de consumo como fonte de *insights* geradores de negócios, enquanto desconsideram os motivos, o humor e os processos e ações mentais durante a compra nas lojas. Desde 2010, a ciência comportamental tem feito contribuições significativas para as teorias de marketing. Mais do que nunca, não há dúvida de que as decisões de compra dependem do contexto. Se a inovação é elemento crucial para os gestores de marketing, gerar *insights* sobre o contexto de compra é crucial. Técnicas recentes de neuropesquisa ajudam os profissionais de marketing de varejo a compreender melhor o impacto de suas ações.

⋯➔ Necessidade de *insights* factíveis

Na vida atribulada dos profissionais de marketing, é compreensível que retrocedam aos modelos e práticas comprovadas do passado. Ao enfrentarem graves guerras de preços ou ao mudarem a aparência de uma embalagem, esses profissionais se sentem pressionados a responder com rapidez. De fato, nas sociedades ocidentais, as ações rápidas são encorajadas. As consultorias e outros setores de serviços se tornaram igualmente focados na ação, com medo de perder clientes. O ideal é que os gestores avaliem os instrumentos de marketing que foram realmente eficazes no passado, estimem o que se aplica nas circunstâncias atuais e, então, avancem. Na prática, contudo, geralmente não se tem tempo nem para considerar as experiências pregressas. Nessas condições, os profissionais de marketing precisam acessar ferramentas sólidas, simples de compreender e fáceis de usar, com base em orientações pragmáticas sobre suas aplicações.

⟶ Estímulos à mentalidade de longo prazo

A maioria dos negócios de varejo se alicerça em altos volumes, com margens relativamente baixas. Essa é uma das razões de os varejistas monitorarem as vendas diárias e de tantos deles se concentrarem no curto prazo. Não raro os varejistas passam 80% do tempo em decisões urgentes, como as referentes a ajustes de preços semanais, lançamento de novos produtos e agenda de promoções. Evidentemente, há exceções à regra, e até os imediatistas uma vez por outra adotam práticas inovadoras. Porém, à parte as organizações de varejo realmente grandes, a maioria carece de departamentos de estratégia e desenvolvimento de negócios, que coletem experiências, adotem *benchmarks* ou criem modelos e manuais. Este livro disponibiliza informações para todos eles, na tentativa de propor novas maneiras de pensar e de agilizar as práticas de varejo.

⟶ Poucas ligações com o mundo acadêmico

Parece que a pesquisa acadêmica não se dá muito bem com o marketing de varejo: ela parece ser muito elevada, cientificista demais e abstrata em excesso. Os profissionais de marketing tendem a não ter tempo para absorver pesquisas acadêmicas relevantes, e os contatos entre empresas e pesquisadores importantes não costumam ser dos mais produtivos. Os acadêmicos, porém, têm feito ótimas contribuições, como, por exemplo, ao descobrir como atuam as marcas próprias, se o marketing de aromas é útil, e como os hipermercados podem ampliar seu ciclo de vida. Experimentos controlados têm gerado *insights* sobre o que funciona e em quais condições. Este livro inclui pesquisas científicas relevantes e analisa alguns dos trabalhos mais recentes sobre os desafios do varejo.

···→ Um olhar sobre o futuro do varejo para estudantes de marketing

Em instituições acadêmicas, os estudantes de marketing, na maioria, se dedicam a estudos de caso que envolvem grandes fornecedores e marketing *business-to-consumer* (B2C). *Shopper insights* é um conceito relativamente novo para eles. As instituições acadêmicas desenvolveram programas de estudos para marketing de varejo, mas o foco em grande parte ainda se concentra em outras áreas. Além disso, as universidades estudam exaustivamente a elaboração de modelos e estratégias de marketing, mas dedicam menos tempo à sua implementação. Esse aspecto é ainda mais importante na arena de varejo, onde há interfaces diretas com o público consumidor (lojas físicas e on-line, materiais de marketing, etc.) Isso não significa que os estudantes não queiram tomar conhecimento da relevância das ferramentas na vida real, embora o acesso a elas seja, às vezes, limitado. Eles estão ansiosos para vislumbrar onde trabalharão e para experimentar o sabor da prática de marketing.

As cinco habilidades são explicadas com ênfase em aplicações específicas e em melhores práticas. Este livro vai além de fornecer definições e de oferecer *checklists*: também analisa dimensões específicas que ilustram as habilidades. Por exemplo, para explicar a profundidade da *expertise* a ser dominada pelos varejistas, quando se trata de execução no ponto de venda, os seguintes fatores assumem relevância destacada: desenvolvimento de marcas privadas, música ambiente, aroma ambiente e *self-checkout*. Isso não significa que sejam essas as únicas dimensões que compõem a execução no ponto de venda. Outros aspectos também podem ser relevantes, como, por exemplo, o layout da loja e princípios eficientes de *shelf-merchandising*.

◢ Compartilhando

Ao longo dos anos, escrevi muitos artigos e blogs referentes à inovação, diferenças culturais, varejo, comportamento de compras e estratégias de vendas. Esses trabalhos me ajudaram a estruturar meus pensamentos, a estimular outros gestores a considerar e desenvolver suas estratégias, e a refinar minhas ideias e modelos. De fato, é possível que os profissionais que lerem este livro já tenham visto alguns conceitos aqui expostos, uma vez que já escrevi sobre esses tópicos em três revistas de negócios, que servem de plataforma para ideias de varejo inovadoras: *FoodPersonality*, *StoreCheck Magazine* e *Innova Magazine*. A evolução contínua de minhas ideias, a explicação das últimas pesquisas acadêmicas e a validação por profissionais de varejo permitem que eu compartilhe com os leitores muito do que aprendi sobre marketing de varejo. Sinto-me feliz ao dividir minhas experiências com profissionais de todo o mundo, de modo que os *shoppers* fiquem mais felizes e as estratégias de varejo se tornem mais eficazes. Exponho meus sucessos e meus fracassos. Minha esperança é que este livro ajude os gestores a ampliar seu conhecimento, a aproveitar toda a sua capacidade e a realizar suas ambições na arena do varejo.

◢ Estrutura do livro

Os gestores podem imergir diretamente em um tópico e ler o que for de mais interesse para eles, o que, dessa maneira, faz do livro um manual. No entanto, a maioria dos leitores experimentará toda a abrangência do significado de felicidade do *shopper* e avaliará a utilidade de cada técnica, com uma abordagem passo a passo. O livro primeiro analisa as três habilidades que introduzem nos varejistas a perspectiva dos *shoppers*, na avaliação do negócio de varejo. Essas são as áreas para o sucesso do negócio que oferecem mais oportunidades para a diferenciação sustentável. As duas últimas habilidades neste livro são parte inerente da perspectiva do varejista, aspecto no qual os profissionais de marketing de varejo já têm mais experiência (Fig. 1.4).

Figura 1.4 – Perspectivas em marketing de varejo e estrutura do livro

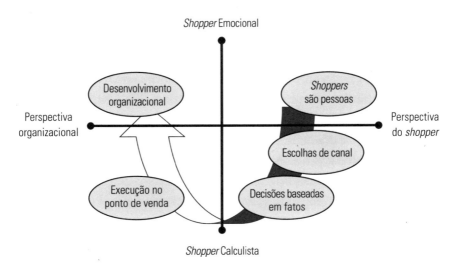

O livro está programado como uma viagem, integrando as práticas adotadas pelo *shopper* nas habilidades operacionais do varejo, em cinco passos:

Shoppers são pessoas

O primeiro conjunto de capítulos (Parte Dois) visa compreender e apreciar o comportamento emocional do *shopper*. O livro começa desbancando o mito de que os *shoppers* nas lojas tomam a maioria das decisões por impulso ou no último momento. Em seguida, ofereço uma compreensão completa do *shopper* e de seus comportamentos. Abarco os aspectos irracionais do comportamento e analiso métodos para quebrar a rotina de compras. A neuropesquisa é uma nova tecnologia fascinante que proporciona uma compreensão poderosa do que os *shoppers* realmente pensam e sentem, mas, geralmente, não expressam.

Escolhas de canal

Os *shoppers* começam com uma missão específica em mente: por exemplo, comprar um presente para um aniversariante ou alguma coisa atraente para usar numa festa. Em seguida, avaliam uma gama de varejistas, com base em diferentes variáveis, como preço, proximidade e marcas. Os pesquisadores podem ter escolhido nomes de canais e ter classificado os varejistas nesses grupos. De fato, desdobrar o mercado nesses canais é útil sob o ponto de vista gerencial, como, por exemplo, para medir o *market share*, mas não é em si relevante para os *shoppers*.

Os varejistas que se fixam demais em certos formatos podem perder a perspectiva do *shopper*. Por exemplo, um canal que está sob pressão em mercados maduros é o formato de hipermercado. Na Parte Três, explico os fatores críticos de sucesso originais do canal hipermercado e por que os *shoppers* se desinteressaram por essa alternativa em favor do canal de conveniência, das lojas de desconto e das compras on-line. Uma importante seção do livro analisa o papel dos varejistas on-line no setor supermercadista e quais são as principais diferenças entre compras on-line e em lojas físicas.

⋯→ Decisões baseadas em fatos

A Parte Quatro analisa como os gestores podem explorar o cartão fidelidade[1] e o *big data* para compreender melhor os *shoppers*. Se os programas de fidelidade forem dirigidos de maneira mecânica, com ofertas promocionais espo- rádicas, eles farão pouca diferença na vida dos *shoppers*. Se, por outro lado, os varejistas deixarem claro para os *shoppers* que querem agradecer-lhes por suas compras e demonstrar-lhes o desejo intenso de servi-los melhor, o relacionamento deixa de ser meramente financeiro e passa a envolver aspectos emocionais. Coletar dados e buscar *insights* são importantes. Usar dados para tomar decisões não é um fim em si nem uma ferramenta para decisões intuitivas. De fato, quando combinados, os dados propi- ciam ambientes de varejo mais prazerosos e eficazes. Uma das decisões mais difíceis em varejo é identificar quantos produtos e qual mix os *shoppers* preferem. Os *shoppers* dizem aos varejistas que querem opções de escolha, mas se queixam quando dispõem de escolhas demais; assim, esta parte do livro recomenda estratégias sobre como deixar os *shoppers* felizes, com o mix certo.

---

[1] As ocorrências da palavra *loyalty* no original deste livro foram traduzidas como "lealdade". Entretanto, as ocorrências dos termos *loyalty card(s)* e *loyalty program(s)* foram traduzidas como "cartão(s) fidelidade" e "programa(s) de fidelidade", respectivamente; por serem as expressões predominantemente usadas pelas empresas no Brasil para denominarem seus cartões e programas. [N.E.]

Execução no ponto de venda

A Parte Cinco ajuda os varejistas a focar instrumentos eficazes de marketing de varejo, com a ajuda de recomendações simples sobre investir em música e em aromas ambientais. Intuitivamente, essas recomendações parecem muito eficazes, crença que é reforçada por revistas conhecidas. Nesta parte do livro, proponho aos varejistas um novo olhar sobre a eficácia dessas ferramentas na prática do dia a dia. Os varejistas, em especial os de produtos farmacêuticos, de DIY e de petróleo, veem o setor supermercadista como fonte de melhores práticas para marcas próprias. Também analiso o que impulsiona o sucesso das marcas próprias e quais são os instrumentos eficazes para os fornecedores manterem os *shoppers* felizes com as suas grandes marcas.

Desenvolvimento organizacional

A Parte Seis trata de questões de como os gestores podem implementar os conhecimentos de desenvolvimento organizacional, tanto no âmbito interno de suas organizações quanto no trabalho com parceiros. Começo com uma descrição de como os varejistas transformaram suas organizações, substituindo o foco na compra pela gestão de categorias. Em consequência dessa mudança, o setor de varejo se tornou mais profissional e produziu muitas ferramentas estratégicas que ainda estão em uso.

A estruturação da organização em categorias é um grande avanço, mas o modelo original de gestão de categorias precisa ser complementado com missões de compra, análise de cestas, pesquisa de *shopper* e muito mais, a fim de melhor compreender os *shoppers*. *Trade marketing* e gerentes de contas, no lado do fornecedor, podem aprender mais sobre as necessidades do gerente de categoria, no lado do varejista. Isso ajuda a melhorar a abordagem de serviço e estimula a colaboração entre os parceiros, na cadeia de suprimentos. Finalmente, esta parte do livro descreve como as organizações podem abraçar o *shopper marketing* para obter ganhos estratégicos e gerar inovações com base em *shopper insights*.

Minha missão é deixar os *shoppers* felizes. Os varejistas precisam de estratégias avançadas para propiciar a felicidade do *shopper*. O livro fecha com pensamentos sobre como o setor de varejo pode adotar novas abordagens para engajar-se com os seus *shoppers*. Dito isso, aproveite a leitura!

Prostock-studio/Shutterstock

2

PARTE DOIS
OS *SHOPPERS* SÃO PESSOAS

49	Capítulo 2 – O mito das compras por impulso
61	Capítulo 3 – Explorando o comportamento irracional do *shopper*
93	Capítulo 4 – Compreendendo o cérebro do *shopper* por meio da neuropesquisa

CAPÍTULO

2

O MITO DAS COMPRAS POR IMPULSO

A GESTÃO de categorias atraiu enorme atenção para as atividades de marketing no chão das lojas. Degustações, demonstrações de produtos e adesivos de chão são apenas algumas das muitas armas disponíveis no arsenal de marketing de varejo, e o grito de vitória das histórias de sucesso deixa claro que o marketing dentro da loja é o investimento em marketing mais eficaz. O investimento geralmente é justificado pelo pressuposto de que o *shopper* decide apenas depois de chegar à loja. Acho que é hora de fornecedores e varejistas conhecerem melhor os *shoppers*.

◢ O mito de que 70% das compras são feitas por impulso

Mito que ainda ressoa no varejo supermercadista é o de que 70% das compras são feitas por impulso. Diz-se que os *shoppers* fazem 70% das compras por impulso. A porcentagem se baseia em estudo encomendado pela POPAI, nos Estados Unidos, em 1995.[1] O estudo concluiu que 74% das compras são decididas na loja. Em 53% dos casos, a compra não foi precedida de qualquer

---

[1] POPAI. *The 1995 Consumer Buying Habits Study.* Washington D.C.: The Global Association for Marketing at-Retail, 1995.

planejamento, antes de entrar na loja. Resultados semelhantes foram obtidos em outro estudo, também conduzido pela POPAI, envolvendo sete países europeus, em 1997 e 1998.[2] Este segundo estudo mostrou que a taxa média de decisões na loja é inferior a 67%, mas com altas variações entre os países. A maior proporção de compras por impulso foi constatada nos Países Baixos (80%) e a mais baixa foi registrada na Itália (42%).

Em geral, a implicação daí decorrente é a de que os *shoppers* decidem comprar nas lojas de maneira completamente impulsiva. É ampla a variedade de decisões que se supõem serem tomadas na loja. Decisões referentes à categoria, marca, tamanho, sabor, segmento – como comprar algo da categoria "massa", escolher a marca de manteiga que irá para a mesa do café da manhã ou levar xampu em embalagem de 200 ml ou de 400 ml – além de inúmeras outras escolhas que se imaginam serem aleatórias, feitas nos últimos segundos antes da compra, diante da prateleira. Esse mito sobre a enorme extensão das compras por impulso talvez se mantenha vivo pela influência de quem se beneficia com a circulação dos materiais nas lojas. Na maioria dos países, as revistas especializadas publicam listas dos "10 produtos mais comprados por impulso". Os fornecedores recorrem ao mito de que 70% das compras são por impulso para ganhar acesso às lojas com seus *displays* e para aumentar as vendas durante eventos promocionais. Os compradores dos varejistas adoram sustentar essa crença, afinal, não é a loja o centro ao redor do qual todas as coisas giram? As verbas de propaganda não deveriam ser transferidas para o nível da loja? O pagamento que os fornecedores desembolsam pelos melhores pontos de *merchandising* e o *narrow casting* são fontes de renda relevantes para os varejistas. O dogma dos 70%, porém, tem sido questionado por pesquisas de agências bem-conceituadas:

---

[2] POPAI. *The POPAI Europe Consumer Buying Habits Study*: Measuring the In-Store Decision Making of Supermarket Shoppers. Washington D.C.: POPAI Europe, 1998. Disponível em:<https://memberconnect.shopassociation.org/HigherLogic/System/DownloadDocumentFile.ashx?DocumentFileKey=3b326e0a-fa28-d084-0e85-e1948b466b1f f>. Acesso em: 23 jul. 2015.

- A agência de publicidade Ogilvy & Mather entrevistou *shoppers*, envolvendo cinco canais de varejo e seis categorias de produtos, em 24 países. Eles concluíram que, nos casos em que os *shoppers* planejaram a compra de categoria, 28% dos *shoppers* tomam a decisão da marca na loja. Quase 20% escolhem uma categoria em que não tinham intenção de comprar antes de visitar a loja.[3]

- A agência de pesquisa SymphonyIRI sugere que, nos Estados Unidos, 44% das decisões são tomadas na loja.[4]

- Um estudo da Bell, Corsten and Knox, de 2008, mostra que 60% das jornadas de compra não incluem compras por impulso, e que as restantes 40% contêm, em média, apenas três produtos não planejados. Cerca de 20% das compras não são planejadas.[5]

Antes de examinar as compras por impulso mais de perto, convém observar as diferenças entre vários tipos de compra que podem ser feitas pelo *shopper*:

- *Compra de categoria não planejada*: o *shopper* não pretende comprar de uma categoria específica antes de entrar na loja.

- *Compra de marca não planejada*: o *shopper* quer comprar de uma categoria específica, por exemplo, chá, mas deixa a decisão de qual marca de chá comprar para quando estiver na loja.

- *Compra mais ou menos planejada*: o *shopper* decidiu sobre todas ou sobre a maioria das características da compra,

---

[3] OGILVY & MATHER. *Shopper Decisions Made In-Store*. Nova York, 2015. Disponível em: <http://www.wpp.com/wpp/marketing/consumerinsights/shopper-decisionsmade-instore/>. Acesso em 23 jul. 2015.

[4] IRI. Market Pulse Survey Finds Consumers of Conservative Purchase Behaviors during Past Two Years. *IRI worldwide*, Chicago, 2013. Disponível em: <http://www.iriworldwide.com/NewsEvents/PressReleases/ItemID/1760/View/Details.aspx>. Acesso em 6 ago. 2013.

[5] BELL, D.; CORSTEN, D.; KNOX, G. The power of unplanned uncertainty. *International Commerce Review*, v. 1, n. 8, p. 56-64, 2008.

mas pode deixar algumas decisões para serem tomadas na loja. Por exemplo, decidiu comprar chá, da marca Lipton, mas pode escolher o sabor na loja.

A extensão da indecisão do *shopper* aumenta na hora de definir a forma exata da compra. Esse é o principal campo de atuação para os varejistas. Persiste, porém, o mito de que o *shopper* geralmente está indeciso, mesmo no nível da categoria. Portanto, neste capítulo, tratarei de compra de categoria não planejada, ainda que, em menor extensão, meus argumentos se mantenham relevantes para os outros níveis de planejamento.

◢ Estímulos demais em apenas dois segundos

Minha principal objeção aos níveis supostamente altos de compras por impulso é que não acredito que a mente humana seja capaz de enfrentar carga tão elevada de decisões nas lojas. Em essência, o ser humano cultiva hábitos. Vamos descrever uma jornada de compra típica. O *shopper* pergunta às crianças o que querem comer, e elas pedem o de sempre: batata frita. O *shopper* procura inspiração nos sites de varejo e na publicidade na mídia. Ele se convence de que seu supermercado preferido que, por acaso, é perto de casa, tem as promoções mais vantajosas, entre as quais estão algumas muito atraentes, que ele ou ela recorta antes de fazer a visita. O *shopper*, porém, não quer passar o fim de semana num supermercado, e tem planos para aquela tarde; portanto, inconscientemente, destina 30 minutos para concluir as compras.

De acordo com uma pesquisa da TNS, apenas 10% do tempo na loja se associa a escolha ativa e a compras; os 90% restantes se destinam a vagar pela loja e olhar as prateleiras.[6] A maior parte do tempo é consumida em procurar vaga no estacionamento, encontrar um carrinho sem problemas, percorrer

---

[6] GILL, R. TNS Retail & Shopper. *In*: TNS CONFERENCE, Moscou, 21 nov. 2013.

os corredores, negociar com as crianças sobre guloseimas ou encontrar os filhos que sumiram na loja, observar o corte e embalagem de carnes e queijos e esperar na fila do caixa. Assim, digamos que o *shopper* do nosso exemplo tem uns dois minutos para decidir sobre produtos. Se a jornada de compra for grande, envolvendo uns 60 itens, ele terá cerca de dois segundos por item para escolher os que agradarão a família e que se encaixam no orçamento. Isso é o que o *shopper* faz em dois segundos. O *shopper* não tem tempo nem perseverança para pensar em sabor, marca e tamanho de embalagem para cada produto. A cervejaria Old Jamaica Ginger Beer encomendou uma pesquisa sobre hábitos de compra, e descobriu que 60% dos britânicos comem as mesmas sete refeições durante a semana.[7] Encontrou, inclusive, pessoas que comem a mesma refeição, no mesmo dia da semana, há mais de 10 anos... e concluiu: "Este estudo mostra que realmente não temos imaginação, quando se trata de experimentar novos sabores".

Sempre fico impressionado com os números apresentados pela SymphonyIRI, demonstrando que os *shoppers* na Europa compram os mesmos 300 produtos todos os anos, dos quais 50% são adquiridos com regularidade. Portanto, apesar do fato de os supermercados, em média, manterem em estoque uns 15.000 a 20.000 itens, e os hipermercados franceses, como o Auchan, oferecerem até 100.000 itens, os *shoppers* compram apenas uns poucos itens. Sob a perspectiva do *shopper*, o mais certo parece ser insistir no que deu certo no passado. Com todos os estímulos e mensagens que recebem todos os dias, os *shoppers* aprenderam a enfrentar a enxurrada, aplicando métodos especulativos para manejar a pressão. Cerca de 95% de todas as decisões dos seres humanos ocorrem no subconsciente. Se os *shoppers* tivessem de

---

[7] SPILLET, R. What's for dinner tonight? Lasagne... just like last week: How 60% of people eat the same 7 regular meals every week. *Daily Mail*, Londres, 24 jul. 2004. Disponível em: <http://www.dailymail.co.uk/news/article-2703772/What-s-dinner-tonight-Lasagne-just-like-week-How-60-peopleseven-regular-meals-everyweek.html>. Acesso em: 23 jul. 2015.

considerar todos os fatores, nada aconteceria. Essa afirmação é ainda mais aplicável em ambientes de loja, repletos de produtos, de informações esmagadoras e de estímulos sociais massacrantes. A tarefa do *shopper* é coletar ingredientes para uma refeição que seja deliciosa, acessível e saudável. O chão de loja não é o lugar ideal para dar um passo atrás e rever todas as decisões de compra. A TNS descobriu que 54% dos itens comprados por um *shopper* são os mesmos da última jornada de compra, e 24% das compras são alternativas da mesma marca.[8] Pradeep escreveu, em seu livro *The Buying Brain*, que o cérebro humano se empenha em usar a energia com tanta eficiência quanto possível.[9] Embora seja relativamente pequeno, o cérebro humano consome até 20% das necessidades de energia de uma pessoa. Demoras intermináveis dos *shoppers* nos supermercados, contorcendo-se entre decisões de compra, serviriam apenas para aumentar esse desgaste.

◢ Armadilhas da pesquisa de mercado

Talvez os gestores de varejo tenham deixado no ar, durante muito tempo, as confusões deles sobre o nível de compras por impulso, já que ainda não afloraram melhores técnicas de pesquisa. Para se aprofundar quanto às modalidades e momentos das decisões de compra, não basta, antes da jornada de compra, questionar os *shoppers* sobre suas intenções ou, depois da jornada de compra, interrogar os *shoppers*, em retrospectiva, sobre suas compras e suas razões. Os gestores devem ser cuidadosos ao formular essas perguntas, diretamente ou por meio de questionários. Quem quer admitir que é influenciado pelo marketing? Vamos assumir, por um momento, que os respondentes não sejam forçados a dar respostas socialmente desejáveis nem sofram influências de nenhuma outra maneira. Mesmo assim, somos

---

[8] SCAMELL-KATZ, S. *In*: TNS CONFERENCE, Londres, 14 out. 2010..

[9] PRADEEP, A. *The Buying Brain*: Secrets for selling to the subconscious mind. New Jersey: John Wiley & Sons, 2010.

compelidos a esperar que os participantes da pesquisa efetivamente compreendam por que fazem várias compras e que, depois, não racionalizem suas decisões.

Em *The Buying Brain*, Pradeep sustenta que o cérebro dos respondentes muda os dados originais no momento de responder aos questionários, sobretudo quando o processo envolve emoções e recordações. Nossos sentidos absorvem 11 milhões de informações por segundo. A maioria é captada no nível subconsciente. Na melhor das hipóteses, os humanos processam de maneira consciente apenas 40 informações por segundo. Os questionários, inerentemente, apelam ao nível consciente do cérebro para recuperar todos os fatos e sentimentos que o consciente absorveu, de forma objetiva e ordenada, classificando-os e traduzindo-os em expressão do que realmente pensaram, sentiram e memorizaram naquele momento específico. Considerando esse relacionamento entre processos conscientes e subconscientes, não há dúvida de que essa tarefa é quase impossível. Por conseguinte, Pradeep recomenda que se recorra à neuropesquisa como ferramenta para criar publicidade, material de loja e inovações que de fato se destacam, sendo apreciadas e memorizadas ao mesmo tempo. Na avaliação do nível de impulso na compra de um produto, os varejistas raramente têm a oportunidade de aplicar neuropesquisa. Outros métodos, porém, também são úteis. Em vez de simplesmente perguntar a opinião de alguém na saída do caixa dos supermercados, os varejistas poderiam basear-se com mais frequência na observação ativa de comportamentos em "painéis de consumidores domésticos" ou no interior das lojas. O ideal é que ocorram em casa e nos ambientes de compras.

◢ Compras por impulso

Com base no que foi dito anteriormente, fica claro que os *shoppers* têm muito a ganhar se seguirem a intuição e a experiência de compras passadas. Isso não significa dizer que as compras não planejadas são irrelevantes – pelo contrário. Os varejistas precisam investigar as compras por impulso, para descobrir as categorias, as jornadas de compra e os momentos em que os impulsos dos *shoppers* se mostram mais importantes. Uma pesquisa de Inman, Winer e Ferraro, nos Estados Unidos, em 2009, mostra detalhadamente as circunstâncias em que o *shopper* está mais propenso a comprar de maneira não planejada.[10] Em sua amostra de dados de 34.000 produtos, a compra de categoria, em 61% dos casos, não foi planejada antes de entrar na loja. Eles explicam que o nível de planejamento depende do tipo de categoria, do perfil do *shopper* e do comportamento de compra. Vamos examinar essas circunstâncias.

···→ Tipo de categoria

As compras não planejadas ocorrem com mais frequência se houver *displays* na loja e se a categoria for hedônica e indulgente, como chocolate, sorvete ou salgadinhos. Artigos com alta frequência de compra se tornaram parte de um ritual e tendem menos a serem compras não planejadas.

···→ Perfil do *shopper*

Para famílias maiores, é mais difícil se lembrar do que todos pediram ao preparar a lista de compras. Portanto, a chance de compras não planejadas é maior. O *shopper* que estiver mais familiarizado com a loja se sentirá mais

---

[10] INMAN, J.; WINER, R.; FERRARO, R. The interplay between category characteristics, customer characteristics, and customer activities on in-store decision making. *Journal of Marketing*, nov. 2009. Disponível em: <http://journals.ama.org/doi/abs/10.1509/jmkg.73.5.19>. Acesso em: 22 jul. 2015.

à vontade e mais disposto a fazer compras não planejadas. Ademais, o gênero desempenha papel relevante. Livros como *The Buying Brain*, de Pradeep, e *The Female Brain*, de Brizendine, argumentam que os cérebros de gêneros diferentes trabalham de forma diferente, e que as características de cada um influenciam o comportamento de compra.[11] Além disso, ao contrário do que se espera, as jornadas de compra em companhia de outras pessoas não resultaram em aumento significativo nas compras não planejadas.

⇢ Comportamento de compra

Visitas a lojas em que o *shopper* percorre todos os corredores e o tempo total na loja é maior tendem a incluir mais compras não planejadas. Comprar com mais frequência e focar menos itens por compra aumenta o nível de planejamento. Pagar com cartão de crédito também aumenta a chance de compras não planejadas, porque a dor do pagamento é postergada para uma data mais distante. Essas tendências corroboram descobertas recentes em economia comportamental, de que pagamentos com cartão de crédito facilitam as compras não planejadas. Inman, Winer e Ferraro demonstraram que usar uma lista de compras também resulta em menos compras por impulso, como seria de se esperar.

De todas as variáveis pesquisadas, os *displays* exerceram o maior efeito sobre as compras por impulso. Se o *shopper* vê um *display*, a chance de uma compra não planejada aumenta em 39%. Em contraste, Bell, Corsten e Knox enfatizam que as características do *shopper* são mais importantes que a situação na loja. Considere as variáveis demográficas:

---

[11] BRIZENDINE, Louann. *The Female Brain*. New York: Broadway Books, 2006.

eles constataram que domicílios com jovens adultos, sem crianças, e domicílios com renda superior à média, fazem 45% a mais de compras de categorias não planejadas. Outros vetores incluem a maneira como os *shoppers* coletam informações sobre promoções e a eficiência com que compram. Os que preferem estilo rápido e eficiente são 82% menos propensos a fazer compras não planejadas. Os *shoppers* que habitualmente buscam informações sobre promoções e preços antes da compra fazem 25% menos de compras de categorias não planejadas. Eles também descobriram que 24% dos *shoppers* nunca compram por impulso. Bell, Corsten e Knox acham que os varejistas precisam fazer escolhas estratégicas: atrair *shoppers* que, por natureza, fazem mais compras não planejadas ou atrair ampla variedade de *shoppers* e deixar que o ambiente da loja estimule compras por impulso? O foco e a estratégia de marketing serão diferentes em cada caso. Os pesquisadores concluíram que o foco em atrair o grupo-alvo de *shoppers* certos é mais eficiente.

Estimular o nível de compras não planejadas é tática de marketing apenas sob a perspectiva exclusiva do fornecedor ou varejista. O outro lado do estudo conduzido por Bell, Corsten e Knox oferece orientações para os *shoppers* sobre como fazer menos compras por impulso, usando algumas táticas de autocontrole. O *shopper* deve rascunhar uma lista de compras, percorrer os corredores sob o critério de objetivos, fazer muitas jornadas pequenas de compra decidir de antemão pagar em dinheiro ou com cartão de débito.

◢ Quanto mais rápido, melhor

Amo os varejistas que me inspiram, que animam minhas jornadas de compra e que podem transformar a atração dos *shoppers* por fazer compras não planejadas em uma forma de arte. No entanto, as pessoas também devem compreender que a tão citada probabilidade de que 70% das compras sejam por impulso não passa de mito. O cérebro humano não funciona dessa maneira. Pelo contrário, criar estímulos para que a experiência de compra seja algo habitual e eficiente não prejudica o varejista. Uma pesquisa da TNS mostra que os *shoppers* rápidos deixam a loja com mais compras.[12] Em um supermercado inglês, 2% dos produtos vendidos são responsáveis por 25% do faturamento. Os *shoppers* ficam muito contentes quando os produtos que eles mais querem são posicionados em lugar de destaque, na frente da loja. O varejista pode facilitar ainda mais a escolha, melhorando a orientação na loja, a sinalização nas prateleiras e os planogramas estruturados. Ao aplicar os conhecimentos dos processos decisórios que se encontram nas pesquisas acadêmicas, os varejistas podem tornar a experiência de compra muito mais tranquila e prazerosa para quem compra em suas lojas.

O QUE FAZER PARA DEIXAR OS *SHOPPERS* FELIZES?

Por serem muito habituais, os *shoppers* querem que as categorias das quais compram com mais frequência sejam facilmente acessíveis e visíveis; por exemplo, na entrada da loja.

Os *shoppers* gostam de tudo que estabelece uma ligação com as suas experiências e compras anteriores, como listas on-line das compras que fizeram na última visita, um mínimo de comentários sobre o mix da loja, além de orientação clara e sinalizada.

---

[12] SORENSEN, H. *In*: TNS CONFERENCE, Londres, 14 out. 2010.

QUAIS ESTRATÉGIAS DE MARKETING OS VAREJISTAS PODEM USAR?

O chão da loja não é o lugar ideal para comunicar qualquer coisa complicada demais aos *shoppers*. *Reviews* on-line e encartes de ofertas distribuídos antes da jornada de compra são mais adequados para informar mensagens complexas.

Embora o impulso geral seja baixo nas lojas, os *shoppers* precisam de lembretes para algumas categorias, e algumas delas se beneficiam de localizações de alto impulso; por exemplo, gôndolas nas extremidades de corredores são propícias para uma ampla variedade de itens que despertam mais impulso, como pilhas, sorvetes e batatas fritas.

CAPÍTULO 3

EXPLORANDO O COMPORTAMENTO IRRACIONAL DO *SHOPPER*

O CAPÍTULO ANTERIOR, sobre os mitos que cercam as compras por impulso, deixou claro que os *shoppers* gostam de seguir uma rotina. O varejista pode detectar oportunidades de fazer o *shopper* mais feliz com um novo serviço ou produto, mas ele pode recusar-se a mudar, mesmo quando a nova alternativa atende aos seus melhores interesses. Neste capítulo, identificaremos outros fatores emocionais que influenciam as decisões do *shopper*. Como dissemos no Capítulo 2, importantes estudos acadêmicos, como o de Bell, Corsten e Knox, de 2008, demonstram a extensão limitada das compras por impulso. Neste capítulo, recorro a *insights* de psicologia para identificar outros tipos de comportamentos emocionais. No Capítulo 4, o último da Parte Dois, mostrarei como a neuropesquisa pode ajudar os varejistas a compreender melhor os *shoppers*.

Os *shoppers* fazem escolhas irracionais. Constata-se essa realidade no dia a dia, em todos os contextos de varejo, no que não há nada de surpreendente. Nas cafeterias Starbucks, por exemplo, os clientes geralmente não sabem o que esperar em termos de tamanho do copo, entre as opções disponíveis, e acabam ficando com o médio, ignorando o tamanho *real do produto*. Os *shoppers* geralmente são mais pacientes quando esperam numa fila do

61

que quando pegam uma senha e aguardam que o anunciem. Os *shoppers*, inclusive eu, são tão irracionais que os varejistas podem até prever suas manifestações de irracionalidade. E é justamente essa irracionalidade previsível que a torna interessante para o profissional de marketing. Neste capítulo, me estenderei mais sobre as escolhas irracionais que você pode esperar nos ambientes de varejo e sobre como explorá-las a seu favor.

◢ O que é comportamento irracional?

Antes de avançar em como o comportamento irracional atua em ambientes de varejo, definirei "comportamento irracional" e explicarei por que a atenção sobre esse tópico tem aumentado desde 2010. Geralmente, o comportamento irracional situa-se no mesmo nível de "agir emocionalmente"; todavia, emoção é apenas um elemento do conceito de irracionalidade. O ponto de partida mais adequado é explicar quando os *shoppers* atuam no sentido oposto, ou seja, agem de maneira perfeitamente racional. O comportamento racional ocorre quando:

- ▶ Os *shoppers* têm acesso a todas as informações sobre todos os aspectos, sobre as consequências de uma decisão e sobre a probabilidade de ocorrência de eventos futuros, como quando o *shopper* adquire um maço de cigarros, plenamente consciente de seus riscos para a saúde.

- ▶ Os *shoppers* usam somente o poder do raciocínio lógico, de modo que não levam em conta os aspectos emocionais: por exemplo, comprando o detergente Persil, quando está em promoção – negligenciando o fato de terem se arrependido da compra anterior de Persil ou de a mãe deles sempre usarem o detergente Ariel.

- ▶ O *shopper* é perfeitamente consistente em seu comportamento de escolha. Por exemplo, um *shopper* prefere batatas fritas da versão A em comparação com batatas fritas da versão B, e da versão B em comparação com as da versão

C, sempre na mesma ordem. Na realidade, se um produto de uma faixa não for incluído, a ordem de preferência entre os itens remanescentes pode ser completamente diferente.

▶ Os poderes de cálculo do *shopper* são infinitos. Isso significa que os varejistas esperam que os *shoppers* calculem facilmente o preço por quilo. O *shopper* apenas apanha a geleia na prateleira, depois de somar o valor de cada uma das características do produto, como a composição de frutas e a quantidade de açúcar de cada variedade.

Depois de ler essas condições do comportamento racional, fica claro que é impossível agir o tempo todo de maneira totalmente racional. A crença na plena racionalidade dos seres humanos está por aí há muito tempo. Um antigo legado grego afirma que os seres humanos aplicam alto nível de planejamento e tomam decisões racionais sempre que possível. De acordo com essa visão, as emoções devem ser suprimidas; contudo, as atuais pesquisas científicas mostram que nossos instintos ou emoções efetivamente nos ajudam a viver o cotidiano com mais conforto.

A ideia de que as pessoas não são tão racionais quanto se supunha já acarretou importantes mudanças sociais. Um estudo de Iyengar, Jiang e Huberman descobriu que, nos Estados Unidos, os planos de aposentadoria com apenas duas opções atraem mais participantes do que os planos de pensão com várias opções.[1] Na pesquisa, a oferta de 59 opções por um mesmo plano de pensão apresentava alternativas demais. Embora os livros de economia geralmente nos digam que mais escolhas e mais informações resultam em preços mais baixos e em maior sentimento de satisfação e felicidade para os *shoppers*, os pesquisadores Cronqvist e Thaler demonstraram que esse princípio econômico nem sempre

---

[1] IYENGAR, S.; JIANG, W.; HUBERMAN, G. How Much Choice is Too Much? Contributions to 401(k) Retirement Plans. *Pension Research Council Working Paper*, Pennsylvania, 2003. Disponível em: <http://system.nevada.edu/Nshe/?LinkServID=3F1030DA-E201-CE84-D4690C6A61458841>.

prevalece.[2] Em um novo sistema de aposentadoria, de 2000, os suecos tinham de escolher entre 456 fundos. Embora tivessem muita confiança na própria capacidade de avaliação, muitos preferiram fundos arriscados demais, para logo se sentirem atraídos pelos fundos mais tradicionais. Além disso, extrapolaram a rentabilidade recente dos investimentos como base para projeções do desempenho no futuro, apesar da tão divulgada advertência de que o desempenho no passado não deve ser considerado indicador de resultados no futuro. No final das contas, os *shoppers* que tinham feito as próprias escolhas obtiveram retornos mais baixos do que aqueles que preferiram aplicar num portfólio de fundos montado pelo governo sueco. Desde o início do novo sistema, os economistas comportamentais criticaram o grau de risco assumido pelos investidores em fundos de pensão, mas essas advertências ainda não redundaram em grandes mudanças. O governo sueco apenas atenuou a proposta, estabelecendo, por exemplo, um limite para investimentos em ações mais arriscadas.

O desafio do excesso de escolhas também é importante em alimentos, bebidas e produtos de limpeza. A média do número de produtos dos supermercados dos Estados Unidos aumentou em 55% nos últimos 10 anos, de 2000 para 2010.[3] Ainda assim, os *shoppers* frequentemente escolhem os itens nos quais sempre confiaram. Soman, um cientista comportamental, descreve um restaurante chinês com 185 refeições no menu, das quais as cinco principais representam 80% do faturamento.[4] Sob a perspectiva da economia comportamental, o excesso de escolhas não é eficaz por várias razões. A chance de arrependimento quando o *shopper* seleciona o item errado é maior. No caso de pedido de refeição

---

[2] CRONQVIST, H.; THALER, R. Design choices in privatized social-security systems: learning from the Swedish experience. *American Economic Review*, 2004. Disponível em: <http://faculty.chicagobooth.edu/Richard.Thaler/research/pdf/designchoices.pdf>. Acesso em: 22 jul. 2015.

[3] SOMAN, D. Option overload: dealing with choice complexity. *Rotman Magazine*, Toronto, p. 42, outono, 2010.

[4] Ibid.

para viagem, por exemplo, em vez de considerar a experiência total, o *shopper* leva em conta somente um aspecto principal – se oferecem peixe, frango ou cordeiro. As consequências de ofertas excessivamente amplas são:

- ▶ Adiamento ou cancelamento.
- ▶ Escolhas conservadoras com menor chance de arrependimento.
- ▶ Comprar o que os amigos escolhem.
- ▶ Selecionar alguma coisa endossada por famosos.
- ▶ Escolher ambientes com menos opções.

Essas consequências são consonantes com as descobertas de Barry Schwartz, para quem a redução do número de escolhas proporciona mais felicidade para o *shopper*.[5]

◢ Comportamentos de compra automáticos e outras armadilhas

Embora esteja claro que os *shoppers*, por si sós, nem sempre fazem as melhores escolhas, a suposição de que as pessoas agem de forma racional e lógica está nos alicerces de todos os modelos econômicos importantes e da maioria dos planos de marketing. No entanto, graças a pesquisas científicas de psicólogos, os gestores de marketing agora precisam levar em conta novos *insights*. Os *shoppers* processam as informações de maneira limitada, preferindo adotar atalhos para as soluções e se deixando influenciar pelo ambiente em que se encontram em determinado momento. O conceito de racionalidade limitada do *shopper* é muito relevante para a função de marketing de varejo, porquanto o ambiente de varejo determina em grande extensão como os produtos ou marcas (geralmente os

---

[5] SCHWARTZ, B. *The Paradox of Choice*: Why more is less. Nova York: Harper Perennial, 2004.

mesmos) são vendidos. E esse ambiente de varejo torna as compras em supermercados, com grande variedade de ofertas e comunicações vibrantes, em uma experiência potencialmente estressante. As escolhas e opções dos *shoppers* são específicas para o contexto, e três importantes fatores influenciam cada escolha de produto: 1) o ambiente de compra (como um posto de combustível ou um tablet no sofá); 2) o humor do *shopper*; e 3) as pessoas próximas ao *shopper* no momento (por exemplo, outros *shoppers* na loja). Todos esses elementos são realmente desafiadores, e as pesquisas de psicólogos revelaram muitas armadilhas irracionais. Listados a seguir, encontram-se 14 comportamentos e armadilhas irracionais que os próprios *shoppers* reconheceriam como irracionais, caso se deparassem com o próprio comportamento, sentados em casa, num momento tranquilo, uma semana depois.

Compromisso

Como mostra o exemplo da Starbucks, no começo deste capítulo, os *shoppers* que se defrontam com copos pequenos, médios e grandes tendem a escolher a alternativa do meio, independentemente do tamanho físico dos copos. Isso significa que os *shoppers* podem ser induzidos a comprar a versão mais vantajosa para o profissional de marketing, desde que seja a alternativa intermediária. Em um experimento de pesquisa, Simonson descreve um posto de combustível que vende gasolina com níveis de octanagem de 87, 89 e 91.[6] Depois do lançamento de uma versão com nível de octanagem de 94, as vendas de gasolina com octanagem 91 aumentaram. Isso sugere que o contexto determina o que o *shopper* comprará, não só o produto em si. Esse efeito ocorre principalmente quando é difícil avaliar a qualidade do produto. Os pesquisadores Huber, Payne e Puto apontam para outra situação notável que ocorre se os produtos

---

[6] SIMONSON, I. Choice based on reasons: the case of attraction and compromise effects. *Journal of Consumer Research*, 1989. Disponível em: <http://www.jstor.org/stable/2489315?seq=1#page_scan_tab_contents>. Acesso em: 22 jul. 2015.

diferem em qualidade, sob dois aspectos.[7] Vamos supor que o bolo marca A contenha 10% de passas e 30% de castanhas. Já o bolo marca B contém 20% de passas e 10% de castanhas. Depois de acrescentar uma terceira alternativa, marca C, considerada inferior à da marca B, em ambos os aspectos, com 18% de passas e 8% de castanhas, mais *shoppers* escolherão a alternativa B. Na prática, o bolo marca C exerce o papel de isca. (Observe: na literatura acadêmica, a situação que Huber, Payne e Puto analisam é denominada dominância assimétrica, ou efeito chamariz. Incluo essa situação como parte do efeito compromisso porque, como no exemplo da octanagem da gasolina, ambos descrevem situações em que os *shoppers* se iludem quanto à qualidade dos produtos.)

Aversão a perdas

Todos nós compreendemos que vencer é ótimo e que, por regra, os humanos tentam não perder. Na famosa pesquisa de Kahneman, ganhadora do Prêmio Nobel, ele descreve em sua teoria que a atitude das pessoas varia em relação ao risco de ganhar ou perder.[8] Em outras palavras, as pessoas sentem mais dor quando perdem do que sentem felicidade quando ganham. A emoção positiva de ganhar $200 se situa no mesmo nível da emoção negativa de perder $100. Em outro exemplo de pesquisa, Thaler demonstrou o efeito que ocorre quando os *shoppers* juntam ou dividem somas de dinheiro de maneira a sentirem-se mais felizes.[9] Para os *shoppers*, é

---

[7] HUBER, J.; PAYNE, J.; PUTO, C. Adding asymmetrically dominated alternatives: violations of regularity and the similarity hypothesis. *Journal of Consumer Research*, 1982. Disponível em: <https:// faculty.fuqua.duke. edu/~jch8/bio/Papers/Huber%20Payne%20Puto%201982%20JoCR.pdf>. Acesso em: 22 jul. 2015.

[8] KAHNEMAN, D. *Thinking, Fast and Slow.* Londres: Penguin, 2011. (Ed. bras.: *Rápido e devagar*: duas formas de pensar. Trad.: Cássio de Arantes Leite. Rio de Janeiro: Objetiva, 2012.)

[9] THALER, R. Mental accounting matters. *Journal of Behavioural Decision Making,* 1999. Disponível em: <http://elearning2.uniroma1.it/pluginfile.php/101759/ mod_resource/content/1/Thaler1999.pdf>. Acesso em: 22 jul. 2015.

menos doloroso sofrer a perda em um único golpe, por exemplo, pagando tudo de uma vez, na mesma compra, do que em sucessivas vezes, produto por produto, em diferentes lojas. No caso de ganhos, ocorre o contrário: se o *shopper* receber uma compra na Amazon, composta de três itens, em três entregas sucessivas, uma de cada vez, dentro do prazo, ele se sentirá mais feliz do que se receber os três itens numa única entrega, também dentro do prazo. Thaler também dá o exemplo de uma grande perda e de um pequeno ganho.[10] Alguns supermercados imprimem o desconto que o *shopper* recebe na parte inferior do cupom fiscal. Obviamente, o *shopper* fica feliz com o desconto; todavia, em algum lugar, no fundo da mente, o *shopper* não consegue evitar a sensação de perda, em face do contraste entre o valor da compra e o valor do desconto. Nesses casos, os *shoppers* se sentem melhor se receberem o ganho (o desconto sobre a compra) depois de alguns dias ou na compra seguinte. É importante perceber que esse processo envolve as emoções do *shopper*, uma vez que adiar a recompensa até a próxima jornada de compra pode resultar em novas barreiras comportamentais e exigir outras decisões. Ótimo exemplo da aplicação da aversão a perdas é o da Unilever, nos Países Baixos. Em consequência da recessão econômica de 2008, os *shoppers* ficaram mais receptivos às marcas próprias. Essa tendência foi estimulada por varejistas como a Albert Heijn, que adotou embalagens para as suas marcas próprias parecidas com as das grandes marcas da Unilever. Em resposta, a Unilever promoveu campanhas publicitárias para enfatizar a qualidade dos ingredientes e salientar os muitos benefícios oferecidos pelas grandes marcas, conscientizando, assim, os *shoppers* das perdas que poderiam sofrer ao mudarem para marcas próprias.

Framing (enquadramento)

A palavra "escolha" e o tipo de imagens usadas para ilustrar a escolha evocam associações que influenciam a escolha dos *shoppers*.

---

[10] Ibid.

Os *shoppers,* porém, podem ter uma percepção equivocada, como foi salientado pela Foodwatch, por exemplo, organização que preconiza alimentação mais honesta, segura e saudável. Em 2013, a sucursal holandesa da Foodwatch incluiu em suas campanhas a embalagem do Sucrilhos, da Kellogg's, mostrando um tigre feliz, talos de trigo, uma maçã verde e salpicos de leite, disparando associações com "saudável" e "natural", sugerem aos *shoppers* a ideia de que o produto é bom para as crianças. No entanto, de acordo com a Foodwatch, Sucrilhos contém açúcar demais (40%) e gorduras não saturadas (10%). A Foodwatch oferece prêmios aos produtos mais enganosos, os denominados Golden Wind Eggs (Ovos de Vento Dourados). O ganhador do Golden Wind Egg de 2014 foi a Coca-Cola, com a sua bebida multivitamínica Capri-Sun, muito açucarada, também destinada a crianças.

Uma versão especial de *framing* ocorre quando o varejista desdobra uma grande despesa anual (por exemplo, seguro do carro) em muitos valores pequenos, de modo a propiciar a comparação com pequenas despesas diárias referentes a outro item (por exemplo, o preço de uma xícara de café por dia). A quantia que o *shopper* paga é a mesma; contudo, Gourville, em 1998, mostrou que essa estratégia de "um tostão por dia" induz o *shopper* a gastar mais.[11] Os *shoppers* se predispõem a tomar decisões um tanto impensadas, e a parte reflexiva do cérebro nem sempre checa as respostas automáticas. Portanto, alegações de que o produto é "90% sem gordura" soa muito melhor do que "contém 10% de gordura", embora ambas as versões descrevam exatamente a mesma realidade. Kahneman dá o exemplo de empresas de cartões de crédito que fizeram lobby para que o custo adicional por parcelamento do pagamento fosse apresentado, ou "enquadrado", como "desconto por pagamento à vista", em vez

---

[11] GOURVILLE, J. Pennies-a-day: the effect of temporal reframing on transaction evaluation. *Journal of Consumer Research*, 1988. Disponível em: <http://www.jstor.org/stable/10.1086/209517?seq=1#page_scan_tab_contents>. Acesso em: 22 jul. 2015.

de como "acréscimo por pagamento parcelado", embora, mais uma vez, os valores de "desconto" e de "acréscimo" fossem exatamente iguais.[12] Os efeitos de *framing* também são evidentes na publicidade de um clube de livros holandês, o ECI.[13] Em impulso espontâneo e obstinado, a equipe do ECI mudou a oferta de três livros por 10 florins para dois livros por 10 florins, mais um livro gratuito. A mudança de enquadramento quadruplicou os pedidos de registro no clube de livros.

Autocontrole limitado

O *shopper* que vê um chocolate num *display* tem dificuldade em resistir, embora saiba que não é saudável. Da mesma maneira, um psicólogo diria que o *shopper* aprecia mais os benefícios a serem recebidos imediatamente (por exemplo, receber $10 neste momento) àqueles que só seriam recebidos no futuro, mesmo que sejam maiores ($12 na semana que vem). Em outros termos, os custos que os *shoppers* pagam no futuro não parecem tão altos quanto os custos que os *shoppers* pagam agora. Esse efeito é muito menos intenso se a escolha estiver muito distante no futuro. Por exemplo, se um *shopper* tiver de escolher entre receber $10 daqui a 50 semanas ou $12 daqui a 51 semanas, mais *shoppers* sem dúvida preferem esperar mais uma semana, neste caso, embora, em ambas as situações, a diferença seja de apenas uma semana. Os *shoppers* caem na armadilha do consumo direto de várias maneiras: por exemplo, quando sentem o aroma de biscoitos assados há pouco ou veem castanhas frescas. Esse efeito também ocorre quando o anúncio demonstra o benefício oferecido. Por exemplo, as loterias são famosas por ostentar toda a riqueza que está à espera do vencedor: lanchas

---

[12] KAHNEMAN, D. *Thinking, Fast and Slow.* Londres: Penguin, 2011. (Ed. bras.: *Rápido e devagar:* duas formas de pensar. Trad.: Cássio de Arantes Leite. Rio de Janeiro: Objetiva, 2012.)

[13] KELDER, P. Korting? Morgen geeft de concurrent evenveel of nog meer. *DM, Mediaplein,* 2014. Disponível em: <http://www.dmmediaplein.nl/marketing/korting-morgen-geeftconcurrentevenveel-nog-meer/>. Acesso em: 01 ago. 2015.

velozes, grandes mansões, carros de luxo. Só depois de comprar o bilhete de loteria é que as pessoas se dão conta de que só têm uma chance mínima de serem premiadas. Só mais tarde cai a ficha e talvez os pretensos milionários vejam o humor da situação, como nas palavras de sabedoria de Dilbert: "Loteria é um imposto que incide sobre quem não conhece estatística". Por fim, os *shoppers* podem se controlar um pouco mais, preparando listas de compras e enchendo a barriga antes de entrar no supermercado.

Contabilidade mental

Os *shoppers* distribuem as receitas e as despesas entre todas as espécies de categorias. Exemplos de divisões incluem tipos de receita (por exemplo, salário *versus* doações) e como gastam dinheiro (por exemplo, comida, filhos, esportes, educação). Depois de classificarem a receita de certa maneira, prendem-se a essa classificação, mesmo que mudem as circunstâncias em que se encontram, o que deveria levá-los a agir de maneira diferente. Vamos assumir que o *shopper* perca o ingresso de entrada de um show, que valia $100. Nesse caso, a maioria dos *shoppers* não compra outro ingresso. Em contrapartida, se o *shopper* perder $100 em dinheiro no trajeto para o show, e ainda não tiver comprado o ingresso, mesmo assim comprará o ingresso na bilheteria. No segundo caso, o *shopper* financia o ingresso de entrada com a caixa das "circunstâncias imprevistas", enquanto no primeiro caso a caixa de "entretenimento" agora está vazia até o fim do mês. Os economistas tradicionais afirmam que o dinheiro é sempre fungível. Afinal, dinheiro é dinheiro, não é?

Os *insights* gerados pela ciência comportamental podem ser combinados com avanços de campos como a neuropesquisa. Leach, da agência de *shopper marketing* TriggerPoint, mostra como essa combinação pode ser poderosa.[14] Ele descobriu que os *shoppers* mantêm uma contabilidade mental, em que lançam a compra de

---

[14] LEACH, W. TriggerPoint. *In*: SHOPPER INSIGHTS IN ACTION CONFERENCE, Chicago, 2014.

salgadinhos como despesa e a compra de alimentos saudáveis como receita. Esse conhecimento ajudou a melhorar as vendas de itens expostos em um *display*, em que refrigerantes Mountain Dew e salgadinhos Doritos foram oferecidos como um combo, denominado "Better Together" (Melhor Juntos), por $2.22. Ao combinar os dois itens, os *shoppers* tinham a sensação de que haviam feito dois lançamentos como despesas. Para atenuar esse efeito, a mensagem foi alterada, passando a conceder um desconto no produto que oferecia maior prazer, o Mountain Dew, embora o desconto total continuasse o mesmo. O *display* também foi redesenhado para ajustar-se a *shoppers* mais jovens e competitivos (tonalidades puxadas para o vermelho e um texto mais dinâmico: "Fuel up, Thirst Down & Drive Away, A Winner" [Encha o Tanque, Mate a Sede & Pé na Tábua, Um Vencedor]). As vendas do *display* mais do que duplicaram.

Transparência do pagamento

Pagar leva os *shoppers* a sentir terríveis emoções (às vezes, inconscientemente). A dor do pagamento aumenta em correlação com a transparência do método de pagamento, como no caso de pagamento em dinheiro. Quanto menos transparente for o método de pagamento, menos afrontoso será o pagamento e menos o *shopper* se ressentirá dele. A escala abrange dinheiro, cartão de débito, cartão de crédito e débito automático. O cientista comportamental Soman dá exemplos de uma lavanderia self-service e de um restaurante que começaram a aceitar apenas cartões pré-pagos, em vez de caixa.[15] Em ambos os casos, o faturamento das lojas aumentou. No caso de sistemas menos transparentes, os *shoppers* se comportam de maneira mais impulsiva; eles se esquecem do que já pagaram exatamente e gastam com mais rapidez.

---

[15] SOMAN, D. Effects of payment mechanism on spending behaviour: the role of rehearsal and immediacy of payments. *Journal of Consumer Research*, 2001. Disponível em: <http://www-2.rotman.utoronto.ca/facbios/file/paymechjcr.pdf>. Acesso em: 22 jul. 2015.

Progresso percebido

A jornada de compra parece envolver esperas inevitáveis. Procurar ou esperar vaga no estacionamento, aguardar a vez de ser atendido no caso de mercadorias específicas e, evidentemente, a fila do caixa. Os cientistas Zhou e Soman encontraram evidências de que os *shoppers* ficam menos insatisfeitos se souberem quanto tempo esperarão.[16] Se os *shoppers* tiverem de formar uma fila, eles a avaliam ao ver as pessoas pagando e saindo, e pelo fato de a fila diminuir diante deles. Se os *shoppers* tiverem de pegar uma senha e, então, esperar a chamada do seu número, ficarão mais insatisfeitos. Do mesmo modo, em tarefas com objetivos específicos, eles se sentem mais motivados a esperar, se receberem feedback. Além disso, outra lição é que o importante é a *percepção* do tempo de espera, não o *real* tempo de espera.

Ancoragem

Os supermercados usam sinais nas prateleiras para informar aos *shoppers* se o preço de determinado produto em um supermercado concorrente é mais alto. Talvez não seja uma comparação relevante, já que o concorrente pode estar situado a vários quilômetros de distância e fora da área de influência. Os *shoppers*, porém, usam o preço sinalizado no supermercado concorrente, por exemplo, $5, como ponto de partida (âncora) para julgar se gostam do preço do produto que estão querendo comprar, que é, por exemplo, $4. Eles primeiro avaliam se a âncora é muito baixa ou alta (nesse caso, o preço do concorrente é mais alto) e, em seguida, se afastam gradualmente da âncora, para avaliar se o preço na prateleira é adequado – neste

---

[16] ZHOU, R.; SOMAN, D. Looking back: exploring the psychology of queuing and the effect of the number of people behind. *Journal of Consumer Research*, 2003. Disponível em: <http://www.bm.ust.hk/mark/staff/Rongrong2.pdf>. Acesso em: 22 jul. 2015.

caso, em comparação com o outro supermercado, $4 parece um bom negócio. O processo de ancoragem ocorre quando a capacidade mental do *shopper* está prestes a se esgotar, talvez porque os filhos estejam brigando ou quem sabe porque estejam com pressa ou com outras coisas na cabeça. Kahneman dá um bom exemplo para mostrar como a ancoragem funciona em um supermercado, conjugada com o efeito urgência.[17] A sopa Campbell fez uma experiência com uma etiqueta de prateleira em um supermercado dos Estados Unidos. Em alguns dias, avisou: "Limite de 12 por pessoa", e em outros esclareceu: "Sem limite por pessoa". No primeiro caso, quando estavam sujeitos a um limite, os *shoppers* compravam em média sete latas de sopa, o dobro da quantidade que levavam quando não se impunha nenhuma restrição. Outro exemplo de aplicação da ancoragem em um supermercado é quando os *shoppers* primeiro encontram produtos mais caros (alimentos frescos, produtos não alimentícios) e, então, prosseguem na jornada de compra, rumo aos produtos secos. O layout padrão do supermercado holandês Dirk van den Broek, por exemplo, começa com detergentes e xampus, o que desperta uma sensação estranha, de início, porque tantos outros supermercados começam com frutas e hortaliças. Contudo, acho que essa escolha funciona sob a perspectiva de ancoragem, já que os *shoppers* primeiro veem apenas itens com preços em torno de $3 e superiores, de modo que qualquer item precificado igual ou abaixo de $2, no restante da jornada de compra, parece relativamente barato.

Disponibilidade

De acordo com Malcolm Gladwell, os *shoppers* nos Estados Unidos são afrontados, em média, por 254 mensagens comerciais

---

[17] KAHNEMAN, D. *Thinking, Fast and Slow.* Londres: Penguin, 2011. (Ed. bras.: *Rápido e devagar:* duas formas de pensar. Trad.: Cássio de Arantes Leite. Rio de Janeiro: Objetiva, 2012.)

por dia, via televisão, rádio, mídias digitais e revistas.[18] Os *shoppers* não têm tempo nem energia para processar essas mensagens, e talvez nem tenham consciência de que foram tão assediados. O princípio da disponibilidade nos ensina que as pessoas tendem a dar mais atenção a eventos muito pessoais, que ocorreram muito recentemente e se apresentaram como imagens vívidas na mídia. Isso explica por que as pessoas têm tanto medo de ataques de tubarões ou de acidentes de carro, enquanto muito mais gente morre de câncer. O contexto de varejo significa que, nos Estados Unidos, por exemplo, a publicidade de baterias e de pacotes de alimentos para emergências são muito mais eficazes nas semanas subsequentes à estação de furacões – essas compras se tornam mais relevantes porque os *shoppers* agora veem mais razões para estocar esses itens.

Otimismo irrealista

O noivo e a noiva, quando questionados, no casamento, declaram vigorosamente que ficarão juntos para sempre. Toda-via, as estatísticas sobre matrimônios nos países ocidentais são claras: entre 40 e 50% dos casamentos acabam em divórcio. As pessoas têm esse poder contagioso de ignorar as informações que não querem ver. Focam o que querem saber: veem padrões causais ao olharem para o passado e, ao fazerem planos para o futuro, negam a existência da sorte e de chances aleatórias. Para mim, essas tendências explicam, pelo menos em parte, por que os *shoppers* ainda compram cigarros, ingerem quantidades excessivas de alimentos gordurosos, e consomem muitas bebidas açucaradas. No subconsciente, acham que outros *shoppers* experimentarão os efeitos colaterais negativos desses abusos, mas não eles.

---

[18] GLADWELL, M. *The Tipping Point:* How little things can make a big difference. Londres: Abacus, 2012. (Ed. bras.: *O ponto da virada.* Trad.: Talita Macedo Rodrigues e Teresa Carneiro. Rio de Janeiro: Sextante, 2011.)

Priming *(preparação)*

O estímulo sutil que influencia o comportamento do *shopper* é denominado *priming*, ou preparação. Os pesquisadores Holland, Hendriks e Aarts conduziram um experimento em que um grupo de participantes tinha de responder a uma pesquisa numa sala com aroma cítrico e outro grupo de participantes executava a mesma tarefa, numa sala sem aroma.[19] Pediu-se aos participantes que listassem atividades para o restante do dia: 36% das pessoas que trabalhavam na sala com aroma cítrico mencionaram limpeza, em comparação com apenas 11% no outro grupo. Os pesquisadores explicaram esse resultado pelo fato de muitos produtos de limpeza terem aroma cítrico. Em outro experimento, envolvendo uma sala com aroma cítrico, o grupo experimental e o grupo de controle receberam um pacote de biscoitos holandeses, tipo *cream cracker* como lanche, depois de terem respondido à pesquisa. Para quem não está familiarizado com esse tipo de biscoito, eles são quebradiços, sendo impossível comê-los sem esfarelá-los. O resultado foi que os participantes que trabalhavam na sala com aroma cítrico limparam as migalhas que caíram na mesa com muito mais frequência do que os outros. A conclusão relevante do estudo é que o *priming* não só influencia as ideias das pessoas (a intenção de limpar depois), mas também impacta de maneira subconsciente o comportamento em si (limpar a mesa agora e depois).

Os supermercados podem usar os aromas naturais das categorias, como pão, pastelaria, café e castanhas frescas, para estimular as vendas. Também podem usar insinuações visuais, como fotos dentro do carrinho de compras, para instigar certo comportamento. Berger e Fitzsimons descobriram que, nas semanas anteriores ao Halloween, os *shoppers* ficam muito mais propensos a se lembrar

---

[19] HOLLAND, R.; HENDRIKS, M.; AARTS, H. Smells like clean spirit, nonconscious effects of scent on cognition and behavior. *Psychological Science,* 2005. Disponível em: <http://goallab.nl/publications/documents/Holland,%20 Hendriks,%20Aarts%20%282005%29%20-%20noncsious%20effects%20of%20 scent%20on%20behavior.pdf>. Acesso em: 22 jul. 2015.

de marcas que são conhecidas pela coloração laranja da embalagem do que de outras marcas;[20] quando são solicitados a listar as primeiras coisas que lhes ocorrem nas categorias balas/chocolates, no mesmo período, 54% dos *shoppers* mencionaram Reese's (marca de confeitos que apresenta embalagem tipicamente alaranjada), ao passo que essa percepção caiu para 30% uma semana depois. Um efeito semelhante ocorreu com refrigerantes, quando as vendas da marca Crush – também com embalagem laranja – caíram de 47% para 30% na semana subsequente ao Halloween. Os pesquisadores explicam esse fenômeno pela presença marcante da cor laranja nessa época do ano, em anúncios de Halloween e em abóboras nas lojas.

Informação

Às vezes, basta mais informações para influenciar o *shopper*. Embora haja certas semelhanças entre o viés de informação e o *priming*, uma diferença importante é que o *priming* inclui ampla gama de sinais sensoriais, enquanto a informação opera puramente com pistas textuais. O viés de informação parece um bom conselho ou uma observação casual, enquanto o *priming* é um estímulo (texto, imagens, aromas), que são mais óbvias na intenção. É possível, no entanto, que haja uma área de transição um tanto nebulosa, quanto a se um texto é *priming* ou está oferecendo um viés de informação. Um bom exemplo de viés de informação é a conhecida frase: "Clientes que compraram esse item também compraram...".

Salganik, Dodds e Watts demonstraram a atuação do viés de informação em um experimento em que os participantes receberam uma lista de músicas de bandas desconhecidas.[21] Os pesquisadores

---

[20] BERGER, J; FITZSIMONS, G. Dogs on the street, pumas on your feet: how cues in the environment influence product evaluation and choice. *Journal of Marketing Research*, 2008. Disponível em: <http://jonahberger.com/wp-content/uploads/2013/02/Pumas-Paper.pdf>. Acesso em: 22 jul. 2015.

[21] SALGANIK, M.; DODDS, P.; WATTS, D. Experimental study of inequality and unpredictability in an artificial cultural Market. *Science Magazine*, 2006. Disponível em: <http://.princeton.edu/~mjs3/salganik_dodds_watts06_full.pdf>. Acesso em: 22 jul. 2015.

pediram-lhes que fizessem uma seleção das músicas de que gostavam, que as baixassem, se quisessem, e que as avaliassem. Alguns participantes tomaram as próprias decisões e outros participantes podiam ver o número de downloads de cada banda em seu próprio subgrupo. O estudo constatou que as pessoas baixavam com muito mais frequência as músicas que os outros participantes haviam baixado no respectivo subgrupo. Quase sempre, a vencedora era a música que havia sido baixada primeiro. Assim, as pessoas escolhiam o que os outros gostavam, em vez de decidir por si mesmas o que atenderia melhor às suas preferências pessoais. Essa abordagem de informação pode ser aplicada nas lojas, por meio de mensagens nas prateleiras ou nas embalagens. Uma embalagem textual como "sem conservantes" pode despertar associações de naturalidade no *shopper*. Um *shelf talker,* ou *display* de prateleira, com o texto "Nossa Escolha" não diz nada sobre ingredientes, benefícios e critérios adotados pelo supermercado, mas pode direcionar a atenção do *shopper* para o produto, por tempo suficiente para que ele considere a compra.

Um ótimo exemplo de viés de informação nas lojas é da varejista de modas C&A, em São Paulo, Brasil. A C&A apresentou uma amostra de 10 itens de sua nova coleção para o Dia das Mães no Facebook. Os clientes podiam curtir suas peças favoritas, e um cabide de roupas mostrava em tempo real o número de curtidas. Alguns *shoppers* talvez evitem usar uma roupa que o resto da cidade também poderia estar usando. No entanto, a campanha de marketing foi um sucesso para a C&A. O giro dos produtos melhorou em todas as lojas e ajudou a posicionar a C&A como uma marca mais estilosa e inovadora.

Pressão social

As pessoas provavelmente sabem pela própria experiência como as pressões sociais atuam; mesmo assim, porém, os resultados do estudo Asch são muito reveladores.[22] Pede-se a um

---

[22] ASCH, S. Opinions and social pressure. *Scientific American*, 1955. Disponível em: <http://www.lucs.lu.se/wp-content/uploads/2015/02/Asch-1955-Opinions-and-Social-Pressure.pdf>. Acesso em: 22 jul. 2015.

participante para fazer um exercício simples de combinar uma linha num cartão com a linha de mesmo comprimento na tela. Quando os participantes estão sozinhos, quase nenhum erra. Os resultados são muito diferentes quando cinco outras pessoas, que colaboram numa conspiração secreta com Asch, cometem um erro, como foram instruídos. Quase 75% dos participantes seguem o grupo e apontam para a linha errada pelo menos uma vez num total de 12 rodadas. Se o grupo comete um erro claro, o sujeito do experimento cede e se junta ao grupo em um de três casos. A situação é ainda mais evidente quando se reconhece que o grupo foi composto por estranhos, os quais o sujeito do experimento jamais verá de novo.

Curiosamente, as marcas que ajudam os *shoppers* a resistir às pressões sociais são muito mais apreciadas. Pense na Dove, inspirando as mulheres a serem felizes com o corpo que têm e com quem são. A famosa campanha publicitária Pepsi Challenge, lançada em 1975,[23] encorajava os *shoppers* a encontrar por si mesmos as ofertas de que gostavam mais, em vez de pedir a bebida-padrão que os outros esperavam que eles pedissem: Coca-Cola.

Regra do pico-fim

Eu suponho que pessoas que estão de férias há 14 dias se sentem duas vezes mais felizes do que alguém que também está de férias, mas apenas há sete dias. De fato, as primeiras devem estar mais descansadas, tiveram mais oportunidades de explorar o ambiente e mais chances de aproveitar o tempo livre. Contudo, essa não é a constatação dos cientistas comportamentais. Parece que o último dia das férias de alguém é o que mais influencia sua avaliação do período total. Um dos fatores relevantes dos estudos de Kahneman é que as pessoas estão preparadas para sofrer mais dor se o resultado final for agradável. Com base em estudos acadêmicos, parece que, em retrospectiva, as pessoas julgam as

---

[23] Disponível em: <https://en.wikipedia.org/wiki/Pepsi_Challenge>.

experiências totais baseadas nos picos mais altos e mais baixos (de felicidade ou de sofrimento), e consideram principalmente a experiência singular do fim. Esta é a chamada regra do pico-fim. Ao aplicar esse princípio aos supermercados, espero que os *shoppers* julguem sua satisfação com a jornada de compra pelo que experimentaram no fim da jornada (no caixa ao sair do estacionamento). Isso significa que o *shopper* pode ter uma experiência de compra muito longa e satisfatória; no entanto, apenas dois momentos realmente importam para o escore de satisfação final. Supermercados que querem aplicar esse princípio poderiam garantir, por exemplo, que cada *shopper* tenha um encontro pessoal caloroso com a equipe, em um dos balcões de entrada, porque os contatos pessoais geram a melhor das impressões. Os varejistas também devem tentar tornar o procedimento de saída do caixa tão impecável e atraente quanto possível. O sofrimento de pagar deve ser atenuado pela equipe amigável, pela atenção pessoal e pela excelência do serviço, porque "tudo fica bem quando termina bem" é um fator importante na experiência do *shopper*.

Em um *webinar* de 2014, a agência de pesquisa e inovação Brainjuicer mostrou como os *insights* da ciência comportamental podem ajudar a melhorar a eficácia das promoções. A Brainjuicer mostrou aos *shoppers* vários planogramas de papel higiênico e pasta de dentes on-line. Para a marca inglesa de papel higiênico Cushelle, o volume de vendas era 8% mais alto se a marca fosse promovida com uma etiqueta de prateleira "Máximo de 8 por cliente" do que se aplicasse um desconto de 33% em seus produtos. Os *shoppers* usavam o número 8, escolhido aleatoriamente, como âncora para a decisão de compra. Em experimento semelhante no Brasil, a etiqueta de prateleira "Máximo de 8 por cliente" foi duas vezes mais eficaz do que um desconto de 25% no preço. Outra abordagem comportamental que funcionou bem foi confiar no *shopper*. Se a etiqueta de prateleira da Cushelle mencionasse "recomendado pelo Good Housekeeping Institute", organização do Reino Unido que testa a qualidade dos produtos, o volume aumentava em 16%. Uma terceira abordagem era aplicar o princípio psicológico de que os *shoppers* se sentem mais seguros na condição de participantes de um grupo. O volume de vendas de certa marca de pasta de dentes aumentava em 50% no Reino Unido quando se mencionava na prateleira que "8 em cada dez *shoppers* recomendam [a marca] a outros". Uma quarta abordagem demonstrou o poder da palavra "grátis" em promoções. Ao adicionar um coala fofinho como brinde a um pacote de papel higiênico, o volume dobrou. Além de um ursinho macio representar uma boa associação à categoria, o mais importante é que nenhum *shopper* despreza uma oferta como essa.

◢ Por que os *shoppers* caem em armadilhas irracionais?

Kahneman, em *Rápido e devagar, duas formas de pensar*, explica por que os *shoppers* caem em tantas armadilhas. Ele separa nosso processo mental em dois componentes: sistema 1 e sistema 2. O sistema 1 atua de forma automática e rápida. Gera impressões e emoções, sem muito esforço. Ele trabalha muito bem em emergências: se um tigre salta sobre um ser humano, a reação é muito rápida. O sistema 1 também é muito útil quando o *shopper* repete trabalhos de rotina, de maneira eficiente. As limitações desse sistema incluem preferir responder a perguntas a fazer perguntas, detestar lógica e cálculos e não ter botão de desligar.

Se o sistema 1 não pode resolver alguma coisa, o sistema 2 entra em ação. O sistema 2 cuida de todos os processos mentais analíticos. Faz escolhas entre várias opções, lida com vários tópicos ao mesmo tempo, e pode recomendar à memória do *shopper* para não ouvir o sistema 1 – uma vez que muitas armadilhas irracionais em que caem os *shoppers* resultam da preguiça do sistema 1. Ademais, há situações em que o sistema 2 não funciona bem. Pense em situações que envolvem muito estresse. Por exemplo, um supermercado com uma enorme quantidade de produtos e informações é um ambiente em que o sistema 2 logo fica exausto. Durante eventos muito emocionais, o sistema 2 se descarrega rapidamente e deixa a resposta para o sistema 1. Outra maneira de encarar a situação no contexto dos processos decisórios é diferenciar entre escolhas intuitivas e escolhas analíticas. As escolhas intuitivas não demandam muito esforço nem processos conscientes. A intuição decorre de experiências anteriores ou de padrões de comparação. Em contraste, ao fazer escolhas analíticas, o *shopper* calcula o valor total com base na utilidade e na avaliação de todos os aspectos parciais de uma decisão.

◢ *Nudge* (empurrão): como aplicar o conhecimento sobre a irracionalidade

O sistema 2 lê este capítulo e pensa: "ótimo, agora posso evitar essas armadilhas". E os profissionais de marketing pensam: "como posso aplicar esse conhecimento sobre o lado irracional do *shopper* para vender a minha marca ainda mais?". Antes de responder a essa pergunta, vamos dar um passo atrás e refletir, sobre os tipos de abordagens que um profissional de marketing pode adotar para mudar o comportamento dos *shoppers*. A primeira abordagem que vem à mente é publicidade: ao transmitir a informação certa, os profissionais de marketing tentam convencer o *shopper*. Uma segunda estratégia é oferecer incentivos financeiros: com descontos e subsídios, estimula-se o comportamento e, com a ajuda de impostos, reduz-se o consumo de produtos. A terceira alternativa é impor limitações à oferta. O governo, por exemplo, pode influenciar as vendas de um produto com restrições e proibições. Os cientistas comportamentais Thaler e

Sunstein acrescentaram uma quarta estratégia com a abordagem de *nudging* (empurrar). Trata-se de uma intervenção no sistema de escolha que muda o comportamento dos *shoppers* de maneira previsível, sem proibir qualquer escolha nem aumentar muito o preço.[24] Em outros termos, o profissional de marketing de varejo precisa compreender o contexto em que as categorias e as marcas são vendidas.

O que é *to nudge*? O *Oxford Dictionary* dá quatro significados:

1) Cutucar (alguém), suavemente, com o cotovelo, para chamar a atenção;

2) tocar ou empurrar (alguma coisa) levemente ou gradualmente;

3) persuadir ou encorajar alguém, sutilmente, a fazer alguma coisa;

4) aproximar-se muito de (idade, número ou nível).

O significado que Thaler e Sunstein procuram adotar é: dar em alguém um pequeno empurrão na direção certa. Eles conceberam a estratégia de *nudging* por acharem que as outras estratégias nem sempre funcionam. Por exemplo, uma campanha publicitária em que autoridades explicam a importância do transplante de órgãos não gera mais doadores. As pessoas compreendem a mensagem e concordam com ela; todavia, o senso de urgência se perde porque a maioria das pessoas se sente viva e ativa. Outra razão talvez seja a falta de experiência pessoal na própria família para motivá-los a se registrar como doadores. Incentivos financeiros também têm as próprias limitações. Os governos que aumentam impostos para estimular a economia

---

[24] THALER, R.; SUNSTEIN, C. *Nudge*: Improving decisions about health, wealth and happiness. Nova York: Penguin, 2009. (Ed. bras.: *Nudge*: Como tomar melhores decisões sobre saúde, dinheiro e felicidade. Trad.: Ângelo Lessa. Rio de Janeiro: Objetiva, 2019.)

de energia descobrem com surpresa que o consumo não diminui. As razões são que o aumento da conta de energia cai no débito automático na conta bancária e o ônus adicional provavelmente ainda é considerado aceitável. Isso é o que já analisei como contabilidade mental. Tentar proibir totalmente o uso de produtos tampouco é eficaz: as leis antidrogas não resultaram em abstinência total. Thaler e Sunstein acham que o *nudging* é uma abordagem mais exitosa. É como dar a alguém um leve empurrão quando estão sentados no alto de um escorregador. O *nudging* é especialmente útil nas seguintes situações:

- ► O *shopper* usufrui o bônus agora e assume o ônus mais tarde (como cigarros e salgadinhos).
- ► O *shopper* faz um investimento de tempo, energia e/ou dinheiro agora, mas ganha o bônus mais tarde (como pasta de dentes).
- ► É uma escolha complexa (por exemplo, tintura para cabelo).
- ► O *shopper* compra com pouca frequência (como temperos).
- ► Não há feedback direto sobre os resultados (por exemplo, cuidado com a pele).

Compete aos profissionais de marketing identificar a melhor intervenção ou dar um empurrão que direcione os *shoppers* para os resultados almejados. O tipo de ação depende de fatores como a extensão em que o *shopper* está consciente dos aspectos relevantes referentes à compra e se precisa de mais ou, ao contrário, de menos informações. Em seguida, o profissional de marketing escolhe um ou mais instrumentos de venda relevantes; por exemplo, a equipe de marketing pode apresentar variedades de escolhas-padrão ou apresentar informações ao *shopper* como ganho, não como perda. Vamos assumir que o supermercado queira reduzir o uso de sacos plásticos para atenuar o impacto sobre o meio ambiente. Evidentemente, uma alternativa seria eliminar os sacos plásticos oferecidos nos caixas, mas esse procedimento seria uma limitação: o supermercado deixa de oferecer uma opção ao *shopper*. A cidade de Toronto, no Canadá, agiu de maneira diferente: os supermercados de Toronto passaram a cobrar cinco centavos por cada saco plástico, diminuindo seu uso em mais de 50% e aumentando a conscientização quanto à sustentabilidade. Um *shopper* racional acharia que cinco centavos são uma quantia desprezível em comparação com a conta total do supermercado, e não se deixaria influenciar pela iniciativa. No entanto, o ônus adicional em si é dissuasor mais importante para a mudança de comportamento do que o valor em si da cobrança. Com base em experimentos, a cidade havia concluído que a cobrança de quantia irrisória não contribuiria para a redução do uso de sacos plásticos, embora a teoria da demanda clássica sugerisse o contrário.

◢ O *nudge* na prática do varejo

Um dos melhores exemplos de *nudging* em supermercados é de uma máquina que recolhe garrafas de plástico retornáveis, na loja Lidl, nos Países Baixos. Os supermercados holandeses são obrigados por lei a exigir um depósito em dinheiro no caso de compra de garrafas de plástico grandes. Os *shoppers* recebem um vale no valor do depósito, ao devolverem a garrafa vazia à máquina no supermercado. No caixa de saída, o vale é trocado por dinheiro ou recebido como parte do pagamento. Essa é a prova de que a cadeia de lojas de desconto Lidl está trazendo a ciência para a prática, de maneira criativa e sustentável. Para começar, a Lidl, como outros supermercados holandeses, mostra em um diagrama grande, muito claro, como introduzir a garrafa na máquina. Foi uma decisão sábia, porque, num ambiente estressante, como um supermercado, os *shoppers* tendem a cometer erros com facilidade. Há um botão especial na máquina, que permite ao *shopper* doar o valor do depósito a instituições filantrópicas, no caso, a Kika, uma fundação que foca a melhora da expectativa de vida de crianças que sofrem de câncer. Como o *shopper* efetivamente não recebe o dinheiro do depósito e não sente as notas nas mãos, eles não percebem a perda ao apertar o botão para doar o dinheiro. Lembrar aos *shoppers* a importância dessa boa causa, ajudar crianças com câncer, deixa-os com um sentimento de culpa realmente incômodo, se não doarem. Em uma abordagem mais tradicional, a Lidl poderia ter tentado convencer os *shoppers* a doar, distribuindo folhetos nas lojas. Até uma bandeja em que os *shoppers* deixam os cupons é menos eficaz sob a perspectiva da ciência comportamental, já que o procedimento leva os *shoppers* a abrir mão desses cupons – o que os deixa com sensação de perda no subconsciente.

Em 2011 e 2012, a Universidade Holandesa de Wageningen, com a Schuttelaar & Partners, realizou vários experimentos na tentativa de descobrir como estimular os *shoppers* holandeses a escolher produtos mais sustentáveis e saudáveis.[25] Em colaboração com a cadeia de supermercados Plus, eles colocaram etiquetas e sinais nas prateleiras, junto às categorias saudáveis. A mensagem continha as palavras "Aqui escolhemos conscientemente", em combinação com um logotipo usado nos Países Baixos para indicar escolhas mais sustentáveis e saudáveis. Perto de produtos nocivos, os pesquisadores colocaram sinais em que se lia: "Escolha mais vezes com mais consciência". A conclusão do estudo foi que o simples fornecimento de informações não é suficiente para promover mudanças comportamentais. Outro experimento, realizado no *outlet* de varejo Kiosk, nas estações da ferrovia nacional holandesa NS obteve mais êxito. A loja instalou material promocional com imagens de uma maçã e de uma banana, com o seguinte texto: "Escolha frutas. Muitos passageiros de trens também fazem isso!". Ao salientar a norma de boa conduta social de ingerir alimentos saudáveis, a loja Kiosk "empurrou" seus visitantes a comprar

---

[25] SCHUTTELAAR & PARTNERS. *Helpt "Nudgen" bij een gezonde en duurzame keuze?* 2012. Disponível em: <http://www.schuttelaar.nl/download/355>. Acesso em: 22 jul. 2015.

refeições saudáveis com mais frequência. Acho que mais varejistas poderiam se beneficiar com essa abordagem de *nudging*. Embora muitos varejistas adotem a meta de aumentar a porcentagem das vendas de produtos saudáveis, os exemplos de "empurrões" eficazes ainda são escassos em alimentos e higiene. Infelizmente, ainda vejo muitos programas de marketing em que cadeias de supermercados e de serviços de alimentação eliminam produtos nocivos do mix e oferecem desconto sobre itens saudáveis. Acho que a abordagem de *nudging* funciona melhor.

◢ Analisando a "jornada do *shopper* irracional"

Os cientistas comportamentais deram aos profissionais de marketing de varejo *insights* valiosos. Às vezes, é difícil saber como colher os benefícios. Achei útil em minha prática de consultoria, preparar um esboço de uma jornada do *shopper*, que mostre suas emoções ao longo do percurso, desde o planejamento do percurso até o momento do consumo final. Esse recurso oferece uma visão geral de possíveis pontos de contato para intervenção, em diferentes estágios da jornada do *shopper*.

Antes de começar a usar a ferramenta "jornada do *shopper* irracional" (Quadro 3.1), o profissional de marketing precisa definir para qual jornada de compra e para qual ambiente de varejo está desenhando a experiência aprimorada. É preciso anotar:

- ▶ O tipo de categoria: a descrição deve ser produzida com o vocabulário que o *shopper* usaria, como, por exemplo: "um petisco para acompanhar meu chá".
- ▶ Um perfil do *shopper*: traços sociodemográficos, mídias usadas, tipo de canais e lojas visitadas, uso de categorias.
    - ■ Jornadas de compra mais comuns: exemplos são fins de semana e almoços.
    - ■ A loja (formato): descreva o canal ou marcas de varejo específicas visitadas.

Quadro 3.1 – A jornada do *shopper* irracional

O que você vê o *shopper* fazendo?	Planejando	Comprando	Consumindo
O que o *shopper* sente?	+		
	-		
Quais comportamento você quer influenciar, e como?			

Em seguida, aplica-se a ferramenta "jornada do *shopper* irracional". O primeiro passo é descrever os comportamentos que o *shopper* efetivamente demonstra: por exemplo, escrever uma lista de compras, encontrar vaga no estacionamento, pedir orientação no serviço de atendimento ao cliente. O segundo passo é descrever as emoções que o *shopper* sente em cada uma dessas ações: por exemplo, confusão, aversão à perda, felicidade. No Quadro 3.1, as emoções que são positivas (ver "+") estão em cima, com as emoções negativas embaixo (as emoções podem ser ligadas por um traço a lápis, de modo a formar-se uma curva em forma de bolha). O terceiro e último passo é pensar sobre como ajudar o *shopper* em cada situação. Quando a jornada do *shopper* estiver completa, o profissional de marketing talvez conclua que não há recursos suficientes para lidar com os obstáculos da jornada de compra. Nesse caso, é melhor começar a manejar os picos emocionais negativos e as emoções que ocorrem no início da jornada do *shopper*. Ao enfrentar os obstáculos logo no começo da jornada de compra, as emoções iniciais não influenciam os eventos posteriores – e alcança-se o impacto máximo.

◢ O setor público assume a liderança

Parece que muitas autoridades públicas estão mais avançadas na aplicação dos princípios da ciência comportamental do que organizações com fins lucrativos. O livro *Nudge*, dos pesquisadores Thaler e Sunstein, impressionou de tal maneira David Cameron, primeiro-ministro do Reino Unido, que ele o incluiu na lista de leitura dos membros de seu gabinete e propiciou a formação de uma equipe de cientistas comportamentais em Downing Street, em 2010, a denominada Behavioural Insights Team, ou Equipe de *Insights* Comportamentais. No livro, Thaler e Sunstein refutam a ideia de que as pessoas decidem com racionalidade, processando informações sem qualquer esforço e não se deixando controlar pelas emoções. Os autores mostram que grande parte do processo decisório depende do contexto. A Equipe de *Insights* Comportamentais orienta o governo do Reino Unido sobre como levar as pessoas a fazer melhores escolhas para si mesmas e como tornar as políticas públicas e as comunicações do governo mais eficazes. Como parte do processo, num experimento envolvendo 140.000 contribuintes retardatários, as autoridades tributárias inglesas enviaram um lembrete de pagamento, mencionando o bom comportamento de adimplência da vasta maioria de seus vizinhos próximos.[26] O efeito imediato foi o aumento do número de contribuintes que pagavam com pontualidade. Aqueles que receberam uma carta dizendo que 9 em cada 10 pessoas de sua cidade já tinham pagado seus tributos, passaram a demonstrar muito mais propensão a pagar com pontualidade do que aqueles que receberam as cartas convencionais. Se o governo inglês ampliar esse experimento para uma escala nacional, poderia

---

[26] APPLYING behavioural insights to reduce fraud, error and debt. *Cabinet Office Behavioural Insights Team*, 2012. Disponível em: <https://www.gov.uk/government/uploads/system/uploads/attachment_data/file/60539/BIT_FraudErrorDebt_accessible.pdf>. Acesso em: 22 jul. 2015.

obter um retorno de £160 milhões em dívidas tributárias e dispensar recursos de cobrança capazes de gerar £30 milhões em receita tributária.

◢ Será que é certo "empurrar" os *shoppers*?

Depois da publicação de *Nudge*, em 2008, pipocaram críticas referentes à visão de Thaler e Sunstein. De fato, a ideia era que os governos e empresas poderiam manipular as pessoas, mudando suas estruturas de escolha. Estariam agora os *shoppers* sujeitos aos desígnios de tecnocratas autoritários e de CEOs gananciosos? Evidentemente, é correto que os governos e as empresas tentem convencer os *shoppers* a pensar ou a fazer alguma coisa que seja considerada adequada para eles mesmos. Os *shoppers* precisam compreender que, no caso de tópicos sociais como alimentação saudável e tributação, as escolhas são feitas sob a influência de organizações de *stakeholders* e seguem um processo democrático. Na arena comercial, talvez seja mais difícil julgar quando o *nudging* é certo ou errado. Há, realmente, algo do tipo *nudging for profit*, ou empurrão para o lucro. Vamos assumir que o dono de uma academia de ginástica saiba que a frequência do público cai significativamente poucos meses depois de as pessoas terem pagado a taxa anual. O proprietário fará alguma coisa para motivar as pessoas a continuarem frequentando a academia? Acredito que sim, a não ser que reconheça as limitações da capacidade instalada para atender a picos de demanda e que tenha condições de servir melhor aos clientes se houver maior disponibilidade de equipamentos. Em todos os outros casos, o dono da academia provavelmente também está ciente do alto custo de aquisição de novos clientes e que é melhor preservar um grupo de frequentadores leais e estáveis. No entanto, há ainda muitas outras questões a serem respondidas. Se, como no exemplo anterior, neste capítulo, os *shoppers* continuarem escolhendo copos de tamanho médio na Starbucks, a empresa acrescentará às opções disponíveis copos ainda maiores para convencer os *shoppers* a comprar copos de café médios mais volumosos que os atuais? Os caixas dos postos de combustível Shell estão sendo apenas gentis com os *shoppers*, ao sugerirem aos clientes a oferta especial dos deliciosos M&Ms? E quanto ao McDonald's – o lembrete da maionese é apenas um gesto de cortesia, ou não passa de um recurso para arrancar mais dinheiro dos *shoppers*? A ideia central do *nudging* é que os *shoppers* fazem essas escolhas sem muito esforço e, provavelmente, não estão conscientes do empurrão no momento da compra. Portanto, Thaler e Sunstein fazem um apelo para a divulgação de todas as práticas de *nudging*. Eles argumentam que, se as organizações compartilharem seus *nudges* com orgulho, os *shoppers* não terão motivos para temer comportamentos antiéticos. Concordo com essa posição e gostaria de acrescentar que os *shoppers* devem aproveitar a oportunidade para melhorar a compreensão dos próprios comportamentos de escolha. Talvez os *shoppers*, nesse caso, venham a apresentar comportamentos menos previsíveis e mais racionais.

 O QUE FAZER PARA DEIXAR OS *SHOPPERS* FELIZES?

Os *shoppers* aplicam de bom grado métodos heurísticos, porque isso lhes poupa tempo e energia. Os varejistas podem suavizar e facilitar o processo de compra nas lojas, alavancando esses métodos por meio de *nudges*. Esses empurrões são sobretudo relevantes se as escolhas são complexas, se os benefícios chegam com um certo atraso e se o *shopper* suporta os custos da decisão no início do processo.

QUAIS ESTRATÉGIAS DE MARKETING OS VAREJISTAS PODEM USAR?

Os *shoppers* gostam de ver-se como decisores racionais, mas as suas decisões de compra, na maioria, são muito dependentes do contexto. Isso significa que os varejistas têm a oportunidade de influenciar os *shoppers* no *como* e *no que* escolhem, tanto em lojas físicas quanto em lojas on-line. Em qualquer época, os profissionais de marketing devem sentir que podem, em público, e com orgulho, compartilhar quaisquer intervenções que tenham implementado. Do contrário, duvido que suas intenções sejam justas e sustentáveis.

CAPÍTULO

4

COMPREENDENDO O CÉREBRO DO *SHOPPER* POR MEIO DA NEUROPESQUISA

NO CAPÍTULO 3, mostrei como a psicologia está influenciando os modelos e as perspectivas do marketing. Neste capítulo, investigo como uma tecnologia que tem sido muito aplicada em medicina, a neuropesquisa, gera novos *insights* sobre as emoções dos *shoppers*. Durante muito tempo, os profissionais de marketing dependeram do que os *shoppers* diziam sobre suas emoções, em vez de sondá-las para aprender o que a loja e os serviços realmente significavam para eles.

A neuropesquisa é aplicada em medicina há muitos anos, e passou a contribuir para o marketing por volta de 2005. Com a ajuda de tecnologias de escaneamento, como imagens por ressonância magnética funcional (fMRI) e eletroencefalografia (EEG), os varejistas podem mensurar, objetivamente, as partes de suas mensagens de marketing que exercem maior impacto ou os tipos de *display* que são mais lembrados. A tecnologia de EEG permite leituras do cérebro enquanto os *shoppers* andam pela loja, com um gorro sobre a cabeça, com dezenas de sensores. A beleza da neuropesquisa é que a tecnologia de escaneamento mede os sinais emitidos pelo *shopper*, mesmo antes que ele os expresse conscientemente numa conversa. Portanto, a neuropesquisa aborda muitas questões de um setor de atividade que, até então, dependia demais do que os *shoppers* efetivamente diziam.

◢ Por que os questionários tradicionais fracassam

Depois de anos de pesquisas sobre *shoppers*, envolvendo pesquisadores de mercado perguntando diretamente aos *shoppers*, de maneira simples e objetiva, o que eles querem, os experimentos de *neuromarketing* agora mostram o que os *shoppers* realmente pensam e sentem. Desde 2005, a neuropesquisa já fez grandes avanços e tem ensinado aos gestores muitas constatações novas sobre os *shoppers*. Novos *insights* emergiram, graças a progressos na tecnologia, que são encorajados pelo interesse crescente da área acadêmica. Lentamente, mas com segurança, os gestores de marketing já reconheceram que os estudos tradicionais sobre *shoppers*, baseados em pesquisas e entrevistas, não são fontes de conhecimento com a qualidade almejada pelos varejistas. Esses métodos de perguntas e respostas estão infestados de vieses: no momento em que pedimos a um participante para compartilhar certas experiências, o indivíduo distorce os dados originais, no processo de resposta. Os métodos de pesquisa clássicos estão superados. Eles falam apenas com a parte racional do cérebro; assumem que os *shoppers* só fazem escolhas racionais e esperam que eles reflitam sobre seus comportamentos de maneira racional e judiciosa. Com muita frequência, assumem que os *shoppers* se lembram de todos os dados e observações e os referem ao pesquisador de maneira objetiva e neutra. No campo de pesquisa de mercado, discute-se há dezenas de anos sobre a relevância do *shopper* racional, mas o *expert* em marketing, Martin Lindstrom, em seu livro *Buyology: truth and lies about why we buy*, de 2008, com prólogo de Paco Underhill (ed. bras.: *A lógica do consumo: verdades e mentiras sobre por que compramos*. Trad.: Marcello Lino. Rio de Janeiro: Harper Collins, 2016), ajustou essa imagem do *shopper* irracional nas funções de marketing e pesquisa. Ficou evidente que os *shoppers* tomam mais de 95% de suas decisões de maneira subconsciente. Além disso, é difícil identificar as razões pelas quais os *shoppers* compraram este ou aquele produto, ou visitaram determinada loja, usando os métodos de pesquisa tradicionais.

◢ Benefícios da neuropesquisa

A neuropesquisa pode compreender o cérebro do *shopper*: ela capta a informação, sem que ele precise pensar sobre as escolhas que fez, de maneira consciente. Evidentemente, a pesquisa do cérebro é e continua sendo uma ferramenta prática. Há também outros instrumentos de pesquisa disponíveis, que superam algumas das desvantagens das pesquisas diretas. Pense nas conotações associativas que ocorrem nas entrevistas nas saídas das lojas, quando os *shoppers* as deixam; reflita sobre o reconhecimento das emoções faciais e sobre os movimentos oculares nas compras acompanhadas; considere a observação dos comportamentos de compra, as respostas galvânicas da pele (Galvanic Skin Response – GSR), as lojas-piloto e os painéis de auditoria doméstica como a TNS e a GfK oferecem. Uma a uma, vale a pena levar em conta a inclusão dessas técnicas na coleta de dados sobre vendas de varejo, por empresas como Nielsen ou IRI, que indicam quanto os varejistas vendem de cada produto. No entanto, admitindo suas numerosas vantagens, a neuropesquisa enriquecerá a qualidade das informações. Na neuropesquisa, não há manipulação por terceiros nem racionalização retrospectiva (como no caso das entrevistas de saída e nas compras acompanhadas). A neuropesquisa também responde melhor às perguntas diretas, em comparação com a observação do comportamento de compra. Tudo isso é um forte argumento em favor da importância da pesquisa em *neuromarketing* e do impacto dos conhecimentos assim adquiridos sobre a atuação do cérebro do *shopper* para as ferramentas de marketing de varejo.

As várias aplicações da neuropesquisa podem ser demonstradas com alguns exemplos práticos. Traindl conduziu um estudo em que se incluiu um rosto sorridente nas etiquetas de preços nas prateleiras.[1] Os resultados mostram que os *shoppers* percebiam os preços em etiquetas com rosto sorridente como sendo 7% mais baixos do que os preços em etiquetas sem rosto sorridente. Essa diferença de percepção é explicada pelo fato de os *shoppers* serem atraídos, inconscientemente, pelos sentimentos de prazer e recompensa, e a imagem de um sorriso é capaz de produzir esse efeito. Ao ler esse estudo, sempre fico pensando em quantas guerras de preços e quantas disrupções no varejo supermercadista poderiam ser evitadas simplesmente pela inclusão de rostos sorridentes nas prateleiras. Traindl enfatiza a importância de transmitir mensagens visuais sobre o mix de produtos. Esse processo acelera a atividade do cérebro. A varejista de descontos NKD, da Alemanha, por exemplo, conseguiu influenciar a percepção da amplitude do mix (isto é, a variedade de tipos no mix de produtos) com o uso de recursos visuais: a loja reduziu o mix, o que poderia ser percebido negativamente pelo *shopper*, por significar menos escolhas. Todavia, com o uso de certos recursos visuais, eles ainda geraram uma imagem favorável da amplitude do mix. A neuropesquisa sugeriu certa preferência por formas realistas, em vez de abstratas, e descobriu que imagens em movimento não eram necessárias. O resultado nas várias lojas de testes foi um aumento de 17% no faturamento, em comparação com as lojas que não fizeram nenhuma mudança.

Para usar neuropesquisa, os varejistas precisam do apoio de neurocientistas capazes de interpretar os resultados em contexto de varejo, com o suporte de equipamentos de mensuração especializados. Há diferenças tecnológicas entre um *scanner* de imagens por ressonância magnética funcional (fMRI), em que as pessoas devem ficar imóveis, e sensores de eletroencefalografia (EEG), instalados em um gorro na cabeça do *shopper*, que lhe permite andar pela loja durante o monitoramento. Os neurocientistas orientarão os varejistas quanto às técnicas mais adequadas aos objetivos almejados; para os gestores, talvez baste saber que essas

---

[1] TRAINDL, A. Undasch Shop-Concept. *Shop Aktuell*, n. 100, 2006.

técnicas têm sido aplicadas na medicina há dezenas de anos. Nas pesquisas sobre as causas de condições como autismo, Alzheimer, manias e transtornos de fobia, os médicos tentam identificar as partes do cérebro responsáveis pela atenção, emoção e memória. Os sinais do cérebro ocorrem em nanossegundos, mas, apesar da velocidade, podem ser mensurados com exatidão. Assim, é possível rastrear todo o processo de percepção, absorção de dados, processamento de informações, emoção, julgamento e ação. Os sinais do cérebro mostram as condições dos *shoppers* antes de mudarem suas emoções, em consequência de pressões sociais ou, quem sabe, até com o intuito de se exibirem.

Outro atributo que torna a neuropesquisa tão especial é a capacidade não só de explicar certos comportamentos de compra, mas também de ajudar a captar *insights* sobre diferenças biológicas, associadas a gênero e idade. A neuropesquisa também propicia ampla compreensão das respostas dos *shoppers* em contextos específicos. O cérebro do humano moderno foi moldado por sua existência na pré-história e por sua evolução nos últimos 200.000 anos. Sob essa perspectiva, não importa o que tenha acontecido nos últimos poucos séculos ou até no último milênio, os efeitos dessas ocorrências recentes pouco afetaram o funcionamento do cérebro dos *shoppers*. Por mais estranho que pareça, o comportamento das pessoas 200.000 anos atrás, vestidas, digamos, com peles de animais e vagando em torno de cavernas e fogueiras, ainda pode ser descrito como ilustração do comportamento dos *shoppers* hoje. A aplicação dos conhecimentos oriundos da neuropesquisa pode revolucionar o mundo do varejo comercial, ao propiciarem melhor compreensão dos *shoppers*. Por exemplo, os *shoppers*, inconscientemente, mantêm-se afastados de cantos pontiagudos – como resultado da evolução. Esses cantos alertam o cérebro de que o corpo pode correr o risco de ser ferido. Além disso, superfícies completamente lisas são raras na natureza, o que faz delas um sinal de advertência em si. Com base nisso, descobri, por meio da neuropesquisa, que os *shoppers* têm aversão inconsciente a gôndolas com quinas em ângulo reto. Os *shoppers* são mais atraídos para corredores em que as gôndolas apresentam extremidades arredondadas e oferecem uma variação visual moderada ao longo do corredor, por meio de, por exemplo, uma mercadoria destoante ou de blocos coloridos. A neuropesquisa fornece esses tipos de sugestões práticas que melhoram o trânsito do *shopper* numa loja e torna mais atraente a experiência no varejo.

◢ Diferenças de gênero

Uma grande contribuição da neuropesquisa é proporcionar aos profissionais de marketing de varejo melhor compreensão de por que os *shoppers* masculinos e femininos se comportam de maneira diferente nas lojas e durante toda a jornada de compra. A evolução preparou o cérebro para diferentes tarefas, o que explica em parte por que homens e mulheres apresentam hábitos de compra distintos. Durante as oito primeiras semanas do desenvolvimento do embrião, não há diferença no cérebro dos embriões masculinos e femininos. Sob a influência de hormônios, como testosterona ou progesterona, algumas partes do cérebro se desenvolvem mais nos homens do que nas mulheres, e vice-versa. Por exemplo, nas mulheres, o corpo caloso, área do cérebro que conecta o hemisfério direito e o hemisfério esquerdo, é mais desenvolvido. Disso resulta a famosa vantagem das mulheres em atividades multitarefa, ao adotarem uma perspectiva holística, combinando racionalidade e emoção. A constatação de que homens e mulheres têm hábitos diferentes é muito relevante em marketing de varejo. Muitos são os exemplos de como a compreensão das diferenças de gênero pode influenciar o layout de uma loja. A arrumação utilizando longas linhas retas, com produtos agrupados de maneira lógica, tem tudo a ver com o pragmatismo e a orientação para resultados com que alguns homens fazem compras. *Shoppers* femininos estudam mais o ambiente, orientam-se com foco em alguns pontos ou objetos, que funcionam como faróis, e desfrutam mais a jornada para o objetivo final. Essas características são resultado da evolução, e mostram que sempre houve diferenças de gênero no cérebro humano.

◢ Diferenças de idade

Além de diferenças de gênero, o neuropesquisador Pradeep aponta para o fato de que o cérebro muda com a idade.[2] Às vezes, o cérebro se transforma rapidamente, como no nascimento ou durante a menopausa. O cérebro alcança um ótimo nível aos 22 anos, e evolui até os 60 anos. Portanto, faz sentido para os varejistas investigar o comportamento de compra de diferentes grupos etários. Por exemplo, os *shoppers* com 60 anos ou mais nem sempre perdem a memória; as pesquisas, porém, mostram que eles ficam menos capazes de resistir às distrações. Isso implica que eles se sentem mais à vontade em contextos de varejo sem imagens em movimento e com cores mais "tranquilas". A comunicação em revistas e em *banners* de prateleira, para pessoas com mais de 60 anos, deve ser, de acordo com as descobertas de pesquisas, muito simples e objetiva, e apresentar, em termos relativos, muito espaço em branco.

◢ Aplicações da neuropesquisa

Grande parte da neuropesquisa na área comercial foca a compreensão do consumidor e das ocasiões de consumo: avaliação dos comerciais de televisão, teste de conceito de produto, e descoberta de associações subconscientes com a marca. Sobretudo nos Estados Unidos, já se formou a conscientização de que a neuropesquisa também pode ser usada para melhorar a compreensão das pessoas no contexto de compra. A neuropesquisa é proveitosa de várias maneiras no varejo, e pode responder a perguntas como:

> ▶ Como o varejista pode melhorar o tráfego na loja ou diante das prateleiras?

---

[2] PRADEEP, A. *The Buying Brain*: Secrets for selling to the subconscious mind. New Jersey: John Wiley & Sons, 2010. (Ed. bras.: *O cérebro consumista*: conheça os segredos mais bem guardados para vencer a mente subconsciente. Trad.: Mirtes Frange de Oliveira Pinheiro e Sandra Luzia Couto. São Paulo: Cultrix, 2012.)

- Qual é a melhor escolha de forma, cor e material para o mobiliário da loja?

- Quais *displays* chamam mais a atenção?

- Que tipo de comunicação na loja é mais eficaz?

- Como as promoções devem ser apresentadas de maneira atraente em um folheto?

A neuropesquisa propicia ótima compreensão de todas essas questões. As pesquisas devem oferecer recomendações específicas para a categoria ou para o contexto, mas há também numerosos princípios universais que perpassam todas as categorias, culturas e formações. Por um lado, os profissionais de marketing de varejo podem aplicar esses princípios universais em lojas, on-line ou em encartes de ofertas. Por outro lado, eles precisam saber que orientações são relevantes apenas para certas categorias ou segmentos. Um bom exemplo de princípio universal é o valor de atração da imagem de uma criança, talvez ao lado da mãe ou dos pais. Essa imagem lembra aos *shoppers*, subconscientemente, o desejo de proteger e cuidar da própria família, e é sobretudo eficaz nas seções de produtos para bebês. A imagem de um rosto geralmente funciona bem. De uma perspectiva evolucionária, os humanos focam primeiro os olhos de quem está ao redor, para avaliar se estão ou não seguros. A pista seguinte é a forma da boca. Portanto, a atenção dos *shoppers* é atraída, no subconsciente, para as imagens das pessoas na loja, o que pode ser usado como guia para ajudar os *shoppers* a transitar com mais facilidade ou prestar mais atenção em certas categorias. Em *The Buying Brain*, Pradeep descreve a experiência de compra ideal, com base em sua neuropesquisa:

- Os *shoppers* investigam a loja para descobrir o que mudou e o que é novo, desde a visita anterior. Sinais com imagens funcionam melhor do que textos, para evitar excesso de estímulo e permitir que o processamento das informações flua com mais eficiência.

▶ De uma perspectiva neurológica, as imagens num encarte ou numa loja on-line devem ser colocadas à esquerda e o texto à direita. Os olhos do *shopper* entregam no cérebro direito o que observam no cérebro esquerdo; o cérebro direito está mais bem equipado para lidar com visuais, já o cérebro esquerdo é melhor em números e em semântica. Se a informação for oferecida com o texto à esquerda e a imagem à direita, o *shopper* precisará esforçar-se mais. Da outra maneira, com a imagem à esquerda e o texto à direita, o processo simplesmente flui com mais suavidade.

▶ Os contextos de varejo que imitam o momento do consumo induzem mais ação. O princípio pode ser aplicado numa loja, colocando produtos de panificação num *display* com a aparência de um forno. Outra possibilidade para explorar o princípio é reproduzir o som da abertura de uma lata quando o *shopper* entrar no corredor de refrigerantes. Ao promover itens de café da manhã num folheto, os profissionais de marketing de varejo poderiam mostrar a imagem de uma mesa bem abastecida, com o café da manhã de domingo, cercada de rostos felizes, em vez de focar o *display* de produtos em promoção.

▶ Entretenimento, de preferência produzido por um ser humano, em vez de por um *display* ou por algum tipo de tecnologia, faz com que o *shopper* determinado sinta-se mais relaxado. Além disso, alivia a dor de gastar dinheiro.

◢ Sugestões práticas da neuropesquisa

Tive o privilégio de trabalhar com neurocientistas desde 2007. Minha paixão por varejo sempre me levou a focar a seguinte questão: como converter as leituras do cérebro em soluções práticas de varejo? Eis um resumo do que aprendi:

▶ Os *shoppers* entram nos corredores com mais frequência se as extremidades das gôndolas forem arredondadas. Os *shoppers* evitam percorrer corredores longos porque, no subconsciente, receiam não terem meios de escapar. O ideal seria que pudessem sair do corredor, depois de percorrerem uns seis ou sete metros, por uma passagem em uma das laterais. Se essa solução ocupar muito espaço de mercadorias, convém lembrar que o *shopper* é mais atraído por corredores com uma interrupção visual na metade do percurso, como um *display* de chão, um elemento de prateleira saliente ou algum recurso de iluminação especial. Esses mecanismos quebram a continuidade e tornam o contexto mais agradável, ajudando os *shoppers* a relaxar. Finalmente, o cérebro dos *shoppers* se orienta pelas extremidades das gôndolas, ao andar pela loja. Portanto, eles esperam que o mix de produtos apresentado na ponta da gôndola forneça uma pista lógica para a previsão das mercadorias a serem encontradas no restante do corredor.

▶ Os *shoppers* gostam de receber ajuda e querem ver exemplos das diferentes maneiras de usar os produtos. O varejista talvez prefira incluir num folheto todos os tipos de promoções, mas os olhos do *shopper* serão mais atraídos por uma foto que mostre o rosto feliz de uma mãe e de uma criança, preparando um bolo juntas. Referências aos ingredientes necessários e às ofertas especiais na página seguinte farão o resto do trabalho de *nudge*. Em revistas, os varejistas de alimentos devem tentar, por exemplo, ostentar imagens de refeições tentadoras, prontas para serem saboreadas, em vez de expor pedaços de carne crua e outros ingredientes em estado bruto. Os *shoppers* preferem imaginar o sabor de uma iguaria apetitosa ao invés de ser lembrado da matança de animais e do esforço necessário para confeccionar a refeição.

▶ Conceito correlato é justamente a atuação dos nossos neurônios. Se os *shoppers* veem imagens de pessoas sorrindo na loja, seus neurônios espelho são atiçados automaticamente, e eles se sentem propensos a caminhar sorridentes pelo recinto. Isso melhora o seu humor. Por exemplo, uma aplicação desse conceito poderia envolver uma imagem mostrando alguém levando alimentos ou bebidas à boca, portanto, literalmente, na iminência de vivenciar experiências saborosas. A imagem emite sinais de prazer ao cérebro, e os *shoppers* já se sentem bem em relação ao produto, antes mesmo de tocá-lo e comprá-lo.

▶ Os *shoppers* usam olhos alheios para avaliar se um encontro será amistoso ou hostil. Portanto, rostos em *displays* ou revistas podem ser úteis para atrair *shoppers-alvo*: depois de focar os olhos e a boca dos rostos exibidos, os *shoppers* imediatamente desviarão o olhar para o que o rosto exibido estiver focando. Os varejistas podem usar esses *insights* para melhorar o layout dos encartes e das lojas.

▶ No subconsciente, os *shoppers* procuram experiências reais e verdadeiras. Eles preferem estar em um lugar onde há rostos felizes, que despertam emoções positivas. A visão de produtos naturais (frutas e hortaliças) também evoca sentimentos positivos. As imagens de alimentos em prateleiras e no ambiente interno da loja devem ser de alta qualidade, uma vez que os *shoppers* as examinarão e saberão intuitivamente se, por exemplo, a cesta com os alimentos é de madeira legítima, de madeira sintética ou até de plástico. O uso de estantes de madeira aumenta a impressão de que os produtos comercializados são reais, autênticos e orgânicos; a desvantagem é que os *shoppers* podem ter a percepção de que os produtos são mais caros se estiverem em *displays* naturais, em vez de em paletes de metal.

▶ O cérebro do *shopper* aprecia a sensação de toque de qualquer coisa roliça e macia. Os varejistas devem identificar e estimular os toques dos *shoppers* ao andarem pela loja. Um novo momento de toque pode suscitar uma nova experiência de compra. Os momentos de toque durante a jornada de compra podem incluir:

- O dispositivo de *self-checkout*.
- O carrinho de compras.
- Paletes de sacos plásticos na seção de frutas e hortaliças.
- A máquina de reciclagem de garrafas plásticas.
- O sistema de pagamento.

Isso talvez pareça óbvio, mas os varejistas devem oferecer soluções. O posicionamento de produtos alimentícios como parte de uma refeição, por exemplo, ajuda os *shoppers* a ver como poderiam resolver um problema.

Há, porém, uma questão: o nosso cérebro está pré-condicionado a ponto de não termos liberdade de escolha? A neuropesquisa é sempre exata? Ainda temos um longo caminho pela frente quando se trata de aprender a avaliar e a explorar as descobertas da neuropesquisa. Essa conclusão se aplica não só às pesquisas de mercado comerciais, mas também a outras disciplinas, como biologia e psicologia. Há um intenso debate em curso que lança neurocientistas deterministas, de um lado, contra psicólogos e psiquiatras, de outro lado. O primeiro grupo acredita que o cérebro determina todas as percepções e sensações da pessoa. Em suma, as pessoas são o cérebro e não têm vontade própria. O segundo grupo entende que cérebro e espírito são fundamentalmente diferentes. O espírito é o verdadeiro *eu* e é moldado por fatores como experiências da vida e ambiente familiar. Pessoalmente, não sou determinista. Acho que o cérebro continuará a adaptar-se às várias circunstâncias, ao longo do tempo. Também reconheço que, nesse meio-tempo, muitos resultados de neuropesquisa demonstram que as respostas instintivas do cérebro são muito mais semelhantes entre *shoppers* do mesmo gênero e da mesma faixa etária do que eu esperaria, com base em formação, cultura e valores pessoais. Portanto, os profissionais de marketing de varejo são mais bem-preparados para o desenvolvimento de *shopper insights* quando combinam descobertas da neuropesquisa e de estudos comportamentais e psicológicos.

O QUE FAZER PARA DEIXAR OS *SHOPPERS* FELIZES?

Ao aplicar as descobertas da neuropesquisa, os varejistas podem criar ambientes de compra que despertam a sensação de conforto de maneira natural e original.

A neuropesquisa, como nova metodologia, estimula decisões baseadas em fatos no setor de varejo, o que antes dependia demais de opiniões pessoais.

A tecnologia da neuropesquisa propicia a compreensão do que os *shoppers* realmente querem, mesmo antes de expressarem o desejo, e inclui aspectos funcionais e emocionais da decisão. Esses atributos, portanto, possibilitam que o varejista sirva ao *shopper* da melhor maneira possível.

QUAIS ESTRATÉGIAS DE MARKETING OS VAREJISTAS PODEM USAR?

Muitos varejistas querem apelar para um público amplo, e a neuropesquisa os ajuda a compreender preferências profundamente arraigadas da espécie humana. Essas preferências podem ser convertidas em soluções concretas. Com a neuropesquisa, os varejistas podem aprender onde o layout da loja precisa de melhorias ou quais aspectos de suas promoções não são eficazes.

A aplicação da neuropesquisa no setor de varejo ainda é relativamente nova. Por isso, os varejistas têm a oportunidade de criar *insights* competitivos sobre o contexto de compra ideal, se explorarem esses novos recursos.

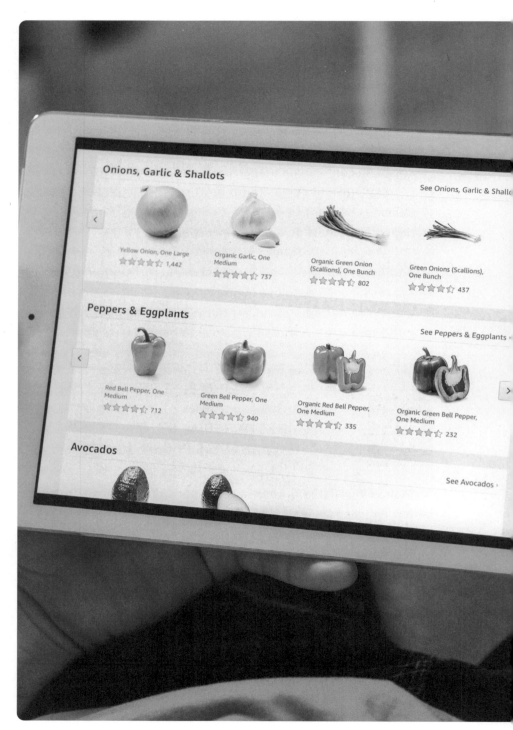

Ksenia She/Shutterstock

3

PARTE TRÊS
ESCOLHAS DE CANAL

---

109 Capítulo 5 – Preferência de canal: o futuro do canal hipermercado

131 Capítulo 6 – O que o *shopper* espera dos canais de compra on-line

CAPÍTULO 5

PREFERÊNCIA DE CANAL: O FUTURO DO CANAL HIPERMERCADO

ESTE LIVRO começou enfatizando a importância de compreender melhor as emoções dos *shoppers*. Uma vez compreendidas essas emoções, os varejistas devem engajar-se com os *shoppers*, continuamente, de modo a compreender para onde conduzir a organização e onde investir. Uma das decisões sobre investimentos a ser tomada é o tipo de canal que o varejista quer usar para servir aos *shoppers*. Essa decisão envolve muito capital e, portanto, produz um grande impacto no negócio de varejo. O canal hipermercado é uma instância na qual alguns varejistas, mesmo depois de muitos anos, não conseguiam conectar-se com os *shoppers*, e concluíram tarde demais que os *shoppers* tinham começado a deslocar as suas preferências para outros canais, como cadeias de desconto, lojas de 1,99, *outlets* de conveniência e mídias digitais. Esses canais, cada vez mais, atendem melhor às necessidades dos *shoppers*. No próximo capítulo, explico por que a compra on-line se tornou tão atraente para os *shoppers*. Primeiro, foco as razões pelas quais os *shoppers* perderam interesse pelo canal hipermercado, e ofereço sugestões e novas direções estratégicas. Ilustro essa situação com ênfase no Carrefour, varejista francês com ampla presença internacional, que se associa estreitamente com a ascensão e a queda dos hipermercados. Esse exemplo oferece importantes ensinamentos sobre a necessidade de manter uma conexão coesa com um grande número de *shoppers*, com necessidades cada vez mais divergentes.

Desde a Segunda Guerra Mundial nos países ocidentais, as cadeias supermercadistas ficaram cada vez maiores. Em alguns países, como Estados Unidos e França, o formato grande domina o mercado: são denominados *supercenters*, nos Estados Unidos, e hipermercados, em outros países. Os *shoppers* alemães preferem formatos menores, como lojas de descontos e supermercados, e até o Walmart não foi um grande sucesso na Alemanha (o varejista entrou no país em 1998, e veio a encerrar suas atividades em 2006, com prejuízo estimado de US$1 bilhão, um de seus maiores fracassos).[1] Por outro lado, em mercados emergentes, como Argentina, Brasil e Rússia, o formato grande ainda é popular. Como mencionado anteriormente, um varejista que se entrelaçou com o formato hipermercado é o Carrefour, uma das maiores cadeias de varejo do mundo, de origem francesa. O Carrefour enfrentou muitos problemas desde a virada para o século XXI, dificuldades que ficaram muito visíveis em 2008, quando os mercados em que operava também passaram a ser pressionados. Como grande parte do seu faturamento provém do canal hipermercado, surgiu a questão: se esse declínio indica que o canal hipermercado chegou ao fim do ciclo de vida ou se a queda pode ser atribuída a fatores específicos do Carrefour. Ou quem sabe as duas causas se reforçam mutuamente? Aqui, procuro respostas sob a perspectiva do *shopper.*

◢ O Carrefour numa encruzilhada

O nome Carrefour é derivado da localização de sua primeira loja, em Annecy, em 1957, que se situa numa encruzilhada, ou

---

[1] MACARAY, David. Why Did Walmart Leave Germany? *The Huffington Post*, 2011. Disponível em: <http://www.huffi ngtonpost.com/david-macaray/why-did-walmartleave-ger_b_940542.html>. Acesso em: 01 ago. 2015.

SCHAEFER, Louisa. World's Biggest Retailer Wal-Mart Closes Up Shop in Germany. *Deutsche Welle: Made for minds*, 2006. Disponível em: <http://www.dw.com/en/worlds-biggest-retailer-wal-mart-closes-up-shopingermany/a-2112746>. Acesso em: 01 ago. 2015.

carrefour, em francês. Melhor denominação não poderia ter sido escolhida, pois a empresa parece deslocar-se de uma encruzilhada para outra. O decênio 2005-2015 foi aquele em que o Carrefour estabilizou suas vendas (o declínio na Europa Ocidental era compensado pelo crescimento em alguns países da América do Sul); portanto, foi uma época propícia a mudanças. Nas palavras de Margaret Thatcher, "ficar no meio da estrada é muito perigoso: você pode ser atropelado pelo tráfego em ambas as direções". Até 2000, o Carrefour estava em rota de aquisições; em seguida, começou a vender operações em países como Japão. Uma grande mudança aconteceu quando, em 2007 alguns acionistas privados investiram na empresa, ao suporem que o Carrefour estava no fundo do poço de seu desempenho.[2] No entanto, sob a pressão da crise financeira de 2008, a empresa perdeu a maior parte dos investimentos e, em consequência, ocorreram muitas mudanças na liderança. O Carrefour contratou Lars Oloffson, em 2009, para recuperar o crescimento, começando com a divisão hipermercado. Oloffson lançou um plano para revitalizar o hipermercado, em 2010, sob o nome Carrefour Planet. A iniciativa envolveu muitos esforços, mas o Carrefour, como organização, nunca navegou em águas calmas. Colony Capital, fundo de investimento em imóveis, da Califórnia, e Bernard Arnault, investidor privado e CEO da empresa de artigos de luxo LVMH, que detêm juntos cerca de 15% do Carrefour, insistiram na cobrança de melhores resultados e de dividendos mais altos. Foram dias de decisões estratégicas impactantes, como a cisão da divisão de descontos da empresa, DIA, cujas ações passaram a ser listadas na bolsa de valores da Espanha, em 2011 (embora, em 2014, as lojas da DIA francesa tenham retornado ao Carrefour). Outras iniciativas foram menos exitosas. Em 2011, o Carrefour tentou fundir seus negócios no Brasil com um concorrente local, Pão de Açúcar. Em 2015, tampouco

---

2 ASSOCIATED PRESS. Carrefour Profit Rises. *The Boston Globe*, 2007. Disponível em: <http://www.boston.com/business/articles/2007/03/08/carrefour_posts_rise_in_2006_profit/>. Acesso em: 01 ago. 2015.

a ideia de cindir a divisão de imóveis tinha sido concluída: até então, permanecia sob o controle do Carrefour. Em 2012, os acionistas Colony Capital e Groupe Arnault forçaram a renúncia de Lars Oloffson, depois de cinco *profit warnings* consecutivos, avisando aos acionistas que os resultados não corresponderiam às expectativas iniciais, da redução do *market share* em seu principal mercado (França) e da perda de 40% de seu investimento inicial. À parte a melhoria significativa dos hipermercados, o número de encruzilhadas continuou alto para o Carrefour. Aquelas enfrentadas em 2015 incluíam:

- ▶ O Carrefour continuará operando em âmbito global ou passará a atuar apenas como varejista europeu? O atual CEO do Carrefour, Georges Plassat, deixou de operar em países como Grécia, Colômbia, Indonésia e Malásia, mas continuou no Brasil, Argentina e China.

- ▶ A matriz manterá a última palavra nas decisões, por meio, por exemplo, da equipe de compras global do Carrefour World Trade, em Genebra, ou o poder será transferido para as organizações nacionais descentralizadas? Não sei ao certo qual caminho será escolhido, mas, atualmente, os *shoppers* experimentam mais o mix de produtos locais e os gerentes de lojas desfrutam de maior autonomia decisória nos níveis locais.

- ▶ Finalmente, qual é a função do hipermercado, em face da popularidade crescente de formatos pequenos e de compras on-line? Concentro-me aqui no desafio dos hipermercados, mas não há dúvida de que, para o Carrefour, esse aspecto não pode ser separado de outros desafios.

◢ O Carrefour, em específico, ou um problema do canal hipermercado?

Em 2010, o Carrefour enfrentou sérias quedas nas vendas de seus hipermercados idênticos, nos quatro principais mercados europeus: França – 0,6%, Espanha – 3,4%, Itália – 3,1%, e Bélgica – 6,0%. Nos três primeiros mercados, os problemas se multiplicaram e, em 2011, os números foram ainda piores. Só na Bélgica, onde o Carrefour fez rigorosa estruturação, em 2011, e fechou lojas, ocorreu certa recuperação nas vendas. Infelizmente, a Bélgica é o menor dos quatro mercados, e ficou claro que era necessário empreender grandes mudanças. Os números eram alarmantes por duas razões: 1) os hipermercados entregavam 63% do faturamento total do Carrefour; 2) 55% das vendas dos hipermercados eram oriundas de apenas quatro países ocidentais: França, Espanha, Itália e Bélgica.

Os problemas do Carrefour e, especialmente, dos hipermercados da empresa deixam a impressão de que esse tipo de varejo está no fim do ciclo de vida. Desde 2000, o *market share* dos hipermercados na Europa flutuaram em torno de 35%. Contudo, por trás desses 35% flutuantes, há países em que os hipermercados estão em ascensão, assim como países em que os *shoppers* estão se afastando dos hipermercados. Por exemplo, na Europa Oriental, os hipermercados ainda são fatores de crescimento, como é o caso do Carrefour. Em outras palavras, o Carrefour teve de lidar com seus próprios problemas específicos e com as dificuldades genéricas dos hipermercados em mercados ocidentais saturados.

◢ Razões para o crescimento dos hipermercados

Vamos analisar a ascensão dos hipermercados na Europa, sob a perspectiva dos *shoppers*. O conceito de hipermercado surgiu nos Estados Unidos, onde as lojas de departamentos que ofereciam descontos integraram grande mix de alimentos e não alimentos. Com base em novas grandes lojas dos Estados Unidos, o supermercado belga Grand Bazar abriu seu primeiro hipermercado na Europa, em Oudergem, em 1961.[3] Dois anos depois, o varejista

---

[3] GRIMMEAU, J. A forgotten anniversary: the first European hypermarkets open in Brussels in 1961. *Brussels Studies*, 2013. Disponível em: <http://www.brusselsstudies.be/medias/publications/BruS67EN.pdf>. Acesso em: 22 jul. 2015.

113

francês Carrefour abriu seu primeiro hipermercado em Sainte-Geneviève-des-Bois, França. Entretanto, o Carrefour pode alegar agora ter aberto o primeiro hipermercado, ao adquirir o grupo GIB, em 2000, e ao converter a antiga loja do Grand Bazar em hipermercado. A loja original de Oudergem tinha 9.100 metros quadrados, algo gigantesco, na época, em comparação com a loja francesa de Sainte-Geneviève-des-Bois, que media 2.500 metros quadrados.

O mercado supermercadista, naquele tempo, era composto, basicamente, de supermercados menores e de lojas tradicionais, com serviços de balcão. O conceito de hipermercado mudou algumas das regras do jogo, algo os *shoppers* receberam de bom grado. As novas regras são:

- ▶ Mix – tudo o que você precisa, numa única jornada de compra:
  - Ampla escolha de marcas, variedades e formatos de produtos.
  - Não só alimentos, mas também não alimentos.
  - Exploração de tendências, em categorias como roupas e artigos para uso doméstico.
- ▶ Preço – sempre competitivos, geralmente os mais baixos:
  - Preços fixos reduzidos e promoções atraentes.
  - Fácil comparação de preços (antes era mais difícil).
  - Ajustes contínuos dos preços, em resposta aos concorrentes.
- ▶ Serviços – foco eficiente no cliente:
  - Horário de funcionamento mais longo.
  - Facilidade de estacionamento.

O novo hipermercado se defrontou com alguma resistência, por abocanhar vendas dos supermercados tradicionais, menores. Além disso, o hipermercado também atendeu a algumas necessidades funcionais e emocionais. Por um lado, o *shopper* podia comprar tudo, em um único lugar, o que melhorava a experiência de compra e simplificava a vida. Por outro lado, as novas lojas gigantescas resultaram em jornadas de compra de um dia inteiro, cheias de surpresas. Na década de 1960, a prosperidade cresceu, a renda disponível aumentou, e os *shoppers* adoravam gastar a renda crescente em bens de consumo duráveis, escolhidos entre a enorme variedade dos hipermercados. Ademais, outras mudanças contribuíram para a prosperidade dos hipermercados (Fig. 5.1). Os governos nacionais e locais liberalizaram a legislação trabalhista, assim como as regras e os planos de zoneamento urbano.

Figura 5.1 – *Drivers* de crescimento – Hipermercado

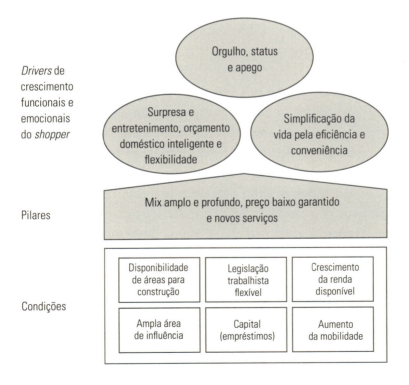

◢ As vantagens dos hipermercados desaparecem

Em 2015, o hipermercado europeu tinha mais de 55 anos. Nesse período, a sociedade, o cenário competitivo e a tecnologia mudaram tanto que o *shopper*, a essa altura, já tinha desenvolvido necessidades completamente diferentes. Pense na urbanização e no envelhecimento da sociedade, fatores que levam os *shoppers* a preferirem um supermercado no próprio bairro, em vez de estabelecimentos comerciais gigantescos, na periferia de regiões metropolitanas cada vez mais amplas. A internet se transformou em novo canal de compras, sobretudo para produtos não alimentícios que são oferecidos em hipermercados, como roupas, sapatos, livros, música e eletrodomésticos. Os cidadãos se tornaram mais atuantes e exigentes, demandando melhores serviços. Essas mudanças não são novas, mas, em conjunto, tornam redundantes os pilares do sucesso dos hipermercados há 50 anos atrás. Para algumas marcas de hipermercados, foi mais fácil encontrar respostas para esses desafios do que para outros.

MIX

▶ Nos últimos 15 anos, os *shoppers* demonstraram hesitação ao reivindicarem muitas escolhas, e não serem capazes de decidir com segurança entre tamanha variedade. Enquanto os primeiros *shoppers* achavam eficiente encontrar tudo em um mesmo lugar, essa situação hoje parece sufocante. Como o hipermercado é o contexto ideal para uma grande jornada de compra, a frequência das visitas é menor, mas, se o hipermercado não oferecer uma categoria diferenciada, até mesmo essa longa viagem pode ser cancelada na vida congestionada de hoje.

▶ A oferta completa de moda, eletrônicos, decoração de casa, e outros em formatos concorrentes – tanto nas cidades em si quanto nas periferias – tornou-se mais diferenciada e atraente. As *category killers*, redes especializadas em não alimentos, como Toys 'R' Us, Mediamarkt e Zara, desmentem a alegação de que o hipermercado sempre oferece o mix mais amplo e profundo.

PREÇO

- ▶ As cadeias de descontos, como Aldi e Lidl, agregaram novas categorias de produtos secos e de frutas e hortaliças. A Lidl diversificou o número de produtos ao longo dos anos, para encontrar o equilíbrio certo entre carrinhos mais cheios e cumprimento da promessa de preços baixos, compras inteligentes e eficiência.
- ▶ Além das cadeias de desconto em cada um dos quatro grandes países em que o Carrefour opera com hipermercados, também surgiram varejistas nacionais e regionais. Colruyt, na Bélgica; Leclerc, na França; Mercadona, na Espanha; e Essalunga, na Itália, venceram o Carrefour em imagem de preço, precificando o mix certo de alimentos, bebidas, e produtos de limpeza no nível mais baixo possível. Ao fazerem compras conjuntas com outras cadeias de supermercados, mediante a composição de grupos de compras internacionais, eles ainda conseguem competir com o Carrefour, mesmo se tratando do segundo maior varejista de alimentos, depois do Walmart e da Tesco.
- ▶ A legislação em muitos países proíbe a oferta de produtos por preços abaixo do custo. Trata-se de um entrave para os supermercados, que costumavam promover sua imagem de preço baixo com produtos "isca" ou "boi de piranha".
- ▶ Parece que os hipermercados não podem escapar do ciclo da roda do varejo. Esse velho conceito diz que novos atuantes em varejo atraem *shoppers* com preços baixos, por meio de uma estratégia de baixo custo, seja com uma nova marca de varejo, seja com a marca atual. Com o passar do tempo, esses novos varejistas tentam evitar a competição baseada no preço, adicionando novos serviços e produtos. Dessa maneira, eles abandonam a estratégia de baixo custo. Em

consequência, surgem novos competidores na guerra de preços, e o ciclo se reinicia (Fig. 5.2).

Figura 5.2 – Ciclo de vida do varejo

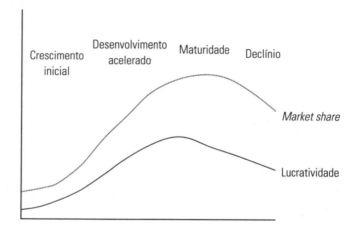

Fonte: Baseado em estudo de Davidson, Bates, Bass (1976).[4]

SERVIÇO

- Serviços e conveniências, como estacionamento gratuito e horário de funcionamento prolongado, já não são suficientes como fatores de diferenciação.
- Além disso, serviços não consistem apenas em aspectos físicos e funcionais que amenizam o processo de compras. Serviços também significam dar atenção ao *shopper*, de preferência pela equipe da loja. O *shopper* almeja soluções ajustadas às suas necessidades, e isso não é possível no labirinto de longas prateleiras, entre as quais o *shopper* se aventura na caça ao tesouro, sem a ajuda do pessoal da loja.

---

[4] DAVIDSON, W.; BATES, A.; BASS, S. The retail life cycle. *Harvard Business Review*, 1976. Disponível em: <http://www.scribd.com/doc/48155351/retail-life-cycle#scribd>. Acesso em: 22 jul. 2015.

CICLO DE VIDA DO VAREJO

O conceito de ciclo de vida também se aplica aos canais de varejo, assim como aos produtos. O termo foi adotado por Davidson, Bates e Bass, em 1976, e propicia boa compreensão da necessidade de reorientação estratégica oportuna pelos varejistas.[5] Em 2006, Perrigot e Cliquet demonstraram que, como canal, o hipermercado francês estava saturado; o hipermercado espanhol se aproximava da saturação; e o hipermercado italiano ainda se encontrava em fase de crescimento.[6] Na Europa Ocidental, o hipermercado está na fase de maturidade do ciclo de varejo porque há muitos concorrentes, muitos metros quadrados de área disponível por domicílio, e novos canais de distribuição estão surgindo. Em consequência, o faturamento mal cresce e a lucratividade é moderada. O ciclo de vida é como um processo evolutivo natural e inevitável, mas a empresa pode retardá-lo ou evitar o declínio. Davidson, Bates e Bass oferecem várias sugestões para alcançar esse resultado, como explorar novos segmentos de mercado; manter a lucratividade, por meio de aumento de eficiência; reduzir o risco, transferindo parte dos encargos para os fornecedores; e copiar parte dos modelos adotados por principiantes bem-sucedidos. Uma última recomendação é garantir que o varejista sob pressão nunca se restrinja a um único tipo de canal.

---

[5] DAVIDSON, W.; BATES, A; BASS, S. The retail life cycle. *Harvard Business Review*, 1978. Disponível em: <http://www.scribd.com/doc/48155351/retail-life-cycle#scribd>. Acesso em: 22 jul. 2015.

[6] PERRIGOT, R.; CLIQUET, G. Hypermarket Format: Any Future or a Real Need to Be Changed? An Empirical Study of the French, Spanish and Italian Markets. *In*: INTERNATIONAL MARKETING TRENDS CONFERENCE, Veneza, 20 jan. 2006. Disponível em: <http://archives.marketing-trends-congress.com/2006/Materiali/Paper/Fr/Perrigot_Cliquet.pdf>. Acesso em: 22 jul. 2015.

◢ Estratégias para a virada dos hipermercados

O faturamento dos hipermercados nos países da Europa Ocidental está estagnado desde meados da década de 1990. O hipermercado não mais atende às necessidades dos *shoppers*, quando se trata de compra eficiente e prazerosa. Os *shoppers* já mostram isso, uma vez que menos *shoppers* estão visitando hipermercados, e com menos frequência. Talvez, de início, fosse possível recuperar as vendas com a ajuda de promoções, de ampliação das lojas ou de aquisições. O Carrefour, por exemplo, é famoso por sua escrituração contábil criativa, como, por exemplo, ao incluir ou excluir as vendas de combustíveis nas demonstrações financeiras anuais, de modo a torná-las mais positivas. No entanto, o hipermercado só se manterá relevante para os *shoppers* se os varejistas, como Auchan e Carrefour, fizerem escolhas estratégicas. Em um artigo de 1997, mas ainda atual, a McKinsey descreve quatro alternativas estratégicas para os varejistas de hipermercados[7]:

① *Aumento de escala*
Por meio de fusões e aquisições, o varejista pode melhorar as margens. O aumento de escala reforça suas condições de negociação com os fornecedores e aumenta a capacidade de diluição dos custos fixos e das despesas gerais entre mais lojas, e garante maior volume de vendas.

② *Marca de varejo mais forte*
Com melhor *branding*, a força emocional de atração e fidelização do *shopper* aumenta. O foco deve concentrar-se em alimentos e bebidas e, em seguida, apenas nos produtos não alimentícios que os *shoppers* compram com mais frequência. O varejista tentará aumentar a porcentagem de marcas próprias

---

[7] CASTRILLO, J.; FORN, R.; MIRA, R. Hypermarkets may be losing their appeal for European consumers. *McKinsey Quarterly*, 1997. Disponível em: <https://www.questia.com/library/journal/1G1-20903145/hypermarketsmay-belosing-their-appeal-for-european>. Acesso em: 22 jul. 2015.

para o mesmo nível da participação de marcas próprias dos supermercados, na mesma categoria, como meio de estimular as vendas lucrativas de produtos frescos e desenvolver na loja conceitos de outras marcas, como fez a Virgin.

③ Renovação do conceito

O varejista diferencia sua oferta de modo a apelar para mais segmentos. Além das jornadas de compra de rotina, em que o *shopper* reabastece seus suprimentos em grandes quantidades, o varejista procura instigar outras jornadas de compra não rotineiras. Um bom exemplo é o conceito de "Easy Break" do Carrefour de Bruxelas, para estimular jornadas de compra de conveniência. Esse é um conceito em que os *shoppers* entram numa área com bebidas, refeições e lanches, por uma entrada à parte, e podem prosseguir numa incursão mais longa ou sair imediatamente, pelo caixa na frente da loja. Como parte dessa estratégia, o varejista pode explorar sua vantagem de espaço, variando entre ofertas de não alimentos, a intervalos regulares, aproveitando mudanças de estação, mudanças de tendências ou eventos de promoções anuais, como volta às aulas, Dia das Mães e Dia dos Pais.

O varejista também pode optar por diferenciar a marca do hipermercado em si. O Auchan oferece um bom exemplo desse processo na Rússia, onde opera três versões de hipermercado: o Auchan City, para regiões centrais de cidades; Radouga (Rainbow), para cidades de porte médio; e a marca Auchan em si, para a periferia de grandes cidades. A loja Auchan, nas imediações de Moscou, tem cerca de 17.000 metros quadrados, muito maior que a versão Auchan City, com aproximadamente 4.000 metros quadrados. O tamanho de um Radouga para cidades menores se situa entre esses números.

④ Extensão do conceito

Com essa estratégia, o hipermercado introduz dois de seus elementos essenciais – confiabilidade e valor do dinheiro – em um conjunto de novas categorias. Geralmente, trata-se de serviços como seguro, férias e combustível, que assumem participação cada vez maior da renda disponível na Europa Ocidental. O varejista também amplia o seu conceito com canais alternativos associados ao hipermercado, como *drive throughs* e *home shopping*.

◢ O Carrefour Planet como solução

O mais provável é que não haja "a melhor estratégia" para varejistas de hipermercados, e o melhor é que as quatro estratégias da McKinsey, expostas na seção anterior, sejam aplicáveis em conjunto. O Carrefour escolheu uma combinação das três últimas opções da McKinsey para compor o conceito Carrefour Planet. A nova direção estratégica foi arquitetada quando as equipes do Carrefour, na Bélgica, na França e na Espanha, trabalhavam, cada uma, em um novo hipermercado, até que o CEO Lars Oloffson integrou esses projetos como uma de suas sete iniciativas para promover a virada organizacional do Carrefour. O grupo de trabalho que reinventou o hipermercado era também conhecido pelo nome I-6, a sexta iniciativa. Reconhecendo a confluência de diferentes países, é louvável que a empresa tenha experimentado suas ideias em lojas-piloto, em três países, mais ou menos ao mesmo tempo, em 2010:

- ▶ Waterloo/Mont-Saint-Jean, perto de Bruxelas, Bélgica.
- ▶ Vénissieux e Écully, dois subúrbios de Lyon, França.
- ▶ Alcobendas e El Pinar, cidades perto de Madrid, Espanha.

Todas as lojas-piloto contribuíram para a versão final do Carrefour Planet. A loja de Vénissieux funcionou como alicerce e foi aprimorada com elementos de outras lojas, como a organização supermercadista de El Pinar e o bem-sucedido departamento de livros, com lâmpadas para leitura e cadeiras confortáveis, de Mont-Saint-Jean. O conceito se cristalizou com mais clareza na sexta loja Carrefour Planet, em Móstoles, cidade perto de Madrid. Com a integração de todos esses experimentos, o Carrefour passou a considerar todas as diferenças nacionais e locais, em face das preferências dos *shoppers* e das pressões dos concorrentes.

SETE INICIATIVAS DO CARREFOUR PARA AUMENTO DO CRESCIMENTO E DAS MARGENS

1. Revitalizar a marca Carrefour.
2. Melhorar a imagem do preço.
3. Disseminar e adotar as melhores práticas.
4. Simplificar a organização e as estruturas Carrefour.
5. Reformular o modelo operacional para otimizar os custos operacionais e reduzir os estoques, ao mesmo tempo que melhora os serviços ao cliente.
6. Otimizar e reinventar o hipermercado.
7. Reorganizar os processos de compras.

Evidentemente, todas as sete iniciativas interagem umas com as outras. O foco tem recaído sobre a reinvenção o modelo de hipermercado como a abordagem mais importante para reestruturar a empresa.

Pouco depois da inauguração, visitei as seis lojas-piloto para ver como o Carrefour converteu em realidade a ideia de hipermercado do futuro. Minha primeira impressão foi que o Carrefour queria destacar-se em frutas e hortaliças. Isso o ajudaria a aumentar a frequência das visitas, melhorar a atmosfera das lojas e gerar margem superior à média. As frutas e hortaliças de alta qualidade foram complementadas por produtos secos, capazes de atender às mais variadas necessidades, e por produtos não alimentícios, mas somente os comprados com frequência. A melhoria da imagem de preço do Carrefour tinha de partir do departamento de produtos secos. Antes, a atmosfera era insatisfatória, uma vez que os paletes eram altos, com caixas empilhadas na prateleira mais elevada, e não havia marcas, sinalizações e nem iluminação especial. O Carrefour geralmente dava dicas de preços, colocando produtos da marca Carrefour Discount em lugares de destaque no corredor e ampliando as gôndolas com extremidades promocionais. Para cada departamento de não alimentos, o Carrefour selecionava um *benchmark* competitivo diferente, o que, em consequência, resultava em experiências de preços distintas. O Carrefour podia não oferecer o preço mais baixo do mercado, mas procurava competir com o varejista mais forte em cada categoria. Assim, em eletrônicos, o Carrefour queria oferecer preços mais baixos do que Mediamarkt e, em moda, se empenhava em superar a Zara. Ainda que o departamento de frutas e hortaliças pareça fantástico, ele também exibe etiquetas de preços. Cada país escolhe as categorias de alimentos frescos que lhe são mais benéficas. Outras diferenciações do Carrefour Planet se associavam a eventos sazonais e a dias festivos, para os quais a empresa construiu áreas destinadas a exposições e a serviços especiais, como berçários e creches. Dessa maneira, o Carrefour explorou sua vantagem de mais espaço. Para aumentar a presença dos *shoppers*, restabelecendo os níveis anteriores, e para combater a hesitação dos *shoppers* de vir a um hipermercado, o Carrefour eliminou todos os obstáculos, de modo a tornar a jornada de compra mais eficiente e confortável. Imagine corredores mais largos, acesso à loja pelos departamentos de alimentos e de não alimentos, *self-checkout*, e disposição lógica de *displays* permanentes, como na Espanha, em que posicionaram a Coca-Cola perto da pizza congelada. O tráfego na loja foi melhorado, com grandes cartazes arredondados, suspensos sobre "mundos" de categorias, e por produtos de *merchandising* no alto das prateleiras, em combinações de cores atraentes. Por exemplo, grandes pilhas de toalhas em cores brilhantes, para que os *shoppers* vissem de longe a categoria de têxteis.

◢ Forças do Carrefour Planet

Em minha opinião, as forças das lojas Carrefour Planet são quatro, como mostro a seguir.

Ênfase em frutas e hortaliças

O enorme mix de produtos, o espaço, a iluminação especial, os letreiros manuscritos e os muitos membros da equipe, disponíveis no Carrefour Planet, instilam no *shopper* a sensação de que estão num mercado público, como o La Grande Épicerie, em Paris. Isso não significa dizer que o Carrefour oferece mais produtos frescos do que antes. Com o lançamento do conceito Planet, o Carrefour falou de coisas de que o consumidor precisava, e definiu as categorias com base em como o *shopper* reconhece e divide grupos de produtos. O Carrefour tinha descoberto essas tendências por meio da análise do cartão fidelidade. Por exemplo, o departamento de frutas e hortaliças foi ampliado em 33%, com o alargamento dos corredores e com *merchandising* diferente. O Carrefour também expandiu em 5% a oferta de itens, para atender às necessidades dos consumidores (por exemplo, oferecendo mais tipos de maçãs). Todavia, em termos de número de SKUs (Stock Keeping Unit, ou Unidade de Manutenção de Estoque), a empresa reduziu sua oferta em cerca de 13%. Os produtos frescos permitiram uma ampla diferenciação e, em cada país, a categoria de destino era ajustada ao mercado local. Na Bélgica, descobri que o Carrefour era o único varejista a oferecer peixes em um departamento específico, enquanto na Espanha a exposição de presuntos e outros produtos de carne me davam água na boca.

Produtos secos como itens de desconto

Evidentemente, o Carrefour ainda oferecia muitas das grandes marcas no departamento de produtos secos, mas a sensação do *shopper* era a de estar numa loja de descontos: pouca iluminação, paletes altos com caixas de estoque em cima, nas lojas francesas, e colocação ilógica de detergentes entre categorias de alimentos, na Espanha. Em geral, a loja entregava a necessária sinalização de preços, mas o lado negativo era que, às vezes, ficava difícil percorrer a loja com um carrinho de compras. Algumas categorias de alimentos, bebidas e produtos de limpeza recebiam tratamento especial. No departamento de vinhos, por exemplo, os *shoppers* recebiam orientação de *experts* em vinho e podiam obter informações, por via digital, em monitores. Produtos orgânicos tinham muito mais espaço do que mereciam, com base nas vendas. Em Écully, esses produtos recebiam, proporcionalmente, três vezes mais espaço do que sua contribuição para as vendas da loja e, além disso, sua localização, na entrada da loja, com destaque, era ótima. Posteriormente, nas lojas Planet, a categoria de orgânicos foi reduzida e deslocada para um estágio posterior da jornada de compra, na praça do mercado de frutas e hortaliças.

Não alimentos limitados

Sob a denominação de "multiespecialista", o Carrefour cortou o número de categorias de não alimentos, eliminando as que vendiam muito pouco, com margens baixas ou inexistentes. Também diminuiu significativamente a área para não alimentos, reduzindo, por exemplo, em 12% o espaço destinado à moda e em 5% o espaço alocado para eletrônicos. Categorias como Do-It-Yourself desapareceram, e minha impressão era que a distribuição de espaço entre produtos alimentícios e não alimentícios havia sido alterada, de 60% a favor de não alimentos para 60% a favor de alimentos; portanto, exatamente o reverso da divisão anterior. O Carrefour, porém, talvez não tenha ido muito longe na eliminação do espaço de algumas categorias. Nas lojas Planet francesas, o espaço para moda não despertava inspiração nem oferecia itens funcionais, como espelhos, e as roupas não eram consideradas atuais nem estilosas, na época. O que constatei foi que o Carrefour se diferenciava dos supermercados, oferecendo itens de não alimentos na mesma jornada de compra, mas a oferta não era suficiente para distingui-lo, em comparação com marcas especialistas, como Mediamarkt.

Serviços especiais

Evidentemente, as lojas Planet dedicavam mais atenção a serviços, como seguro, viagens, entregas domiciliares e sistema de *checkout* de "fila única". Em outras palavras, constitui-se só uma fila para os caixas de pagamento e quando um caixa fica disponível o primeiro na fila avança. Dois serviços pareciam ter atingido o alvo. Na França e na Espanha, os *shoppers* podiam deixar as crianças na creche; os pais dispunham de instalações apropriadas para trocar a fralda e dar comida aos bebês, em condições de conforto e tranquilidade; e os carrinhos de compra podiam transportar as mercadorias e acomodar as crianças pequenas. Na entrada de algumas lojas Planet, havia um espaço para a venda de lanches e refeições simples, consumidas durante uma pausa. Essa conveniência tornava mais fácil percorrer toda a loja e era atraente para funcionários de escritórios na vizinhança. Outra grande ideia foi um bar no meio de uma loja Planet espanhola. Era um excelente motivo para fazer uma pausa durante uma jornada de compra longa, para tomar uma xícara de café da marca Carrefour, e era também uma oportunidade de expor quitutes para atrair os *shoppers*. Só faltava uma conexão Wi-Fi. No entanto e, infelizmente, volto a falar de aspectos negativos, pois alguns dos serviços eram pontos de interrogação para mim. Em Vénissieux, os *shoppers* podiam cortar o cabelo no meio do hipermercado, enquanto outros *shoppers* selecionavam seus produtos de saúde e beleza. Não sei se isso funcionaria para mim. Fico pensando não só em me expor à curiosidade de colegas e vizinhos, mas também em deixar à vista de estranhos meu carrinho de compras, contendo alimentos congelados e até produtos de higiene pessoal. As lojas Planet espanholas ofereciam serviços de conserto de bicicleta; mas, para começo de conversa, elas só são acessíveis de carro e, além disso, quem traria uma bicicleta para ser consertada entre os corredores de um hipermercado, empurrando-a em meio aos pepinos e aos presuntos espanhóis?

◢ O Carrefour Planet é a resposta para os desafios dos hipermercados?

De acordo com o Carrefour, o faturamento dos hipermercados da empresa aumentou em 7% depois da remodelagem para o Carrefour Planet. É um aumento incrível para um canal e para uma marca de varejo que enfrentava tempestades. Entretanto, depois da abertura das primeiras lojas, logo se questionou se o Carrefour não precisava de crescimento mais acelerado do faturamento para justificar os investimentos, com custo de remodelagem total de €4,2 milhões e custo de reforma de €1,9 milhão. Conforme os planos originais, anunciados no começo de 2010, o Carrefour esperava remodelar completamente 245 hipermercados na Europa Ocidental e reformar 255 lojas até o começo de 2013. No total, estava pensando em investir cerca de €1,5 bilhão. O Carrefour esperava crescimento incremental das vendas de 18%, de 2010 a 2015, além de melhoria significativa das margens. No começo de 2012, o Carrefour interrompeu a remodelagem e, depois da partida de Oloffson, a marca Planet foi extinta. Em fins de 2011, o Carrefour tinha remodelado apenas 81 das 500 lojas planejadas, e gastado €400 milhões (ou €4,9 milhões por hipermercado), cerca de 60% a mais do que tinha previsto. Só as lojas Planet da Bélgica alcançaram bom resultado; a verdade, porém, é que os hipermercados belgas estavam em tal estado de deterioração, antes do lançamento do Planet, que, provavelmente, qualquer coisa teria sido eficaz.

Durante a reestruturação, o Carrefour tentou reduzir os custos de remodelagem, padronizando os processos e materiais e recebendo contribuições dos fornecedores, mas não foi suficiente. Os acionistas decidiram suspender o Carrefour Planet. A empresa removeu o letreiro Planet da fachada de todos os hipermercados. O novo CEO, Georges Plassat, comparou a aventura do Planet com uma excursão ao espaço sideral, do qual todos retornaram por meio do

TGV (Trem de Alta Velocidade, da França). E ele anunciou que manteria o nome Carrefour apenas para hipermercados. Desde então, os outros formatos, como supermercados e lojas de conveniência, usariam o logo Carrefour, em vez do nome Carrefour.

◢ Ideias conclusivas

O conceito Planet foi um grande avanço para o Carrefour. Esclareceu as escolhas em termos de mix de produtos, melhorou a imagem de preço, venceu os concorrentes com a nova imagem, racionalizou os não alimentos, acrescentou novos serviços e levou em conta as diferenças regionais e locais. Com a aplicação de dados do cartão fidelidade, personalizou a experiência do *shopper*. Acho que o Carrefour Planet foi um hipermercado revigorado que reforçou a marca Carrefour. O conceito Planet, entretanto, não revolucionou o conceito de hipermercado. Com a iniciativa Planet, o Carrefour não foi capaz de escapar da roda do varejo. Para esse intento, o Carrefour deveria ter atendido às necessidades presentes e futuras dos *shoppers* com mais criatividade. Pense nos hipermercados Carrefour que se converteram em rotina diária. O Carrefour talvez tente prolongar sua passagem pela fase de maturidade dos hipermercados, com reformas e remodelagens; todavia, as lições da roda giratória do varejo nos mostram que novos formatos, como lojas de conveniência e lojas on-line, têm um futuro mais promissor na Europa Ocidental.

Portanto, o canal hipermercado na Europa Ocidental está na fase de maturidade. É uma situação diferente daquela dos países emergentes do mundo, como China e Rússia, onde esse canal se torna cada vez mais popular. Os varejistas do canal na Europa Ocidental talvez tentem estender a fase de maturidade; no entanto, como os custos e as mudanças seriam meramente incrementais, eles são bem orientados a também desenvolver novos canais de distribuição. A resposta do Carrefour poderia refletir perfeitamente esse desafio, se a empresa decidisse investir em hipermercados em países emergentes e alongar sua estada no canal europeu maduro, até encontrar uma solução adequada para atender às necessidades dos *shopper* do futuro.

O QUE FAZER PARA DEIXAR OS *SHOPPERS* FELIZES?

Grandes formatos com um *merchandising* industrial estão sendo substituídos por pequenos formatos que servem aos *shoppers* com necessidades flutuantes e estilos de vida sobrecarregados, em grandes cidades.

Os varejistas podem deixar os *shoppers* à vontade em grandes formatos, por exemplo, segmentando os corredores, usando materiais mais naturais e oferecendo de início produtos comprados com mais frequência.

QUAIS ESTRATÉGIAS DE MARKETING OS VAREJISTAS PODEM USAR?

O ciclo de vida do varejo mostra que os varejistas de baixo custo acabam agregando novos produtos e serviços. No lado positivo, essa tendência facilita a diferenciação, mas também elimina sua vantagem competitiva. Apenas um varejista pode ter o custo mais baixo do mercado. Outros conseguem evitar a armadilha do ciclo de vida do varejo, explorando continuamente novos segmentos de *shoppers* e/ou adotando mais que um formato/canal.

O gerente de uma categoria pode ser inspirado pela seleção dos *benchmark*s certos. Por exemplo, um gerente de categoria de vinho pode escolher um bar de vinho como fonte de inspiração para grandes lojas, e uma loja de conveniência em um aeroporto como *benchmark* para lojas menores.

CAPÍTULO

6

O QUE O *SHOPPER* ESPERA DOS CANAIS DE COMPRA ON-LINE

O CAPÍTULO 5 demonstrou que formatos grandes perderam o apelo para os *shoppers*, porque o estilo de vida ocupado os leva a perder o interesse em dirigir longas distâncias para chegar a uma loja e, então, caminhar por entre corredores infindáveis, com o carrinho de compras abarrotado. Isso envolve muito tempo e exige que os *shoppers* planejem a viagem cuidadosamente. Portanto, o tráfego em formatos pequenos, como lojas de desconto e de conveniência, aumenta cada vez mais. A compra on-line é, evidentemente, outra estrela em ascensão. Os varejistas precisam pesquisar quais partes da jornada de compra os *shoppers* preferem fazer on-line em vez de em lojas físicas, e investir em conformidade. Em 2005, havia um consenso no setor supermercadista de que os *shoppers* sempre queriam tocar e cheirar frutas e hortaliças antes de comprar. Já em 2015, o sucesso das vendas on-line desse tipo de produto, como no Ocado, Tesco e Leclerc, demonstrou que essa suposição estava equivocada. Neste capítulo, ofereço uma visão geral das oportunidades e limitações do varejo on-line, sob a perspectiva do *shopper*. Embora muitos exemplos sejam do setor supermercadista, grande parte dos fatores críticos de sucesso também se aplicam a outros setores de varejo.

◢ O on-line é inevitável

Basta ver as transformações de setores como livros, viagens e eletrônicos para concluir que fazer compras no varejo supermercadista também será diferente no futuro. Um ponto de virada no setor de supermercados é que, se o varejista ainda não investiu numa estratégia on-line ou num app de compra, por certo já está em desvantagem em relação aos concorrentes, e esta pode ser a escolha fatal para a continuidade da marca. O impacto do canal on-line não se limita apenas ao pedido em si. A internet e o *mobile* oferecem aos *shoppers* a oportunidade de se familiarizar com os produtos e serviços, na fase inicial da compra. Portanto, toda marca de varejo deve manter on-line pelo menos uma parte da jornada de compra.

De acordo com uma pesquisa da Nielsen, envolvendo *shoppers* de 54 países, realizada em 2012, 26% dos respondentes em todo o mundo pensavam em comprar alimentos e bebidas on-line, aumento significativo em comparação com 18% dos *shoppers*, em 2010.[1] As atividades on-line mencionadas com mais frequência foram fazer pesquisas, como verificação de preços ou leitura de *reviews;* 49% dos respondentes disseram que tinham comprado alimentos, bebidas e produtos de limpeza on-line no mês anterior. Desses, 9% alegaram conectar-se diariamente para comprar esses itens on-line. Outro estudo da Nielsen descobriu que 25% de todas as decisões de compra de bens de consumo embalados (BCE) nos Estados Unidos são influenciadas por alguma atividade em internet ou *mobile*.[2] Aqui, ocorrem diferenças por categoria. Para produtos alimentícios frescos, são 18% das decisões; para bebidas

---

[1] NIELSEN MEDIA RESEARCH. *How Digital Influences How We Shop Around the World.* 27 ago. 2012. Disponível em: <http://www.nielsen.com/us/en/insights/reports/2012/how-digital-influences-how-we-shop-around-the-world.html>. Acesso em: 22 jul. 2015.

[2] NIELSEN MEDIA RESEARCH. *Digital Shopping:* the Topline on Online. 01 mar. 2012. Disponível em: <https://www.nielsen.com/us/en/insights/webinar/2012/digital-shopping-the-topline-on-online/>. Acesso em: 22 jul. 2015.

não alcóolicas, 34%. Diversos varejistas iniciaram experimentos com pedidos de alimentos por meio de QR codes impressos em cartazes, como no Tesco Home Plus, na Coreia do Sul, e no Delhaize, em estações ferroviárias de Bruxelas. Os provedores de tecnologia nos informam sobre as possibilidades infinitas de apps que tornam a vida dos *shoppers* mais fácil, como o fornecimento de informações adicionais sobre o produto no seu smartphone e de orientações para navegação num mapa da loja.

No entanto, a sensação é de que muitos estudos e sites da internet preveem apenas desastres para as lojas físicas. Parece que o on-line absorverá grande parte das vendas de supermercados tradicionais. Não há dúvida de que a internet e as mídias sociais impactarão o atual estado das coisas no varejo. Os pedidos em *mobile* atendem às necessidades do *shopper*, seja por meio de um app em smartphone ou de um QR code impresso num cartaz em local público. Essa tendência já é notória no setor supermercadista: em 2013, 34% dos pedidos recebidos pelo varejista on-line Ocado, do Reino Unido, vieram de smartphones e 45% deles foram completados por dispositivos móveis.[3] Porém, mesmo com casos de sucesso, os varejistas precisam compreender que, até nos mais sofisticados mercados on-line, a porcentagem de vendas on-line de alimentos, bebidas e produtos de limpeza ainda é baixa. De acordo com o IGD, a porcentagem de vendas on-line desses itens no Reino Unido, até abril de 2015, era de 5%. Em outras palavras: os *shoppers* ainda direcionam 95% de seus gastos para os supermercados tradicionais.[4] Outro exemplo é o mercado holandês. É verdade que muitos fatores parecem favoráveis em relação ao aumento de compras on-line de alimentos, bebidas e produtos de limpeza. Muitas pessoas têm acesso à internet de alta velocidade,

---

[3] OCADO. *Ocado Annual Report. 2013*. 01 dez. 2013. Disponível em: <http://results13.ocadogroup.com/site-essentials/downloads/annual-report-2013>. Acesso em: 22 jul. 2015.

[4] IGD. *IGD: UK Grocery Retailing*. 2014. Disponível em: <http://www.igd.com/Research/Retail/retail-outlook/3371/UK-Grocery-Retailing/>. Acesso em: 22 jun. 2015.

estão abertas às inovações tecnológicas e são *shoppers* estressados e apressados. Os relatórios mostram que as pessoas fazem pedidos on-line, mas parece haver uma discrepância entre os números referentes à difusão da prática, por um lado, e as quantias efetivamente gastas, por outro lado. Por exemplo, 10% dos *shoppers* holandeses têm experiência com compras on-line e 6% o fazem de maneira regular.[5] Em termos de jornadas de compra, por volta de 3% de alimentos, bebidas e produtos de limpeza são comprados on-line.[6] Os números são consideravelmente mais baixos quando se trata de valor. As estimativas são que as compras on-line se situem entre 0,7% e 0,81% dos gastos totais com produtos vendidos em supermercados.[7] Em geral, os relatórios são muito positivos e as previsões do número de usuários são muito altas. Para o profissional de marketing de varejo, o modelo de negócio também precisa ser eficaz do ponto de vista financeiro. Portanto, é preciso fazer pesquisas sobre a atual jornada de compra, identificando as tarefas de compras que são mais ágeis com ferramentas digitais e verificando até que ponto faz sentido, sob a perspectiva financeira, adotar esses recursos. Em suma, o profissional de marketing de varejo deve, primeiro, sondar com mais profundidade, para compreender como a compra on-line dinamiza o processo de compras, e então ajustar o seu modelo de negócio.

As categorias de produtos mais compradas on-line são viagens, ingressos, *softwares*, jogos, música e seguro. A internet se presta muito bem para produtos digitais e/ou para produtos que parecem ter um mix infinito, enquanto, por exemplo, óculos, plantas, alimentos e bebidas ficam em posições mais baixas na lista. Categorias de produtos como *hardware* de computadores, artigos para casa e

---

[5] ABN AMRO S/A. *boodschappen doen in de toekomst: de supermarket anno 2015.* Disponível em: <https://insights.abnamro.nl/>. Acesso em: 22 jul. 2015.

[6] THUISWINKEL.*Multichannel Monitor 2011:*Voor Hoofdbedrijfschap Detailhandel en Thuiswinkel.org. 2011. Disponível em: <https://www.thuiswinkel.org/data/uploads>. Acesso em: 22 jul. 2015.

[7] Roots Beleidsadvies & AnalyZus, Winkelleegstand in 2020.
ABN AMRO S/A. *boodschappen doen in de toekomst: de supermarket anno 2015.* Disponível em: <https://insights.abnamro.nl/>. Acesso em: 22 jul. 2015.

bicicletas são cada vez mais vendidas on-line, e os fornecedores desses setores estão sob enorme pressão para mudar seu modelo de negócio com rapidez. Tanto para o fornecedor quanto para o *shopper*, o canal on-line é interessante para esse tipo de compras não diárias. Primeiro, para o *shopper*, é financeiramente atraente navegar; contudo, o risco de más compras e a percepção de perda de oportunidades excepcionais são maiores. O *shopper* compra esses produtos com menos frequência ao longo da vida e a propensão à durabilidade serve para determinar que critérios de decisão são relevantes. O *shopper* aproveita a oportunidade de pesquisar informações on-line, de maneira consciente, e o comportamento de compra é mais voltado para resultados. Para o fornecedor, os canais on-line oferecem ótimo modelo de negócio, pois reduzem as necessidades de armazenamento, centralizando os estoques. Essa característica é ainda mais aplicável a produtos com alto valor de compra e a categorias muito sensíveis a tendências, que são mais impactadas pela sazonalidade. Em eletrônicos de alto giro, as vendas se deslocam das lojas tradicionais para os canais on-line, pois o custo de distribuição dos novos produtos para todas as lojas físicas do país é muito alto — com o agravante de que serão substituídos por novos produtos em menos de um ano. Em uma geração, empresas como Samsung e Philips talvez vejam quase 100% de suas vendas se deslocarem de lojas de rua para canais on-line.

◢ Por que o futuro é on-line?

Os *shoppers* agora esperam *tudo, sempre, em qualquer lugar*. Essa expectativa também se aplica a alimentos, bebidas e produtos de limpeza, e as compras dessas categorias serão feitas cada vez mais on-line. As condições técnicas já estão presentes. Pense nas conexões rápidas de banda larga para o grande público; na percepção de que pagar on-line é seguro; na legislação e garantias de organizações setoriais referentes a políticas de devolução; nos smartphones, tablets e computadores velozes e *softwares* poderosos para possibilitar o faturamento e a logística. Há uma correlação direta entre conexão de banda larga e participação das vendas on-line. No entanto, essas condições técnicas não explicam tudo. Também é importante levar em conta as atitudes e as motivações que levam o *shopper* a comprar produtos típicos de supermercados on-line. Analiso a seguir muitos desses pontos.

Conveniência temporal: 24 horas por dia, sete dias por semana

A internet oferece a oportunidade de pedir alimentos, bebidas e produtos de limpeza 24 horas por dia. Os *shoppers* não estão mais limitados ao horário de funcionamento convencional oferecido pelos supermercados. Em alguns países, como Reino Unido e Estados Unidos, isso não é muito diferente do que as lojas físicas já oferecem. Já países como Alemanha e Países Baixos têm horário de funcionamento mais restrito, não incluindo domingos e feriados. Todavia, até nesses países mais tradicionais constata-se a tendência de adotar horários de funcionamento mais longos, o que diminui a importância dessa característica para comprar on-line. O benefício do horário de funcionamento mais longo na internet se aplica, usualmente, ao intervalo entre 21 horas e 8 horas, mas, geralmente, esse não é o período mais popular para compras de alimentos, bebidas e produtos de limpeza. Contudo, para categorias como viagem, livros e roupas, esses talvez sejam os melhores horários.

Conveniência de transporte

Nos primórdios das compras on-line de alimentos, bebidas e produtos de limpeza, os *shoppers* focavam produtos que eles evitavam carregar, como caixas de cerveja e pacotes de sabão em pó. Esses são produtos que os *shoppers* não querem levar escada acima até o apartamento. Carregar é uma questão, e outra é estacionar, que se tornou um problema para *shoppers* em grandes cidades da Europa. Em centros de cidades congestionadas, como Londres e Amsterdã, por exemplo, um *shopper* provavelmente ficará dando voltas à procura de uma vaga para estacionar o carro e acabará constatando que terá de carregar as compras numa caminhada de quinze minutos do supermercado até o carro. No caso de compras on-line, o *shopper* aproveita melhor o tempo que desperdiçaria no trânsito, no estacionamento e no transporte das mercadorias. Outra motivação para as compras on-line é o aumento dos preços dos combustíveis, que estimula os *shoppers* a deixar o carro em casa. Quem compra on-line geralmente paga uma taxa de entrega, mas, em grandes cidades, esse encargo é compensado pela economia feita com estacionamento e combustível. Os cidadãos em grandes cidades europeias ainda encontram outra razão, mais psicológica, para comprar on-line: o caminhão de entrega do supermercado on-line que obstrui a rua durante alguns minutos provoca menos aborrecimento com outros usuários do que o próprio carro do *shopper*.

Conveniência de localização

Dispositivos como iPads e smartphones oferecem ao *shopper* uma sensação de liberdade e autodeterminação, que não deve ser subestimada. Eles podem familiarizar-se em qualquer lugar no mundo virtual e realizar pedidos de onde estiverem. Assim o *shopper* pode comprar na Leclerc com o smartphone, enquanto percorre o Carrefour com um carrinho de compras. Por isso é que o Google fala de Momento Zero da Verdade (Zero Moment of Truth, ou ZMOT): o *shopper* pesquisa e se orienta pelo computador ou pelo mobile antes de entrar na loja. Essas escolhas, feitas em sites e em mídias sociais, são, de acordo com o Google, mais importantes do que as impressões formadas na loja física – ou o primeiro momento da verdade, como as denomina Alan George Lafley, CEO da Procter & Gamble.

Comparação de preços

Com alguns toques no teclado ou na tela, o *shopper* pode comparar preços. Só essa possibilidade já proporciona ao *shopper* senso de controle e independência totais. Esse benefício resultou no desenvolvimento de sites para comparações de preços, como supers.nl, mysupermarket.co.uk ou comparegroceryprices.org. Se o *shopper* efetivamente compara supermercados on-line é uma outra pergunta. A maioria dos *shoppers* não quer gastar muito tempo nessa tarefa – e, assim, a comparação não deve exigir muitos passos adicionais. Se o site de comparação oferecer a oportunidade de pedir alimentos, bebidas e produtos de limpeza imediatamente, ou se agregar valor, como, por exemplo, com informações sobre valores nutricionais e ingredientes alergênicos, esses tipos de sites talvez justifiquem mais a própria razão de existirem.

Escolha infinita

Os gerentes de categoria gostam de dizer aos fornecedores que as prateleiras em suas lojas não são feitas de elástico – e estão certos, evidentemente. Em contraste, as prateleiras das lojas on-line são infinitas, com capacidade para mais itens do que o Walmart ou o Auchan jamais conseguiriam abrigar. Algumas lojas físicas tentam criar a percepção de um grande mix de produtos, para levar o *shopper* a pensar que sua oferta é tão ampla e variada quanto a das lojas on-line. Algumas até oferecem uma garantia. A cadeia de supermercados Jumbo, nos Países Baixos, por exemplo, se posiciona com "sete certezas", uma das quais é a de que o *shopper* pode esperar pelo maior mix e que, se o produto almejado não estiver disponível, o Jumbo o incluirá em seus estoques em duas semanas. Todavia, o acréscimo de um novo produto específico desalojará outros itens, sobretudo quando se considera que o tamanho médio de uma loja Jumbo é 1.200 metros quadrados. Nesses casos, o supermercado tem a alternativa de encher suas prateleiras com metade dos lotes de mercadorias e correr o risco de ficar sem estoque, ou de os *shoppers* terem dificuldade em selecionar produtos de uma prateleira superlotada. As lojas locais podem tentar desencorajar os *shoppers* de exercer a garantia de "encontrar todos os itens da sua lista de compras", oferecida pela matriz. Os *shoppers* podem pedir por um produto que estejam procurando, o que pode resultar em baixa rotatividade para o supermercado, mas também em alto valor agregado e em maior lealdade do cliente. Esses tipos de produtos parecem bastante adequados para vendas on-line. Por exemplo, imagine um mix que inclua produtos típicos de comunidades de imigrantes. Em geral, cadeias de supermercados com administração centralizada têm dificuldade em ajustar seu processo logístico de forma eficiente para compor um mix adequado nas lojas locais. O varejo on-line dispõe de mais recursos para enfrentar essas situações.

Limitações físicas

Para *shoppers* com deficiências físicas ou problemas de mobilidade, como, por exemplo, cadeirantes, a internet, evidentemente, é a solução. Eles não precisam mais recear que as vagas especiais para deficientes físicos no estacionamento já estejam ocupadas, nem se preocupar com o volume de mercadorias a serem levadas até o carro. Além disso, muitos *shoppers* idosos usam a internet. No Reino Unido, 8% dos indivíduos entre 60 e 64 anos têm dificuldade para comprar alimentos, bebidas e produtos de limpeza; essa porcentagem sobe para 19% na faixa de 80 a 84 anos, e para 60% para quem tem mais que 90 anos;[8] 38% das pessoas com mais de 70 anos, no Reino Unido, têm problemas de mobilidade. No mesmo país, 86% de quem tem mais que 55 anos compra on-line com regularidade, e 36% desses indivíduos dizem que fazem a maior parte de suas compras on-line.[9] Isso os torna os *shoppers* on-line mais assíduos. Entretanto, em muitos países, uma grande porção dos indivíduos dessa faixa etária não tem acesso

---

[8] AGE UK. *Food shopping in later life: barriers and service solutions.* 2012. Disponível em: <https://www.ageuk.org.uk/Documents/EN-GB/For-professionals/Conferences/Final_Food_Shopping_Report.pdf?dtrk=true>. Acesso em: 22 jul. 2015.

[9] RIGBY, C. Older shoppers power online spending: research. *Internet Retailing,* 2012. Disponível em: <http://internetretailing.net/2012/01/older-shoppers-power-online-spendingresearch/>. Acesso em: 22 jul. 2015.

à internet. Isso pode ser devido à falta de interesse, porque não gostam do custo nem dos desafios das novas tecnologias. Contudo, ao usarem a internet, apresentam mais ou menos os mesmos comportamentos de compra das gerações mais jovens. Geralmente se diz que o supermercado é importante para os idosos porque oferece oportunidades para um bate-papo diário, uma xícara de café e outros momentos de socialização. No entanto, se as estradas estiverem bloqueadas pela neve ou caso esteja chovendo muito, a possibilidade de comprar on-line é um verdadeiro alívio para esse público. Portanto, o envelhecimento da população das sociedades ocidentais oferece oportunidades de crescimento adicionais para os supermercados on-line.

A internet é um fato da vida

Durante anos, os supermercados se perguntaram se a web seria relevante para as compras de produtos de supermercado, à medida que a internet se espalhava e se aprofundava em ritmo acelerado. Entretanto, a geração de *millennials* já não vive sem internet, e para eles o mundo sem internet é inimaginável. Na percepção desses indivíduos, a internet é essencial para a vida, e a compra on-line já é uma atividade rotineira, absolutamente natural e espontânea. Hoje, eles já têm idade suficiente para constituir seus próprios lares.

Diferenciação limitada entre marcas de varejo atuais

Tradicionalmente, canais muito diferentes ficam mais parecidos com o passar do tempo, e as fronteiras entre os canais e as marcas de varejo ficam nebulosas. Por exemplo, a marca IKEA, de móveis e decoração, faz sucesso em comidas; o Aldi é famoso pelas vendas de PCs e árvores de natal. Em cada um desses canais, as marcas se tornaram menos específicas. No setor supermercadista, todas as marcas *full-service* (serviço completo) querem diferenciar seus produtos frescos e tentar conquistar o *shopper* focado no preço, com marcas privadas de valor. Enquanto isso, o Lidl oferece um mix mais fresco do que nunca e lentamente amplia o número de grandes marcas em cada país onde opera. E será que no Lidl o atendimento aos clientes e a simpatia dos funcionários é mesmo tão acima do padrão oferecido pelas equipes dos supermercados? Pessoalmente, parei de fazer perguntas sobre a preparação dos alimentos e sobre produtos alimentícios menos conhecidos nos supermercados, para que os funcionários adolescentes não fiquem me olhando com olhos arregalados. O bom atendimento aos clientes é cada vez mais difícil e, assim, o deslocamento para o canal impessoal da compra on-line é cada vez mais fácil e irresistível.

O espaço on-line não é um novo setor de atividade, mas é um novo canal de vendas, que pode oferecer benefícios superiores. À medida que diminui a diferenciação entre marcas de alimentos, bebidas e produtos de limpeza, em termos de preço, produtividade e mix, também melhoram as chances das marcas mais fortes no mercado. Em um canal de vendas em que o contato pessoal não importa ou é irrelevante, tudo gira em torno do grau de confiança que o *shopper* tem na marca. Todos os anos, a empresa de pesquisa Interbrand investiga a força das marcas de varejo.[10] Para o conforto das cadeias de supermercados tradicionais, com lojas físicas, elas ainda são as mais fortes. O primeiro supermercado na lista das melhores marcas de varejo da Europa é o Carrefour, seguido da Tesco, Auchan e Aldi. Nos Estados Unidos, Amazon e eBay entraram no topo da lista das melhores marcas de varejo; no entanto, o ranking ainda é liderado com firmeza pelo Walmart.

Sem tempo a perder

Uma ida ao supermercado pode acarretar muita perda de tempo para o *shopper*. Somos indivíduos obstinados e rotineiros, que compram alimentos, bebidas e produtos de limpeza quando

---

[10] INTERBRAND. *Best Retail Brands Report*. 2014. Disponível em: <http://www.interbrand.com/assets/uploads/Interbrand-Best-Retail-Brands-2014-3.pdf>. Acesso em: 22 jul. 2015.

o restante da rua está fazendo a mesma coisa. Sobretudo em áreas menos liberalizadas, os supermercados ficam lotados nas sextas e sábados. Daí resultam numerosos aborrecimentos. Se a loja estiver cheia, os *shoppers* se chocam uns com os outros, e as prateleiras ficam vazias; as filas nos caixas de pagamento são imensas, no local onde os *shoppers* gastam dinheiro e perdem a paciência. Aglomeração nos *checkouts*, falta de produtos e congestionamento nos corredores (muitas vezes provocados por funcionários da loja, esvaziando caixas e enchendo as prateleiras) são, geralmente, as três principais chateações das idas ao supermercado. O sentimento de perda de tempo é a pior coisa para lares de duas pessoas sobre-carregadas. É possível terceirizar a limpeza da casa, o preparo de refeições e a supervisão das tarefas domésticas; assim sendo, por que não transferir a compra de alimentos, bebidas e produtos de limpeza para outra pessoa? Finalmente, com o armazenamento centralizado de produtos, os varejistas terão melhores oportunidades para reduzir as ocorrências de faltas de estoque – e os supermercados e os *shoppers* on-line apreciarão a solução.

Pouca orientação nas compras

O *shopper* precisa de muito menos orientação e serviço quando compra alimentos e bebidas do que quando adquire outros itens de varejo. Basta comparar a compra de uma caixa de leite com a de um livro (Qual eu devo ler? O que está sendo lido agora?) ou de um televisor (Qual tecnologia é melhor? Qual deve ser o tamanho da tela? Esse preço é razoável?), ou ainda a reserva de voos e hotéis (Aonde ir? Como chegar lá? Qual é a despesa total?). Termos de garantia, *reviews* on-line, opiniões de especialistas... Nada disso realmente importa quando se trata de compra de leite, biscoitos, bananas e outros alimentos e bebidas. Evidentemente, os supermercados geralmente têm departamentos de atendimento ao cliente nos locais em que pão, carne, peixe e queijo são vendidos no balcão; contudo, outras marcas de varejo parecem vender esses grupos de produtos frescos de maneira tão conveniente quanto em bandejas pré-embaladas. Além disso, quantos *shoppers* no supermercado ainda pedem orientação da pessoa atrás do balcão?

◢ Por que os produtos para supermercados são diferentes on-line?

A compra on-line foi recebida calorosamente pelos *shoppers*. A tecnologia está prontamente disponível e em constante aprimoramento. A ampla variedade de benefícios possibilita que os supermercados criem seus diferenciais exclusivos na percepção dos *shoppers*, embora os serviços on-line que os varejistas oferecem ainda sejam muito semelhantes. Nenhum dos indutores da compra on-line é específico para a venda de alimentos, bebidas e produtos de limpeza, embora todos se apliquem também a esses itens. Todavia, ainda que muitos desses *drivers* façam sentido, a venda de produtos de supermercado on-line é ainda muito diferente da venda de outros produtos e serviços on-line. A razão fundamental de essas vendas serem tão diferentes das vendas de produtos como CDs ou viagens é que a compra desses itens abrange uma gama de produtos de diversas categorias, que só são relevantes para compra em conexão uns com os outros. O *shopper* não vai à loja on-line só para comprar um pote de manteiga de amendoim, mas, sim, para adquirir os básicos da semana, para preparar as refeições de alguns dias, ou para dar uma festa. A questão fica ainda mais complexa, porque o *shopper* estabelece requisitos críticos para partes desses itens, referentes à higiene e durabilidade, como no caso de produtos frescos, refrigerados e congelados. Portanto, transporte e entrega flexível são fatores altamente complexos. O *shopper* só ousa confiar na entrega de alta qualidade se o fornecedor tiver boa reputação. Esse fator pode ser atraente do ponto de vista financeiro, mas também é um desafio: em comparação com moda e eletrônicos, os preços de venda por unidade de alimentos, bebidas e produtos de limpeza são muito mais baixos. Quando os gestores listam os produtos cruciais para as vendas digitais dos supermercados, não surpreende que haja tão poucos deles on-line. Sob uma perspectiva logística, poucos são os varejistas capazes de garantir esse desempenho. Além disso, a reputação da marca deve ser excelente e despertar a mais absoluta confiança dos *shoppers* – o suficiente para comprar carne, por exemplo, sem escolher previa e presencialmente, com os próprios olhos e nariz. Em cada país, os varejistas precisam avaliar-se com base nesses critérios. Certamente, apenas um punhado de marcas de varejo é amado pelos *shoppers*, a ponto de se tornarem indispensáveis, e será difícil cumprir e superar os critérios de confiança, acima de qualquer suspeita. Portanto, os pedidos on-line e a entrega em domicílio de alimentos, bebidas e produtos de limpeza para o dia a dia continuarão sendo um pequeno segmento na maioria dos países.

◢ O que está retardando as vendas dos supermercados on-line?

Isso me leva a considerar alguns obstáculos que são exclusivos de alimentos, bebidas e produtos de limpeza e a explicar por que a compra on-line desses itens não cresceu com tanta rapidez, em comparação com ao de outros grupos de produtos, como eletrônicos.

Os shoppers querem ver, tocar, cheirar, provar

Os *shoppers* prestam atenção especial a tudo o que comem ou aplicam no corpo. Cheirar, examinar e provar cuidadosamente qualquer coisa antes de consumir é profundamente inerente à natureza humana. Hoje, o *shopper* renuncia a essa maneira de experimentar e selecionar ao comprar produtos de supermercado on-line. Essa desistência parece um risco, e de fato o é, no caso de produtos frescos. Quanto a alimentos, bebidas e produtos de limpeza, é mais difícil para o supermercado emitir sinais que enfatizem ou garantam o frescor e a qualidade dos produtos. A situação é completamente diferente no açougue, no departamento de carnes de uma mercearia, na panificação de um supermercado ou numa padaria de rua. Ver os funcionários trabalhando com a carne, seus uniformes, o cheiro e as imagens das regiões de origem do gado criam uma atmosfera artesanal. O Ocado efetivamente reverte esse argumento, ao salientar para o *shopper* que seus produtos são frescos porque a sua cadeia de suprimentos é mais curta e, portanto, mais rápida, no percurso do produtor ao consumidor. Não está claro se a afirmação se baseia em fatos, ou se o varejista apenas encontrou uma ótima maneira de melhorar as vendas on-line de seus produtos frescos. Os supermercados on-line não só enfrentam o desafio de criar a percepção de frescor e qualidade, de oferecer orientação personalizada e de oferecer o ambiente virtual favorável, mas também superam a dificuldade logística de entregar produtos refrigerados ou congelados, em perfeitas condições, na casa do *shopper*.

As lojas são próximas

As lojas estão perto da maioria dos *shoppers* na Europa. Nos Países Baixos, a distância média de uma casa até um grande supermercado é de 900 metros.[11] Evidentemente, essa é a média: em algumas cidades, não passa de 60 metros; em outras, é de 12 quilômetros. Além disso, a urbanização crescente em todo o mundo aproxima as lojas em relação à maioria das pessoas. Em face dessa pequena distância dos supermercados e de estabelecimentos alimentícios de necessidades diárias, como padarias, ainda é fácil para muita gente comprar alimentos, bebidas e produtos de limpeza em lojas físicas. As jornadas de compra a mercearias e supermercados são, em geral, para adquirir de quatro a 10 produtos, não sendo vantajoso ao *shopper* fazer essas compras pela

---

[11] CBS. Supermarkets within walking distance for most Dutch people. *Statistics Netherlands*, 2014. Disponível em: <http://www.cbs.nl/en-GB/menu/themas/verkeer-vervoer/publicaties/artikelen/archief/2010/2010-3189-wm.htm>. Acesso em: 22 jul. 2015.

internet. Em geral, há um limite de compras, para que os *shoppers* não paguem pela entrega. No entanto, as oportunidades para os supermercados on-line aumentam se o número de lojas em determinado mercado é baixo, se a variedade de marcas de varejo decresce e se a diferenciação entre as marcas diminui.

Entrega

O *shopper* sente que o trabalho, em grande parte, termina depois que os produtos são selecionados on-line. Contudo, para o supermercado, este é o ponto em que o trabalho começa. Como levar o pedido à casa do *shopper*? Tudo foi pensado e experimentado. Os testes variaram desde um *shopper* que podia retirar suas compras num posto de combustível até a instalação de caixas refrigeradas, que podiam ser abertas e fechadas, e de freezers posicionados em frente à casa das pessoas. A entrega em domicílio parece atraente, mas, na prática, a impressão é de que a maioria dos *shoppers* só pode receber a entrega das mercadorias mais ou menos na mesma hora do dia. O Supermercado Plus, nos Países Baixos, adota uma programação rigorosa para fazer as entregas, que só são possíveis durante quatro horas por dia: entre 10 horas e 12 horas, de manhã, e entre 15 e 17 horas, à tarde. Embora esse supermercado possa entregar no local de trabalho do *shopper*, ainda é preciso encontrar uma solução para armazenar os itens frescos e congelados no escritório. *Shoppers* no Reino Unido informam com antecedência de semanas seu horário de entrega preferido, o que torna a experiência menos atraente para outros *shoppers* pela provável indisponibilidade de vaga em seus horários de entrega mais convenientes. Além disso, os supermercados do Reino Unido cobram altas taxas de entrega nos dias e horários mais procurados. Uma vez que a entrega domiciliar é menos conveniente do que se supõe à primeira vista, desde 2010 está ocorrendo um surto de pontos de retirada, seja no supermercado, seja em outras localidades. Seguindo o exemplo do Auchan, que construiu o Chronodrive e o Auchan Drive, grandes varejistas regionais em toda a Europa começaram a definir pontos de retirada, em que o *shopper* recolhe os itens que foram selecionados on-line: a Sainsbury's, a Tesco, a Rewe e a Albert Heijn. Apesar do rápido crescimento e da ampla aceitação dos pontos de retirada, ainda é cedo demais para dizer se os *shoppers* realmente aceitarão a ideia. De fato, geralmente basta sair do carro, colocar as caixas no porta-malas e pagar. Talvez os *shoppers* tenham a percepção de economizar tempo, mas eu não estou convencido de que, no caso de alimentos, bebidas e produtos de limpeza, haja efetivamente muita diferença entre a compra on-line e a compra tradicional.

Número limitado de varejistas

O mercado inglês é verdadeiramente único no sentido de que todos os principais varejistas oferecem compra on-line, tem interfaces fáceis de usar e a maioria oferece entrega em domicílio. A competição é intensa em taxas de entrega e preços de produtos. Sites de comparação, como mysupermarket.co.uk, tornam realmente simples escolher o supermercado mais barato para qualquer uma de suas compras. Porém, nem todos eles ganham dinheiro on-line e geralmente o *breakeven* (ponto de equilíbrio) demora anos. Em 2014, o varejista exclusivamente on-line, Ocado, registrou seu primeiro lucro, de 0,7% das vendas desde o seu surgimento, mas o concorrente, Tesco.com, também está apresentando bons resultados. O número de supermercados com serviços on-line está aumentando com rapidez, também em outros grandes mercados europeus, como Alemanha e França. No entanto, em países menores, como Países Baixos e Bélgica, a estrutura do mercado é desenvolvida por poucos. No caso de novos mercados, como compra on-line, o lançamento de um produto completamente novo é mais rápido e mais exitoso se várias empresas conhecidas explicarem o conceito, conquistarem a confiança e estimularem o crescimento, por meio de propaganda e outros investimentos em marketing. O mercado holandês oferece um bom exemplo de como é difícil vender produtos de supermercado on-line, e ser lucrativo. E como é importante dividir o ônus de um novo segmento de mercado entre mais de um varejista. Nos Países Baixos, durante muito tempo, o único supermercado estabelecido que oferecia mix completo de alimentos, bebidas e produtos de limpeza era a Albert Heijn. Entretanto, mesmo nesse pequeno país, a oferta do serviço não era em âmbito nacional e, desde o início, em 1987, ainda sob a denominação James Telesuper, o empreendimento nunca ganhou dinheiro com a compra on-line. Numerosas foram iniciativas que não deram certo, como por exemplo, Max Food Market, de Broodschappenlijn e Truus.nl, ou aquelas que se restringiram à esfera regional, como Vershuys. Os *shoppers* holandeses podem comprar pelo site da Amazon.com, da Alemanha, desde que falem alemão, mas realmente não ajuda muito deixar o mercado holandês de supermercados on-line se expandir a plena força. Desde o advento do serviço de entregas em domicílio da Albert Heijn, que começou com pedidos por fax e telefone, até a entrada de uma segunda grande loja de alimentos, bebidas e produtos de limpeza no mercado on-line, o Jumbo Supermarkten, demoraram 27 anos – e isso promoveu maior aceitação entre os *shoppers*.

Rotina

Os *shoppers* tendem a seguir rotinas. Eles despenderão muita energia se submeterem cada decisão a um processo de avaliação profundo de critérios de escolha. A reconsideração de uma escolha de canal ou da marca básica de um supermercado apenas ocorre como resultado de mudanças importantes e infrequentes da vida, como a chegada de filhos, novo emprego, mudança de casa ou forte declínio da renda esperada. Esses eventos marcantes não acontecem todos os dias e, certamente não ao mesmo tempo. Isso reduz as chances de o *shopper* abrir mão de sua rotina de compras de alimentos, bebidas e produtos de limpeza e, de repente, entregar-se à compra on-line, como principal canal de compra desses tipos de produtos. A reconfiguração das práticas habituais na compra desses itens envolve uma rotina diferente, que, antes de tudo, deve ser reconhecida e adotada e, então inserida no cotidiano, como novo padrão de comportamento.

Percepção de preço

Fora dessa categoria de produtos, os *shoppers* têm a percepção de que os produtos comprados on-line (livros, viagens, hotéis, e assim por diante) são mais baratos do que na loja física. Na verdade, nem sempre é assim, mas essa é a maneira como se vê a realidade. Até agora, alimentos, bebidas e produtos de limpeza não estão sujeitos a esse viés, sobretudo em razão das taxas de entrega. Além disso, desde o início da recessão econômica de 2008, os supermercados têm feito o máximo para projetar uma imagem positiva em relação aos preços. Graças a esse comportamento, que os leva a travar guerras de preços em mercados como França e Países Baixos, os aumentos de preços se mantiveram no menor nível possível. Os supermercados ensinaram os *shoppers* a vigiar seus gastos. O custo de cada transação leva os *shoppers* a dar um passo atrás, conscientemente ou inconscientemente, para avaliar se a compra está atendendo às suas necessidades, e a taxa de entrega é um dos componentes desse ônus. Por exemplo, um varejista como o Ocado enfrenta uma imagem de preço negativa e tenta eliminar esse entrave com o lançamento de uma marca própria, com um esquema de associação Smart Pass, com mais promoções e com a garantia de vantagem de preço em comparação com a Tesco ("Mais barato que a Tesco ou lhe daremos a diferença"). Muitos supermercados enfatizam em seus sites que praticam os mesmos preços das lojas físicas, mas a verdadeira questão é se os *shoppers* acham que podem confiar na mensagem e se eles estão dispostos a confirmar sua veracidade em todas as compras on-line. Alguns supermercados, como o Jumbo Supermarkten, nos Países Baixos, e Colruyt, na Bélgica, usam um tipo de precificação diferenciada em que o preço ao consumidor depende da competição local e do perfil do *shopper*. Outras marcas de supermercado adotam vários níveis de preços para o mesmo produto, porque seus franqueados têm liberdade para definir seus próprios preços de loja. Isso dificulta a promessa do mesmo preço on-line. No fim das contas, há uma solução para esse tópico de percepção de preços, mas talvez demore um pouco para o *shopper* desvencilhar-se de certa desconfiança quanto à precificação no canal on-line.

No caso de alimentos, bebidas e produtos de limpeza, é difícil criar a percepção de que os *shoppers* estão pagando menos on-line. No processo de separar, preparar e entregar produtos comprados on-line, o supermercado acrescenta custos ao sistema, que até então eram terceirizados, desde o surgimento dos supermercados: o princípio básico do negócio era autoatendimento, abrangendo escolha e transporte pelo *shopper*. Nos casos de pedidos on-line, em que o varejista separa e prepara os produtos em depósitos, não nas lojas, é necessário desenvolver um sistema de logística à parte. Esse sistema de logística próprio, independente da loja, dificulta a criação de uma imagem de preço favorável para o *shopper* on-line. Além disso, esse sistema segregado pode levar a atritos com os franqueadores, que veem o faturamento migrar para o empreendimento on-line do varejista. Embora os modernos contratos de franquia possam resolver essa questão com o compartilhamento do faturamento nas vendas on-line, na área de influência do franqueador, e com a cobrança de taxas por devoluções e outros serviços na loja, essas questões continuam sendo uma zona de conflito natural entre a sede do varejo e os franqueadores independentes.

◢ Três perguntas sobre o modelo de negócio: separação, roteirização e entrega

A confiança dos investidores e os atuais números sobre crescimento mostram que deve haver oportunidades para as vendas de alimentos, bebidas e produtos de limpeza on-line; assim sendo, onde estão elas? Primeiro, os varejistas do mercado precisam desenvolver um modelo de negócio com custos reduzidos. E, para os supermercados on-line, ainda é um grande desafio alcançar esse resultado.

Separação de pedidos

A separação de pedidos nas lojas físicas evita investimentos em depósitos, mas o processo não é eficiente entre *shoppers* tradicionais e nos layouts padrão, uma vez que os produtos são arrumados para melhorar a visibilidade, não para facilitar a separação. Em depósitos segregados, os varejistas têm a opção de testar e ajustar continuamente a organização dos produtos, para minimizar o tempo de separação de pedidos. Os franqueadores exigem sua fatia do bolo, no caso de o *shopper* não mais comprar na loja e o varejista entregar as mercadorias a partir de um depósito central, na área de influência do franqueador. Não há um modelo único adequado para todas as situações: no Reino Unido, o Asda faz separação de pedidos nas lojas, o Ocado tem depósito central, a Tesco adota um modelo híbrido, e a Sainbury's faz a separação dos pedidos principalmente nas lojas. Se o supermercado atua numa região com alta densidade demográfica, em que é grande a probabilidade de os *shoppers* terem estilo de vida ocupado, faz sentido não congestionar o tráfego nas lojas e constituir um depósito central, na área de influência. A separação de pedidos nas próprias lojas pode afastar os *shoppers* e acarretar faltas de estoque inesperadas. A Tesco entrega 80% de seus pedidos on-line em bairros de Londres com alta densidade demográfica, com base em depósitos especiais; os restantes 20% dos pedidos são processados nas lojas. Se o supermercado entrar em novas áreas e quiser diluir seus custos fixos, a separação na loja faz sentido. Finalmente, a equação do faturamento e custos pode evoluir com o passar do tempo. Em 2000, a Sainsbury's se convenceu de que poderia sair-se melhor do que a Tesco com um depósito exclusivo, mas, em 2004, fechou o depósito para produtos de supermercado on-line. A Sainsbury's, que tem menos lojas em Londres do que a Tesco, começou a operar com separação nas lojas e entrega das mercadorias em casa, com a ajuda de uma frota de caminhões. Contudo, em 2013, anunciou planos para um depósito exclusivo.

Planejamento do roteiro

O segundo elemento crucial do *business case* é o planejamento do roteiro. A capacidade de planejar as entregas com extremo cuidado, a um custo mínimo, e ainda corresponder às expectativas do *shoppers*, exerce grande impacto sobre o lucro. A Albert Heijn sempre foi muito prudente na expansão de sua cobertura nos Países Baixos, avançando apenas em áreas com endereços suficientes no trajeto. A Tesco é uma das poucas redes de supermercado que planeja como vender alimentos, bebidas e produtos de limpeza on-line com lucro. Em 2013, vendeu £127 milhões on-line, com a margem de lucro fantástica de 5,1%.[12] Varejistas digitais, como o Ocado, tiveram prejuízo em 2013, e grandes varejistas, como a Albert Heijn, nunca conseguiram superar o *breakeven* (ponto de equilíbrio), apesar de não terem tido concorrente nacional em vendas on-line de alimentos, bebidas e produtos de limpeza, durante grande parte de suas atividades como varejista on-line.

Método de entrega

O terceiro fator crítico para o modelo de negócio é a seleção do mix certo de tipos de entrega. Um dos mais interessantes e em mais rápido crescimento é o *drive-through*, em que os funcionários do supermercado colocam o pedido feito on-line no carro do *shopper*. É como um *drive-through* do McDonald's, só que agora o *shopper* apanha o pão, o café e a comida do gato. A escolha do tipo de entrega se relaciona com a questão de onde os produtos são retirados. Com a extensão dos modelos "compre e retire", torna-se menos relevante retirar em um depósito especial, uma vez que a distância entre o supermercado e o ponto de entrega é

---

[12] NEVILLE, S. Tesco: who says it's hard to make home delivery profits?. *Independent*, 26 fev. 2014. Disponível em: <http://www.independent.co.uk/news/business/news/tesco-who-says-itshard-tomake-home-delivery-profits-9153185.html>. Acesso em: 22 jul. 2015.

menor. Os *shoppers* da Tesco já se acostumaram ao *drive-through*. A Tesco iniciou seu novo método de entrega em sua loja Extra, de Baldock, em 2010, e, então, expandiu o serviço para mais de 270 lojas. Baldock testou a entrega de alimentos, bebidas e produtos de limpeza com uma van, mas, agora, há pontos de entrega cobertos na área de estacionamento. A entrega pela van voltou em 2013, quando a Tesco abriu a possibilidade de se retirar as mercadorias em três estacionamentos com conexão com o transporte público, em York. A Tesco espera expandir os locais de entrega das mercadorias para escolas, bibliotecas e academias. A empresa acha que o *drive-through* é atraente para profissionais jovens e famílias com filhos pequenos, que não têm tempo para esperar a entrega do pedido on-line em casa. A expansão rápida da alternativa *drive-through* certamente é estimulada pelo fato de ser uma forma de entrega gratuita para compras de valor superior a £25 (ao custo de £4 para compras abaixo desse limite), ao passo que a entrega em domicílio cobra taxas entre £1 a £6.

◢ Tipos de entrega

Com muita frequência, os pedidos on-line são associados imediatamente a entrega em domicílio; no entanto, há mais opções além de entrega em domicílio e *drive-through*. De fato, *drive-through* é apenas uma das alternativas dos sistemas "compre e retire", que permitem aos *shoppers* comprar on-line e retirar eles mesmos as mercadorias. Os outros tipos são pontos de retirada em lojas, quando os *shoppers* retiram as compras on-line em um supermercado de sua escolha, e *drive-to points*, que são pontos de retirada isolados ou que se situam em outra loja de varejo. Cada tipo de entrega tem as próprias vantagens e desvantagens, que serão analisadas a seguir.

Drive-through

Nessa alternativa, o *shopper* retira as mercadorias fora do supermercado, principalmente em locais próprios, no estacionamento.

O intervalo de tempo é pré-programado. Além dessas facilidades, o varejista investe em disponibilizar pessoal para a retirada dos produtos. No total, é um investimento limitado. O supermercado ainda precisa considerar que os ganhos do *drive-through* decorrem em parte das perdas de vendas na loja tradicional. Categorias de impulso típicas, como chocolates e sorvetes, são mais prejudicadas pelo menor tráfego na loja. Todavia, o Asda alega que 30% dos seus *shoppers* visitam a loja depois de retirar as mercadorias no *drive-through*, por terem deixado de pedir um item on-line.[13] O pessoal da loja separa e prepara o pedido on-line pouco antes do momento da retirada pelo *shopper*. As mercadorias são, então, armazenadas em condições adequadas, para que o *shopper* possa planejar uma jornada de compra mais ampla, incluindo produtos frescos e congelados. O varejista francês Auchan foi o pioneiro desse tipo de entrega e começou uma experiência na cidade francesa de Leers, em 2000. Mesmo na França, demorou um pouco para que esse tipo de entrega se espalhasse. Em 2007, a ideia foi seguida pela Leclerc, e somente nos anos seguintes Carrefour e Casino começaram uma grande corrida para recuperar o tempo perdido na França.

Retirada no supermercado

O *shopper* vai até um serviço de atendimento ao cliente no supermercado. Como se trata de um método de entrega em que o *shopper* tem o trabalho de estacionar o carro e entrar na loja, muitos supermercados aplicam esse modelo para vender pequenos produtos não alimentícios. Essa versão também é interessante para supermercados de conveniência, porque, assim, esses varejistas podem ampliar seu mix de não alimentos, a princípio, de maneira ilimitada. O investimento no ponto de venda é pequeno, e, como o *shopper* ainda visita a loja, há a chance de ocorrerem vendas por impulso adicionais. A separação e a logística, porém, são mais

---

[13] BARCLAYS. Aisle Help – Click & Collect. Ago. 2012.

complexas, porque, em geral, envolvem produtos que não são vendidos na loja e a retirada na loja não é possível. Um exemplo é o Asda, que usa esse tipo de "compre e retire" para a venda de amplo mix de não alimentos, e, além disso, opera com entrega em domicílio de alimentos, bebidas e produtos de limpeza. O varejista holandês Ahold, depois da aquisição do varejista on-line de não alimentos Bol.com, pôde otimizar suas vendas por loja, deixando que os *shoppers* retirem seus pedidos de não alimentos feitos no Bol.com em serviços de atendimento ao cliente dos supermercados Albert Heijn, nos Países Baixos e na Bélgica.

A compra on-line é uma arma poderosa para os supermercados venderem livros, eletrônicos, brinquedos, moda e outros produtos não alimentícios. Os *shoppers* da Tesco podem receber suas compras de não alimentos em casa ou retirá-las nas mais de 1.800 lojas Tesco, que representam mais de 50% do total de imóveis da empresa, e incluem *outlets* de conveniência menores. Para pedidos on-line de não alimentos, 70% dos pedidos da Tesco são retirados pelos próprios *shoppers*, e o mix é infinito: mais de 200.000 produtos não alimentícios. Em comparação, a Sainsbury's oferece uns 10.000 produtos não alimentícios.

Drive-to

O *drive-to* é usado quando um supermercado constrói uma rede de pequenos depósitos, abertos para entrega aos *shoppers*. É claro que os investimentos em terrenos, prédios e pessoal são consideráveis, em comparação com os dos outros dois tipos já analisados. Além disso, as compras por impulso são mínimas. Esse tipo é interessante se o varejista entrar em um novo mercado, já que o investimento é mais baixo, em comparação com o da instalação de novas lojas completas. Em princípio, é possível oferecer o mix completo de supermercado, embora, sob a perspectiva de custo, sejam lógicas as concessões ao tamanho do mix de produtos frescos e congelados. As desvantagens dessas concessões são o impacto no mix e nas margens de vendas. Tanto *drive-through* quanto *drive-to* são comuns na França, pois esses tipos de pontos de entrega não estão sujeitos às restrições legais da abertura de novas lojas, além de todo o espaço disponível nos atuais pontos de venda. Uma versão de *drive-to* ocorre quando um supermercado opera em nova área de mercado com um parceiro, como, por exemplo, um posto de combustível.

Entrega em domicílio

O tipo de entrega mais desejado, porém, é na casa do *shopper*. Ele agenda um horário no qual as mercadorias serão entregues em sua porta ou até na sua geladeira. Como os horários de entrega preferidos são reservados com rapidez, os *shoppers* usam esse tipo de entrega quando precisam de muitos produtos de supermercado, em vez de um único item não alimentício. Ademais, o *shopper* avalia a taxa de entrega cobrada pelo supermercado. O armazenamento e a entrega conjunta de itens refrigerados ou congelados e de perecíveis, em diferentes pontos de entrega, são demasiado complexos e dispendiosos, mas estão valendo a pena, especialmente em áreas com alta densidade demográfica. Os altos investimentos são agravados pelo fato de a entrega em domicílio estar substituindo as atuais vendas em loja, afetando, inclusive, as categorias de compras por impulso. Os supermercados, contudo, poderiam usar a entrega em domicílio como arma competitiva para roubar *shoppers* dos concorrentes. A entrega em domicílio é o método de entrega mais tradicional de pedidos on-line. Por exemplo, o Delhaize, na Bélgica, iniciou seu serviço de entrega Caddy-Home em 1989, enquanto o Delhaize Direct, com entregas em loja, começou em 2010.

◢ O on-line como uma saída para mercados saturados

As diretorias de supermercados sentem a pressão para "fazer alguma coisa on-line", mas iniciar um supermercado on-line é um trabalho e tanto. Os supermercados existentes, que já têm reputação de serviços confiáveis e produtos frescos de qualidade, levam grande vantagem aos olhos do *shopper*. Os supermercados precisam adotar um posicionamento claro, que pode ser funcional (por exemplo, melhor preço ou melhor conveniência), mas também pode focar a experiência. Os *shoppers* abertos a compras on-line podem ser divididos, basicamente, em dois grupos. Um grupo gosta de comprar, é aberto a novos canais e os experimentará em qualquer categoria. Esses *shoppers* procuram supermercados on-line, que oferecem experiência, inspiração e tratamento personalizado. O segundo grupo é composto de *shoppers* nem sempre aficionados por compra on-line, mas que se sentem pressionados pelo tempo. Podem comprar tudo on-line, sem muito embaraço. Esse segundo grupo presta mais atenção à transparência no preço e à confiabilidade das transações e da entrega.

Iniciar um supermercado on-line talvez não ofereça a saída lucrativa de mercados saturados, almejada pelos supermercados. Entregas em domicílio eficientes, de produtos refrigerados e congelados, não são compatíveis com os preços baixos com que os *shoppers* estão acostumados. Porém, o canal on-line está absorvendo parte dos gastos com as compras rotineiras de alimentos, bebidas e produtos de limpeza, além de estar mudando profundamente o comportamento dos *shoppers*. Eis algumas das mudanças que considero mais prováveis:

Produtos de higiene pessoal migram para o on-line

A compra de produtos frescos e de alimentos congelados exige logística integrada para ser eficaz on-line. Essas duas categorias, no conjunto, compõem grande parte do faturamento dos supermercados. As vendas de produtos congelados variam por país, mas são altas, por exemplo, na Alemanha. Portanto, as ofertas on-line geram mais oportunidades em outras categorias. No caso de produtos secos, as compras on-line estão se tornando rapidamente uma alternativa para vendas em lojas. Varejistas em novos mercados ou varejistas de não alimentos que querem estender suas ofertas para itens típicos de supermercado geralmente começam com produtos de higiene pessoal: os custos de logística e armazenamento são mais baixos que os de produtos frescos e os preços ao consumidor são mais altos que os da média de produtos secos. Para uma loja física, categorias de higiene pessoal são bem-vindas, graças à margem bruta elevada. No entanto, varejistas on-line especializados podem aceitar margens muito mais baixas e, em consequência, reduzir os preços ao consumidor. Novos varejistas mudam as regras do jogo para um gerente de categoria de um supermercado tradicional. Ao definir preços e ao desenvolver promoções, o gerente de categoria precisa levar em conta um novo conjunto de concorrentes. Para os fornecedores, a questão é se querem vender seus produtos por meio de um canal de mercado on-line. Por um lado, poderiam o optar por limitar a transparência dos preços e trabalhar somente com os supermercados estabelecidos, com lojas físicas. Por outro lado, os fornecedores também podem construir seu próprio site e vender diretamente aos *shoppers*. Essa estratégia parece estar reservada a grandes fornecedores, como Procter & Gamble e Philips. Com efeito, se os fornecedores não podem convencer os clientes de supermercado que estão servindo a um novo grupo-alvo, deixando o mercado total crescer, eles correm o risco de criar um conflito de canal. Sob a perspectiva do *shopper*, talvez seja bom que as categorias de higiene pessoal se desloquem dos supermercados físicos para canais on-line, uma vez que os muitos itens pequenos geralmente projetam uma imagem de prateleiras confusas e sem atendimento ao cliente, limitando a experiência do *shopper*.

A internet impacta o supermercado com lojas físicas

Mesmo que o supermercado não adote canais on-line em seu modelo de negócio, os canais on-line impactam o supermercado.

Talvez o supermercado decida reduzir o espaço dedicado à categoria de higiene pessoal, porque os *shoppers* preferem comprar esses produtos on-line, e fornecedores como Procter & Gamble e Danone Baby diversifiquem seus investimentos. O gerente de categoria também precisa responder ao aumento da visibilidade dos preços ao consumidor on-line e da capacidade dos *shoppers* de verificar preços on-line com um smartphone, na loja. Os agricultores locais podem constituir um site e competir com um mix especializado de hortifrúti e/ou de carnes com os produtos semelhantes dos supermercados.

Alternativas híbridas

Um dos obstáculos mais importantes é a entrega em boas condições de higiene, no intervalo de tempo especificado pelo *shopper*. Os supermercados podem superar esse obstáculo, deixando o *shopper* selecionar on-line, mas organizar a entrega de maneira diferente, por exemplo, adotando pontos de retirada.

Orientação

O supermercado pode decidir não investir na fase de entrega e focar, em vez disso, o processo de orientação de compras de alimentos, bebidas e produtos de limpeza, antes de o *shopper* entrar na loja. Com as receitas e as comparações de preços, o supermercado suplementa o papel das promoções e cupons.

◢ Posicionamento da execução logística ou da experiência de compra

Grande parte do foco dos supermercados on-line recai sobre a conveniência e a competitividade para os *shoppers*, com base nos custos de entrega. Todavia, os supermercados não só se diferenciam entre si com variáveis de logística, como também com o tempo decorrido entre o pedido e a entrega, o momento da entrega e o tipo de entrega. Os supermercados podem preferir desempenhar papel mais proativo e inspirador. Também podem estabelecer-se como líderes na remoção de barreiras, tornando a compra de supermercado mais atraente e mais diferenciada. Esses fatores turbinarão as vendas totais on-line. É visível que existem muitas opções para posicionamentos da marca e estratégias de marketing.

- Um supermercado on-line pode focar o processamento eficiente de grandes compras semanais rotineiras. Em consequência, o varejista faz tudo para evitar estresse na entrega, oferecendo horário de entrega flexível, intervalo de tempo de entrega mais curto e possibilidade de retirada das mercadorias em mais de um endereço. Depois de percorrer on-line a grande jornada de compra, com eficiência, o *shopper* encontra fontes de inspiração e vivencia novas experiências na loja física. Portanto, a loja física é redefinida, para oferecer algo que é inalcançável em ambiente exclusivamente on-line: tratamento amigável e atendimento personalizado ao cliente.

- Outra solução é desenvolver a estratégia de oferecer um mix excepcional on-line. A empresa se diferencia com "alimentos extraordinários de todos os lugares do mundo", "noites de sextas com amigos", e outros conceitos semelhantes, que apresentam sugestões concretas ao *shopper*. Assim, as compras de alimentos, bebidas e produtos de limpeza adquirem nova dimensão.

- O supermercado pode oferecer ao *shopper* a possibilidade de visitar sua própria loja local, em modo virtual. A simulação permite que o varejista reforce o relacionamento com os *shoppers* e se converta em um centro comunitário. Outro recurso é acrescentar a opção de viver a experiência de compra com outras pessoas, como amigos e conhecidos do bairro, sugerir menus e oferecer instruções de preparo, além de incluir informações sobre calorias e ingredientes dos alimentos.

- Não há nada melhor que contato pessoal no mundo real. No entanto, o canal on-line possibilita aos supermercados adaptar completamente a jornada de compra ao perfil do cliente. Por exemplo, o *shopper* que não tem cão não quer ver alimentos para cães. Por outro lado, o *shopper* recebe ofertas de promoções para os produtos que tende a comprar, com base em visitas anteriores, ou que se encaixam em seu estilo de vida.

- Os supermercados podem investir em estratégias on-line, de maneira mais oportuna, fazendo desse um canal menos arriscado para lançar novos produtos, mantendo, de início, o estoque baixo e, se o produto vender bem, expandindo a distribuição para todas as lojas físicas. Além disso, é possível usar o varejo on-line para aumentar o número de visitas e de *shoppers*, com a ajuda de produtos não alimentícios de outros setores.

- Outra opção é, ainda, especializar-se em certos segmentos de *shopper* e usar a compra on-line como um canal à parte, direcionado para empresas e instituições como restaurantes e casas de repouso.

◢ Tornando a escolha on-line inspiradora para os *shoppers*

Apesar de todas essas alternativas de estratégias on-line, não há dúvida de que a experiência digital dos supermercados ainda pode ser muito aprimorada. Com grande frequência, o site parece uma cópia on-line do supermercado físico. Dessa forma, não se considera a maneira como os *shoppers* pesquisam e escolhem seus produtos on-line. Alguns varejistas até mantêm as hierarquias de produtos. A Tesco cometeu o erro de apresentar os produtos e marcas em ordem alfabética. Pense nisso: não há supermercado com loja física que exponha suas marcas de alimentos, bebidas e produtos de limpeza em ordem alfabética. Da mesma maneira como na loja física, a visibilidade é crucial. Se o produto ou marca que o *shopper* estiver procurando não aparecer na primeira página, as chances da venda diminuem drasticamente. Se o *shopper* buscar um produto que comece com Z, e o varejista listar os produtos por categoria, em ordem alfabética, o *shopper* perderá muito tempo na pesquisa. Os supermercados podem diferenciar-se facilitando as buscas de produtos. O Delhaize Direct, na Bélgica, torna realmente simples encontrar produtos, oferecendo muitas opções de filtros sobre aspectos como preço e marca, com a ajuda de uma ferramenta de busca realizada pelo próprio *shopper*, enquanto os concorrentes Colruyt e Carrefour, no mercado belga, dispõem de funções de busca mais limitadas. Por exemplo, na categoria refrigerantes, não é possível pesquisar on-line, com base em critérios como conteúdo de açúcar e tamanho da embalagem.

Grande parte da abordagem de varejo foca a conveniência. Muitos varejistas oferecem sugestões de compras baseadas numa lista de itens já elaborada pelo próprio *shopper* ou nos produtos adquiridos na visita anterior. Se a marca do fornecedor é parte da rotina, a elaboração dessas listas de compras é ótima para a marca. Talvez a marca só precise encontrar um método para confirmar que o *shopper* fez a escolha certa e agradecer-lhe de alguma maneira. Se a marca do fornecedor não estiver na lista de compras, é preciso atrair a atenção do *shopper*, com promoções e sugestões digitais. On-line é um canal diferente e, portanto os fornecedores precisam estudar e produzir uma árvore de decisão diferente.

Ao acrescentar inspiração, excitação e experiências, as fronteiras das estratégias de compra on-line são traçadas pela imaginação e pelos sonhos do varejista. Vamos assumir que o meu supermercado local, logo adiante, produza sua versão de canal on-line que me permita comprar numa loja totalmente nova, reconstruída, em toda a extensão, no mundo virtual. Clico na foto de um empregado para pedir orientação; quando ponho alguns produtos no carrinho de compras, recebo um aviso sobre alergênicos; e quando, virtualmente, interrompo as compras diante da máquina de café, converso com os vizinhos que, por acaso, também estão on-line. Hoje, os supermercados associam muito diretamente as taxas de entrega aos custos de separação e logística. Um critério muito lógico e racional; mas como seria se eles conectassem o *shopper* com um ambiente de compra mais inspirador? Os supermercados poderiam tornar o ambiente on-line tão vibrante quanto o da

Asos.com, onde é possível criar modelitos, arrastando e soltando para combinar itens de vestuário? Os *shoppers* ficam cada vez mais experientes em compras on-line e têm expectativas cada vez mais ousadas. Por uma experiência extraordinária, o *shopper* está disposto a pagar mais. Nesses casos, a participação das compras on-line superará as previsões mais otimistas do momento.

A adição de novas dimensões aos processos de compra on-line deve ser encarada separadamente do fato de que os princípios básicos de como os *shoppers* pesquisam e escolhem seus produtos on-line são muito pouco investigados. No caso de produtos virtuais e duráveis, os *shoppers* geralmente começam "dando um Google" na categoria ou marca do produto, em vez de procurar pelo varejista. No caso de alimentos, bebidas e produtos de limpeza, a jornada de compra tende a começar no site do varejista, à exceção de itens muito especiais ou de produtos sensíveis ao preço, encontrados em sites de comparação de preço ou em sites que captam todas as ofertas especiais do momento. O fato de a jornada de compra típica de produtos de supermercado conter mais produtos de categorias muito distintas é o que torna suas vendas on-line tão diferentes das vendas de livros e de outros itens duráveis.

◢ O mesmo princípio de marketing, práticas diferentes

Os princípios de marketing de varejo, na maioria, como os conhecemos com base nas lojas físicas, continuarão válidos on-line. Nesse novo ambiente, os varejistas precisam tomar os mesmos tipos de decisões sobre o foco e as camadas do mix de produtos e dos preços ao consumidor. Numerosas práticas de varejo, porém, devem ser adaptadas. Por exemplo, uma prática bem-conhecida é oferecer ao *shopper* o espaço físico e a oportunidade de descansar na entrada da loja, para, então, prosseguir de maneira mais relaxada, na seleção dos produtos. A homepage do site de compras precisa criar o mesmo efeito. No entanto, a diferença é que, on-line, o *shopper* pode vir de diferentes páginas, e o pouso suave, portanto, deve ser propiciado em mais lugares. A loja on-line tem várias entradas e inúmeras saídas, ao passo que as lojas físicas geralmente têm só uma porta, que é usada como entrada e saída. Essa comparação entre práticas de varejo pode ser repetida em outros lugares, como corredores (página de destino) e *display* (página da marca).

Outra prática diferente é que, on-line, os supermercados podem mostrar o produto quantas vezes e em quantas combinações quiserem. Por exemplo, é possível incluir o mesmo refrigerante nas categorias de bebidas não alcóolicas, de produtos para festas, e de soluções para refeições rápidas. As diferentes listagens não impactam o armazenamento e a logística. Lojas físicas, por definição, têm espaço limitado, e evitam duplicações de exposição, a não ser que o fornecedor apresente um *business case* realmente convincente.

O varejo on-line permite que a equipe de marketing de varejo experimente e execute com a frequência necessária e avalie os resultados quase imediatamente. Comparando o comportamento de grupos que fazem as compras em diferentes cenários de marketing, os supermercados podem aprender e otimizar com muito mais rapidez que nas lojas físicas. O mesmo processo é muito mais demorado no mundo real; imagine, por exemplo, a dificuldade de mudar o layout da loja física. Em outras situações, quando o varejista está testando diferentes níveis de preços, o processo é absolutamente visível nas lojas físicas, para todos no mercado, inclusive para os concorrentes. O ponto a enfatizar é que, às vezes, as semelhanças entre on-line, de um lado, e lojas físicas, de outro, são muito maiores do que se supõe. *Reviews* e sugestões de produtos parecem ter surgido on-line; contudo, ambas as situações também ocorrem no balcão de atendimento, no caixa e na prateleira.

Finalmente, sob a perspectiva do perfil do *shopper*, os supermercados on-line precisam levar em consideração as diferenças entre os estilos de compra de homens e mulheres. Também aqui os princípios de layout de lojas físicas se aplicam on-line. Quando eu trabalhava na Pepsi, fazíamos neuropesquisa para a maioria das atividades de compra e consumo, nos próprios laboratórios da PepsiCo. Uma das coisas que aprendi é que os homens adotam métodos de compra mais voltados para resultados. Já as mulheres respondem melhor a imagens emocionais, e procuram "marcos" claros para andarem pela loja. Por isso, os layouts dos hipermercados típicos, com corredores longos, ângulos retos e pontas de gôndola vermelhas funcionam bem para homens, mas não para mulheres. Neuropesquisas recentes sobre o design de supermercados on-line estão apresentando resultados semelhantes. O atual design on-line geralmente é funcional demais para *shoppers* mulheres. Essas respondem de maneira diferente a imagens em movimento e ao uso e estilo de texto. Os varejistas, em consequência, precisam levar em conta a diversidade de preferências de gênero, ao desenhar suas ofertas on-line.

O que torna as estratégias de varejo on-line tão interessantes e vibrantes é que os supermercados on-line podem oferecer uma forma diferenciada e distintiva a cada grupo de *shopper* e mudar as ofertas durante o processo de compra. Portanto, a filosofia e os princípios de marketing ainda são válidos, mas o supermercado on-line tem de reconsiderar as práticas e as escolas de marketing, e aprender novas técnicas.

◢ O canal on-line como venda adicional para supermercados tradicionais

Em setores como eletrônicos e viagens, muitas lojas fecharam porque os *shoppers* começaram a comprar nas alternativas on-line. A natureza do produto (frescos, congelados) e a maneira de comprar (em combinações relevantes) garantem que isso não aconteça em lojas de *groceries* (alimentos, bebidas e produtos de limpeza). Entretanto, em vez de encarar o varejo on-line como ameaça, os varejistas devem abraçar as opções on-line com mais abertura e entusiasmo.

O varejo on-line leva ao aumento das vendas dos supermercados tradicionais de numerosas maneiras:

> ▶ O supermercado oferece novo mix de não alimentos, além de serviços como seguros. Embora se defrontem com novos concorrentes, como a Amazon, algumas soluções hábeis como pontos de retirada em loja, podem minimizar o investimento.

- O varejo on-line propicia uma estratégia para entrar em um novo país. Criar pontos de retirada no estilo de depósito pode ser menos dispendioso do que construir ou adquirir uma rede de lojas.

- Se os principais concorrentes de um supermercado não investirem em opções on-line, aquele que o fizer pode conquistar um segmento de *shoppers* que sejam adeptos convictos da compra on-line. Essa é uma opção viável em países pequenos, que não oferecem condições financeiras adequadas para a atuação de outros varejistas.

- A adição de um novo canal torna o *shopper* mais leal. A Tesco alega que os *shoppers* que usam todos os canais gastam três vezes mais em suas lojas.

- Os supermercados com mais capacidade de armazenamento e logística podem explorá-la numa estratégia de baixo custo e afastar os concorrentes do segmento on-line.

- A conveniência de pesquisar e, melhor ainda, de encontrar inspiração e soluções divertidas no *front-end* pode ajudar a diferenciar o supermercado e a aumentar a lealdade do *shopper*.

◢ Conclusão

Cada vez mais, as vendas de varejo ocorrem on-line. Nos mercados ocidentais, o crescimento foi estimulado pelo desenvolvimento rápido da banda larga e pela legislação de defesa dos consumidores. Ainda mais importante, o canal on-line supre a várias necessidades de compra, muitas das quais foram exploradas no começo deste capítulo. Pense na conveniência de acesso durante 24 horas e da facilidade de entrega para idosos. Ao mesmo tempo, a compra de alimentos, bebidas e produtos de limpeza é menos adequado para canais on-line, ao contrário do que ocorre com *softwares* e apólices de seguro. Por exemplo, os *shoppers* hesitam em comprar on-line, para entrega em domicílio, sem antes sentir e tocar os alimentos. A relevância de um canal de vendas on-line para um varejista depende de quais tipos de *shoppers* eles almejam e da configuração de sua distribuição física. O melhor mix, separação de pedidos, planejamento do roteiro e tipo de entrega varia entre os varejistas e, portanto, as estruturas de custos serão diferentes para cada um. Muitos varejistas parecem focar as motivações funcionais dos *shoppers* para aderir aos canais on-line, como taxas de entrega. No entanto, há um mar de oportunidades para que os varejistas se diferenciem e explorem as estratégias on-line, como um canal para vender mais.

A compra on-line tem suas próprias leis. Para começar, o supermercado on-line precisa dominar os algoritmos de previsão de vendas. Isso envolve aspectos como dias da semana, influência do clima, estímulos promocionais e afinidades entre produtos. No Reino Unido, as vendas on-line aumentam quando os *shoppers* voltam para casa, depois das férias de verão, e não estão dispostos a sair para fazer compras. O passo seguinte é estudar e gerenciar o comportamento de *clusters* de *shoppers*, assim como de *shoppers* individuais. Dependendo dos perfis, os varejistas podem apresentar aos *shoppers* layouts de site diferentes, oferecer preços diferentes e mixes diferentes. Quando o *shopper* compra café, por exemplo, o varejista pode estimular compras por impulso, enviando-lhes uma oferta especial de biscoitos. O nome bonito para essa disciplina é *shopper analytics*, que desfruta de interesse crescente entre os varejistas de supermercado.

Em 2011, o Walmart comprou a empresa Kosmix, por US$300 milhões, para ampliar seus recursos em *shopper analytics*. Em seguida, transformou a organização em divisão mundial para estratégia de e-commerce: @Walmartlabs. Nos anos subsequentes, o Walmart adquiriu mais empresas

(One Riot, Small Society, Grabble e Adchemy), e reforçou com centenas de desenvolvedores a área de *social analytics* e infraestrutura de dados, em Bangalore, Índia. O investimento se destina a compensar a estagnação da empresa nos Estados Unidos. Isso tornará o Walmart menos dependente da entrada em novos mercados como motor de crescimento. Na verdade, a estratégia de e-commerce permite que a empresa entre em mercados sem lojas físicas. Além disso, supermercados físicos adotaram uma estratégia de aquisição para acelerar as vendas on-line e ganhar acesso às novas competências e capacidades necessárias. Por exemplo, em 2012, Ahold comprou Bol.com por £350 milhões, uma loja on-line que começou com livros e depois passou a vender muitos outros itens não alimentícios. A aquisição parece adequada para ambas as partes. Bol.com tem acesso às lojas Ahold, que podem ser usadas como pontos de retirada para não alimentos comprados on-line. De qualquer maneira, as lojas Ahold não oferecem muito espaço para não alimentos. E, com a aquisição, Ahold fortalece sua *expertise* on-line. Também pode buscar sinergias com Peapod, sua divisão on-line nos Estados Unidos.

O QUE FAZER PARA DEIXAR OS *SHOPPERS* FELIZES?

Capacitar os *shoppers* a comprar on-line permite-lhes usufruir numerosos benefícios, como escolhas infinitas e comparação de preços.

A experiência de fazer compras on-line de alimentos, bebidas e produtos de limpeza gera alguns efeitos colaterais indesejáveis, como não ser capaz de tocar nem cheirar alimentos frescos, além dos esquemas complexos de entrega em domicílio. Os varejistas precisam identificar segmentos de *shoppers* menos preocupados com esses desconfortos e/ou tentar atenuar cada uma dessas barreiras.

Fazer compras de alimentos, bebidas e produtos de limpeza envolve adquirir vários produtos de diversas categorias, que só são relevantes quando comprados em conjunto. Os varejistas on-line de supermercados, vitoriosos, oferecem um mix extenso, gerenciam métodos de transporte e entrega segura para produtos frescos, e investem na própria reputação, como varejistas relevantes, voltados para a qualidade.

Para algumas categorias, os *shoppers* ficarão mais felizes on-line, como, por exemplo, no caso de produtos de higiene pessoal e também de itens volumosos, que são comprados de maneira altamente planejada.

QUAIS ESTRATÉGIAS DE MARKETING OS VAREJISTAS PODEM USAR?

Os varejistas podem considerar uma combinação de pedidos on-line e de pontos de retirada como alternativa para comprar e construir uma rede de lojas ao entrar em novo mercado (país).

Os varejistas começaram a competir intensamente em relação aspectos da cadeia de suprimentos, como prazos e taxas de entrega. Esses atributos oferecem motivações mais funcionais e financeiras para adotar a compra on-line. Em vez disso, os varejistas poderiam diferenciar-se com base em aspectos como segmento, facilidade de seleção on-line e mix de produtos.

A Lot Of People/Shutterstock

4

PARTE QUATRO
DECISÕES BASEADAS EM FATOS

---

173   Capítulo 7 – Acertando no mix

210   Capítulo 8 – Fazendo os cartões fidelidade realmente funcionarem

236   Capítulo 9 – Tornando o *big data* digerível

CAPÍTULO

7

ACERTANDO NO MIX

A ESCOLHA do canal pelo varejista envolve grandes investimentos e, portanto requer compreensão profunda das necessidades mais ocultas dos *shoppers*, antes de uma decisão tão importante. Na Parte Dois, discuti as necessidades emocionais dos *shoppers* e o papel da neuropesquisa e da psicologia nesse processo. Na Parte Quatro, como complemento a essas abordagens, recomendo que os varejistas tomem decisões baseadas em fatos e apliquem técnicas que mostrem as necessidades mais racionais dos *shoppers*. Este capítulo ilustra a abordagem estruturada e baseada em fatos a uma importante pergunta sobre o varejo: qual é o tamanho ideal de um mix de produtos? A Parte Quatro também mostra como os programas de cartão fidelidade (Capítulo 8) e a análise de *big data* (Capítulo 9) podem contribuir para melhorar as decisões de varejo nos aspectos que importam para os *shoppers*.

◢ Espaço disponível como ponto de partida para o tamanho do mix de produtos

Uma questão que continua pontual e relevante no processo de planejamento de um varejista é quantos produtos uma categoria deve abranger. Tanto a amplitude quanto a profundidade de um mix de produtos são elementos cruciais de diferenciação para um varejista genérico. Os varejistas levam em consideração diversos fatores ao decidir sobre o tamanho do mix:

···→ Estratégia de varejo

- Missão e posicionamento do varejista: os varejistas com serviços querem agradar os *shoppers*. Um varejista pode escolher o mix de produtos como instrumento importante para diferenciar-se, enquanto outros talvez prefiram outros fatores de serviços, como funcionários cordiais.
- Necessidades do *shopper*: o gerente de categoria seleciona os produtos que fazem parte das necessidades dos *shoppers* que pretendem conquistar. Análise ambiental cuidadosa, inovação e política de compras são a chave.

···→ Estratégia de categoria

- Papel da categoria: a importância da categoria determinará o espaço a ser usado pelo varejista.
- Objetivo da categoria: mesmo que o papel da categoria seja pouco importante, ela pode exercer papel de destaque, durante algum tempo, no combate à competição.
- O mix dos concorrentes oferece um *benchmark*.

···→ Espaço disponível e capacidade on-line

- Espaço disponível: o varejista pode ter uma estratégia específica para grandes lojas ou uma boa presença on-line; na prática, eles têm um portfólio de lojas com um tamanho razoável e com muita variedade. É aqui que a ambição confronta o espaço disponível.

- Capacidade on-line: oferecer on-line parte do mix de produtos pode ser uma forma de atender às necessidades dos *shoppers*, uma solução para a falta de espaço ou um componente de uma estratégia de canal mais ampla.

⟶ Operações

- Decisões organizacionais: os compradores têm uma motivação natural para expandir suas categorias, uma vez que essa expansão pode impulsionar as vendas da categoria e aumentar seu bônus e prestígio dentro da organização. Outras funções, como logística, são recompensadas com base na eliminação de produtos. A maneira como se decide no varejista influencia o mix de produtos.
- Sistemas de dados: primeiro de tudo, as vendas em curso devem ser bem monitoradas. A extensão em que o mix de produtos é analisado também depende da qualidade e profundidade dos dados e da facilidade de uso do *software*.

As ambições do varejista podem encontrar outros obstáculos, como a disponibilidade de fornecedores confiáveis. No entanto, o espaço oferecido pelo conjunto de lojas do varejista é uma restrição mais importante e, portanto, um ponto de partida para o varejista, ao planejar o atual mix de produtos. O varejista tipicamente começa com uma análise de alto nível da quantidade de espaço a ser reservado para as categorias. A localização nas lojas não é exata, mas esboça "pontos" ou "nuvens" de categorias no mapa da loja. Visando a conveniência, a representação visual deve basear-se em decoração-padrão para o tamanho das lojas, mais comum em todas as lojas do varejista. Esse modelo é usado como *benchmark*, por representar o ideal. De maneira mais sofisticada, cada departamento, então, obtém certa proporção do espaço, com base em critérios como os seguintes:

- ▶ Estratégia do varejista.
- ▶ Existência de balcão de serviços.
- ▶ Contribuição para o lucro.
- ▶ Faturamento.
- ▶ Dimensões médias do produto.

O último fator talvez precise de mais explicações. Um item de um produto volumoso, como papel higiênico, precisa de mais espaço do que, por exemplo, um saleiro, e o varejista deve considerar esse fator no cálculo do espaço e do tamanho do mix de produtos. Os varejistas que têm um grande portfólio de tipos e tamanhos de lojas tomam a "loja média" como âncora e adaptam o mix de produtos para cada *cluster* de lojas. O resultado é uma visão geral do espaço obtido por cada categoria. Esse é o ponto de partida para que os gerentes de categoria planejem o tamanho do mix. Em seguida, as estratégias de varejo e categoria determinam o tamanho, amplitude e profundidade do mix. As maneiras como se fazem essas escolhas serão o tópico do restante deste capítulo. O importante sob o ponto de vista estratégico é considerar, logo no começo, as estratégias de varejo on-line, como opção nas decisões sobre mix. O varejista talvez tenha de reduzir o mix em lojas físicas, mas isso pode ser conjugado com a expansão das ofertas on-line. Hoje, há um forte crescimento de pontos de "compre e retire", em países como França e Reino Unido. A empresa no Reino Unido tornou-se um ótimo exemplo para ilustrar esse aspecto. A Tesco cortou dois terços de sua oferta de mercadorias, em favor de novos itens de alimentos, bebidas e produtos de limpeza. Ao mesmo tempo, expandiu suas ofertas de não alimentos para mais de 200.000 itens on-line. O *shopper* pode escolher entre entrega em domicílio ou retirada de pedidos de não alimentos em pontos de "compre e retire", em uma das mais de 1.800 lojas Tesco nas quais esses serviços estão disponíveis.

◢ Mix de produtos orientado para os *shoppers*

A estratégia de mix não só descreve o tamanho do mix por categoria, mas também trata da segmentação, da variedade de marcas, do tamanho da marca própria e do número de pontos de preço. Tudo isso se interliga. Para complicar ainda mais as coisas, o tamanho da categoria também pode depender da aplicação dos materiais de prateleira e do nível de estruturação com que os varejistas apresentam o mix aos *shoppers*.

Conforme já explicado, o espaço disponível induz muitas das decisões, e uma pergunta que logo ocorre é como e quando as necessidades dos *shoppers* são consideradas na configuração do mix. Em termos simples, o gerente de categoria alinha o mix aos objetivos da organização e à estratégia da marca. Além disso, implicitamente, o gerente de categoria garante que as necessidades dos *shoppers* sejam atendidas. A realidade, porém, quase sempre, contrasta acentuadamente com o que os CEOs de varejistas alegam em entrevistas, declarando que as necessidades e desejos dos *shoppers* são primordiais na definição do mix de produtos. A gestão do mix, porém, geralmente têm vida própria. Os supermercadistas podem determinar, com base em dados de mercado, qual mix de produtos é melhor em cada uma de suas lojas; somente poucos, no entanto, exploram essa *expertise*. Nos velhos tempos, o lojista perguntava aos *shoppers* o que gostariam de comprar e, então garantiam a disponibilidade do produto, na próxima visita do *shopper* à loja. Esse tipo de serviço pessoal assegurava a lealdade do *shopper*. Hoje, embora a ampla disponibilidade de dados e sistemas devesse simplificar as coisas, esse grande aparato tecnológico parece tornar ainda mais difícil para os varejistas atender à demanda local e maximizar o faturamento, ao mesmo tempo. A complexidade geralmente é enorme e continua intratável. Talvez as cadeias regionais de pequenas mercearias estejam mais bem-equipadas para incluir quitutes locais no mix de produtos ou adquirir frutas e hortaliças produzidas na região. No cenário ideal, os varejistas de alimentos, bebidas e produtos de limpeza definem um mix de produtos por loja, que é suficiente e atende às necessidades da área de influência mais estreita. Grandes supermercados têm dificuldade em adotar o *shopper* como ponto de partida para a gestão do mix. As razões variam:

▸ Os varejistas, na maioria, querem ser percebidos como os mais baratos ou, ao menos, os mais sensíveis ao valor do dinheiro. Em consequência, não poupam esforços para observar os preços dos concorrentes e gerenciar os próprios preços. Além disso, os preços podem mudar da noite para o dia. O foco no preço supera toda a atenção dedicada à gestão do mix de produtos, ao *branding* e à inovação. As guerras de preços são as situações mais extremas que levam os varejistas a esquecer o mix. Constatei que os varejistas holandeses e franceses efetuavam cortes significativos no mix e aumentavam a quantidade de marcas próprias e congêneres, durante os períodos em que focavam o preço.

▸ Uma piada no varejo é que os três indutores mais importantes do crescimento são localização, localização e localização. Durante muito tempo, os varejistas na Europa se empenharam na expansão do número de lojas e na ampliação de cada loja, para promover o crescimento. Em vez de analisar o mix de produtos que seria necessário em cada nova área de influência, era muito mais prático operar com o mix padrão. As lojas maiores tinham de ser abastecidas e, para tanto, os varejistas começaram a ficar lotados de novos itens, não raro repetidos, sem uma análise cuidadosa da extensão em que atendiam às demandas dos *shoppers* nem das perspectivas de faturamento. Tampouco hesitavam em acrescentar novas categorias, para tornar a loja mais atraente. Evidentemente, tudo isso atraiu atenção dos *shoppers* e gerou mais faturamento. O resultado foi um mix de produtos menos cuidadoso, com muitas escolhas imediatistas.

- Alguns varejistas se posicionam oferecendo que os *shoppers* pedem. Os exemplos incluem Auchan, na França, e Jumbo, na Holanda. Essa escolha de posicionamento talvez seja fonte de dificuldade para esses varejistas. Quando o Jumbo adquiriu umas 300 lojas pequenas e médias de supermercados do *banner* C1000, manteve na comunicação a promessa do maior mix de produtos, mas as lojas não estavam à altura disso.

- O varejista talvez tenha dificuldade em acertar o seu mix de produtos, depois de adquirir um ou mais concorrentes. Daí pode resultar alta variedade de tipos de lojas, posicionamento de serviços, e todos os tipos de tamanhos, acarretando a necessidade de alinhar processos e sistemas de mix. Levando em consideração as prioridades e as conveniências, o varejista talvez tenha de deixar as coisas como estão. Situação semelhante ocorre se os franqueadores não disciplinarem as marcas de varejo ou tomarem, por conta própria, decisões criativas sobre o mix.

- A barreira natural tem sido a extensão do espaço disponível, nas lojas e nos depósitos. Para algumas categorias, a expansão do mix demanda investimentos adicionais em refrigeradores, balcões, congeladores e prateleiras especiais, impondo aos gerentes de categoria, nesses casos, *trade-offs* adicionais.

- Finalmente, na prática, é de fato muito difícil considerar as necessidades dos *shoppers* como ponto de partida na definição do mix de produtos, e ao mesmo tempo cumprir os objetivos do plano estratégico. Se esse solicitar maior variedade de sopas, qual amplitude será suficiente para o *shopper*? As hortaliças e as carnes para sopas estarão incluídas na definição de sopa para os consumidores? Serei capaz de ajustar o mix de maneira eficiente, para atender às necessidades dos *shoppers* em certa região da área de influência? Como saber se um ingrediente de sopa, com vendas extremamente baixas, deve ser mantido no mix, por gerar faturamento incremental? Considere, por exemplo, um produto como a versão *light* da manteiga de amendoim Calvé. Em comparação com as versões regulares das grandes marcas e das marcas próprias, seu faturamento desaparece e se reduz a nada. No entanto, seria errado eliminar essa versão *light*, já que ela atrai um grupo de *shoppers* que só compram a versão *light* e, se ela fosse excluída, esses *shoppers* talvez procurassem outra loja que vendesse esse item. Nesse caso, os gerentes de categoria talvez fossem capazes de encontrar uma solução com base nas próprias experiências e intuições de consumo. Vejamos mais um exemplo: sucos. A Tesco, no Reino Unido, oferece uns 35 itens diferentes. Vamos assumir que o gerente de categoria elimine a versão maçã e framboesa, e os *shoppers* passassem a comprar a versão maçã e cranberry. Nesse caso, o suco de maçã e framboesa não gera faturamento incremental exclusivo para a categoria.

Todos os obstáculos e contratempos diários, mencionados anteriormente, podem ser justos e cabíveis, mas, mesmo assim, é estranho que os supermercadistas tenham dificuldade em criar um mix de produtos adequado para os *shoppers*. A minha expectativa era que *shoppers* questionadores e articulados fossem convincentes com os varejistas e não lhes deixassem opções. É um paradoxo. Os varejistas veem os *shoppers* todos os dias nas lojas, mas não sabem ao certo o que eles querem e do que precisam. Talvez o aumento da escala dos varejistas justifique esse desencontro. Além disso, a maioria dos varejistas de alimentos, bebidas e produtos de limpeza operam com margem líquida baixa, algo entre 1% e 4% na Europa, o que os deixa menos propensos a investir em marketing. Isso me leva a um novo paradoxo. A batalha com os concorrentes força os supermercados a responder ainda mais rápido. No entanto, as decisões instintivas não mais resistem às mudanças tecnológicas e às demandas do *shopper* exigente e usuário do *mobile*.

Os supermercados têm acesso aos dados mais minuciosos e confiáveis, captados nos caixas de pagamento e no cartão fidelidade, mas, frequentemente, preferem confiar em suas percepções sobre as lojas. Para desenvolver o design de novas lojas, os CEOs recorrem a visitas a estabelecimentos inspiradores, em outros países, com representantes das agências de propaganda, mas se esquecem de mergulhar de cabeça nos dados que os consumidores lhes oferecem com as suas compras. A Tesco, no Reino Unido, e a Kroger, nos Estados Unidos, não raro são reconhecidas por converter seus dados em fatores críticos de sucesso. A Albert Heijn, embora seja uma organização altamente profissional, ainda tem dificuldade em explorar seus dados sobre os *shoppers*, em proveito próprio. Esse varejista lançou o cartão Airmiles, em 1994, e seu próprio programa de fidelidade Bonuscard, em 1997. Ambos geraram centenas de gigabytes de informações sobre o comportamento de cada *shopper* de suas lojas. Eu mesmo tenho recebido deles cupons com desconto de 25% em produtos tão genéricos quanto molho para massas, e suponho que também sejam enviados para 90% dos *shoppers* holandeses. É sabido que os supermercadistas têm dificuldade em atuar de maneira mais voltada para os *shoppers* e em tomar decisões com base em dados.

Os dois paradoxos desses varejistas – ver o *shopper*, mas não se engajar com ele, e ter os dados, mas não explorá-los – exercem influência crucial sobre a maneira como tomam decisões. É interessante observar como os varejistas lidam com esses paradoxos, pois isso ajuda a compreender como tomam decisões sobre o mix de produtos e como identificam o que podem fazer melhor. Acho útil segmentar os supermercadistas, conforme suas políticas de mix, considerando duas dimensões:

- ▶ Alinhamento com as necessidades locais *versus* maximização da harmonização, oferecendo o mesmo mix de produtos, em todos os lugares, tanto quanto possível.
- ▶ Decisões intuitivas *versus* decisões baseadas em fatos, dados e observações sobre o mix.

O resultado são quatro quadrantes que representam as fases do ciclo de vida de um mix de produtos (Fig. 7.1). Cada caso diferencia a maneira como os varejistas de alimentos, bebidas e produtos de limpeza decidem sobre o mix.

Figura 7.1 – Ciclo de vida do mix de produtos

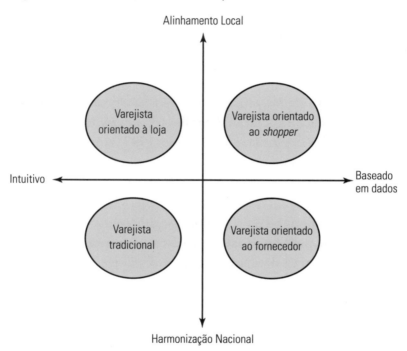

Fonte: Modelo de Constant Berkhout

Há quatro variações de organizações do tipo mercearia ou supermercado que, tipicamente, vendem alimentos, bebidas e produtos de limpeza. Em cada fase das decisões sobre mix de produtos, os tipos de dados e as atribuições dos departamentos de compras e marketing são diferentes:

1) **Varejista tradicional:** mantém um mix de produtos tão idênticos quanto possível em todas as lojas, com base em decisões intuitivas.

2) Varejista orientado à loja: opera com mix de produtos locais em cada loja, com base em decisões intuitivas.

3) Varejista orientado ao fornecedor: mantém mix de produtos idênticos em todo o país, com base em dados.

4) Varejista orientado ao *shopper*: oferece o melhor mix em cada loja, com base em dados.

Há uma evolução natural por entre as sucessivas fases. As organizações percorrem os diferentes estágios do ciclo de vida do mix. O caminho típico as leva do varejista tradicional para o varejista orientado à loja, depois para o varejista orientado ao fornecedor e, por fim, para o varejista orientado ao *shopper*. Alguns varejistas já transitaram por todos os quadrantes. Em consequência, suas organizações e mix de produtos podem ter sofrido enormes transformações em algumas décadas.

Irei descrever cada uma das fases e a ordem pela qual geralmente são percorridas, mas, primeiro, vamos ver a situação mais avançada: o varejista orientado ao *shopper* (4). Esse varejista descobriu uma maneira de enfrentar os dois paradoxos do varejo. Converte dados digitalizados e do cartão fidelidade em importantes decisões sobre mix e atende às necessidades locais dos *shoppers* em cada loja. As características de um varejista orientado ao *shopper* são:

> ▶ O mix de cada loja se alinha totalmente com as necessidades locais. Os *shoppers* têm a sensação de que o mix é escolhido exclusivamente para eles. Essa é a percepção, mas, na verdade, o mix das lojas não precisa diferir muito entre elas, mas sim observar as características certas de cada item. Uma cadeia de supermercados, por exemplo, poderia manter 85% de seu mix idêntico em todas as suas lojas. No passo seguinte, identificaria onde precisa ajustar o tamanho para corresponder às necessidades locais (por exemplo, refeições prontas e

sucos frescos) ou concluiria que seria possível eliminar uma categoria, considerando os dados de certa loja (por exemplo, carne no balcão ou têxteis).

▶ Um mix diferenciado ajuda a construir uma marca de varejo forte e exclusiva. Portanto, determinada marca de varejo orientada ao *shopper* desenvolve, ela mesma, inovações e empreende grande esforço no suprimento de categorias estratégicas. Nas categorias rotineiras, faz análises do mix e executa todas as mudanças necessárias, com independência e sem a ajuda dos fornecedores.

▶ Faturamento e margens percentuais já não são fatores decisivos na introdução ou eliminação de artigos do mix; hoje, o critério mais importante na composição do mix é a extensão em que cada item representa uma nova fonte de faturamento incremental por loja. O *shopper* não está interessado em margens nem na contribuição das taxas de colocação de produtos, pagas pelos fornecedores para o pagamento de publicidade. O faturamento gerado por algumas ervas e por outros ingredientes de refeições pode ser extremamente baixo, mas se o varejista não as oferecer, o *shopper* não as substituirá por outros produtos. Normalmente, são esses produtos de faturamento baixo, como a marca específica de sal marinho mencionada num livro de receitas culinárias, que se encontram sob ameaça de serem cortados por gerentes de categoria que estão iniciando na função. Desta forma, alguns varejistas adotaram medidas preventivas, como o atacadista inglês Sainsbury's, que mantém uma lista de uns 100 produtos que geram pouco faturamento, mas são altamente incrementais, e não devem ser eliminados.

Um ponto importante a ser salientado é que conhecer as características sociodemográficas do *shopper* almejado não garante que os varejistas ofereçam o mix certo. *Shoppers* com a mesma idade, gênero e número de filhos podem levar itens completamente diferentes. Sob a influência de mudanças socioculturais na sociedade, os *shoppers* se sentem menos influenciados pelo que os pais ou a religião lhes disseram para fazer no passado. Gosto do seguinte exemplo, em que você tenta identificar os dois homens que estou descrevendo. Ambos são ingleses e famosos. Nasceram no mesmo ano, 1948, e, para a minha surpresa, com a diferença de apenas três semanas. Ambos são membros da Igreja da Inglaterra, foram casados duas vezes, têm filhos e auferem alta renda anual. Com base nessa descrição, muita gente espera que ambos tenham o mesmo estilo de vida e comprem mais ou menos os mesmos tipos de alimentos e roupas. Ambos, príncipe Charles e Ozzy Osbourne, se encaixam nessa descrição. Enquanto o primeiro é conhecido pela paixão por arquitetura, alimentos orgânicos e apoio às causas ambientais, Ozzy Osbourne chegou ao noticiário por sugar formigas com o nariz, pela sua banda, Black Sabbath, e pelo seu *reality show* de televisão, *The Osbournes*. Sociodemografia e hábitos sociais não são suficientes.

Ao elaborar o perfil da loja, o varejista deve considerar o efetivo comportamento de compra, tanto em termos de categorias compradas quanto de fatores do processo de compra, como tempo gasto e número de categorias consumidas. Portanto, o conjunto de lojas, situadas na mesma região, não é critério eficaz. Uma loja de conveniência numa rua principal e outra loja de conveniência na periferia da cidade atendem a necessidades muito diferentes dos *shoppers*, embora se trate da mesma cidade e os *shoppers* tenham perfil sociodemográfico, atitudes e estilo de vida semelhantes.

Um ótimo mix local atribui grande ênfase ao *software*, à infraestrutura de TI, ao alinhamento de atividades entre os departamentos, e aos salários e benefícios da organização. O varejista precisa implementar um sistema ERP (*enterprise resource planning*), que produza automaticamente recomendações sobre o mix por loja ou *cluster* de lojas e que identifique as mudanças necessárias ao longo do tempo. Os departamentos de marketing e de gestão de categorias têm objetivos comuns em relação à lealdade dos clientes regulares, em vez de preços de compra e margens percentuais.

A descrição do varejista orientado ao *shopper* parece idealista e abstrata, mas já está acontecendo atualmente. Gerentes de categorias no varejista finlandês Kesko, por exemplo, mantêm até 115 planos de mix por categoria, ao mesmo tempo. Cada mix se alinha com as necessidades do *shopper* local e com o tamanho da loja. É assim que funciona: o gerente de categoria define o mix e as condições de espaço, como a porcentagem de marcas privadas e a área disponível. O departamento de marketing estabelece as regras para o *banner* de varejo ou aplica as diretrizes específicas da categoria. Conforme as especificações e objetivos, o *software* de mix do Kesko gera automaticamente recomendações, que poupam o tempo do gerente de categoria e serão usadas para analisar cuidadosamente as situações que são mais urgentes e importantes. Outro bom exemplo de varejista orientado ao *shopper* é a Kroger, dos Estados Unidos. Os gerentes de categoria não são recompensados com base no faturamento total ou no lucro total, mas em função dos objetivos a serem alcançados em relação ao grupo de *shoppers* mais leais. Por isso, o faturamento total da categoria cerveja pode manter-se estável na Kroger, desde que aumente o gasto por clientes leais que compram cerveja.

◢ Percorrendo as fases do ciclo de vida do mix

Frequentemente, os varejistas atravessaram várias fases, antes de serem capazes de decidir sobre o mix de produtos com base em fatos, e lidam perfeitamente com as necessidades dos *shoppers* locais. Os varejistas começam como varejistas tradicionais, e evoluem até tornarem-se varejistas orientados aos *shoppers*.

Em geral, esses varejistas começaram a vida como donos de uma loja só, que ouviam as necessidades dos *shoppers*. O mix é flexível. O lojista compra pessoalmente todos os produtos, entrega as mercadorias nas quantidades preferidas pelos *shoppers*, e inclui no mix itens sugeridos pelos *shoppers*. Os lojistas mais empreendedores, com visão de futuro, começam a comprar e manter estoques para outros lojistas. Eles combinam varejo e atacado numa organização única. Na primeira fase (ver quadrante inferior esquerdo da Fig. 7.1), o varejista tradicional (1) agrega tantos mixes de produtos quanto possível. O comprador decide tudo sobre o mix. Grandes volumes atraem descontos maiores e, assim, a empresa procura ampliar o número de lojas abastecidas pela operação atacadista. Como a rede de lojas está crescendo, torna-se mais importante levar em conta os desejos do operador local.

Gradualmente, a empresa se torna orientada à loja (2) (ver quadrante superior esquerdo da Fig. 7.1), cujo mix está à altura das necessidades das diversas regiões do mercado local. As lojas podem ser de propriedade integral ou abastecidas por contrato de atacado. Nessa base, o varejista orientado à loja investe na melhoria da logística de saída para as lojas. Em seguida, o varejista sente a necessidade de se contrapor aos fornecedores. E o faz, por um lado, desenvolvendo as próprias marcas e, por outro lado, construindo os próprios programas de marketing direcionados aos *shoppers.*

O ponto da virada, de varejista orientado à loja para varejista orientado ao fornecedor (3), ocorre quando os termos e condições com os fornecedores tornam os grandes volumes de compra tão interessantes que o varejista harmoniza seu mix por entre as lojas. Se o mix das lojas varia, é muito provável que assim seja devido a diferenças no tamanho das lojas. Na fase anterior, a administração passava muito tempo otimizando operações de atacado e expandindo a rede de lojas, com o propósito de reduzir os custos das operações de atacado. O varejista orientado ao fornecedor vê os depósitos não como um fim em si, mas como exigência da cadeia de suprimentos para servir às lojas. Nessa fase, o varejista concentra muito foco na excelência operacional. A administração tenta consolidar todos os processos no lançamento de novos produtos, nas mudanças sazonais, nas análises de categoria e na redução de mix. O varejista orientado ao fornecedor foca o cumprimento dos objetivos de eficiência, e tudo o que é diferente de, por exemplo, capacidade máxima dos paletes e giro do estoque, é inadmissível. O risco dessa fase é que o esforço de padronização seja excessivo. O processo decisório desacelera e a organização se afunda no atoleiro. Pode até significar o fim do varejista. Um exemplo de varejista que se perdeu nessa fase de tração pelo fornecedor e nunca chegou à última fase do ciclo de vida é o do supermercado holandês Super de Boer. Essa organização pôs tanta ênfase na gestão do processo que perdeu de vista o *shopper*. Acabou sendo vendida ao Jumbo Supermarkten, outra cadeia varejista holandesa.

Portanto, na fase do varejista orientado ao fornecedor, a liderança visionária desempenha papel crucial, com excelentes competências em marketing, que afastam o varejista dessa armadilha e o orientam para tornar-se varejista orientado ao *shopper* (4). Aqui, em lugar dos interesses do fornecedor, o *shopper* recupera a importância. O varejista orientado ao *shopper* concentra a atenção no *shopper*, de modo que este se sinta como se estivesse numa loja de varejo familiar. O mix de cada unidade é 100% ajustado sob medida à loja, com a ajuda de um magnífico atendimento ao cliente e um ótimo *software* de mix.

◢ Exemplo: a evolução da Schuitema

Um bom exemplo de empresa que atravessou todas essas fases é a Schuitema, dos Países Baixos. Tudo começou com uma loja única, na cidade de Groningen. Um cavalheiro de nome Jacob Fokke Schuitema abriu sua primeira mercearia em 1888. A família Schuitema, mais tarde, converteu as operações da loja, de varejista para atacadista, com a participação de outros empreendedores. Procuraram colaboração com outros atacadistas para reforçar o poder de compra e, por volta de 1931, lançaram a marca de varejo Centra. Mais tarde, desenvolveu-se a marca de supermercado C1000. Em 1988, a Ahold adquiriu participação acionária majoritária na Schuitema, para deter os concorrentes na conquista de *market share*. A Ahold ficou satisfeita com o investimento e com o *market share* da Schuitema. Em consequência, a organização Schuitema tornou-se mais tímida e focou as relações comerciais com os fornecedores, para sustentar os seus pesados programas de promoção. Os *shoppers* viam as lojas Schuitema como lugares para ótimas compras, que se prestavam ao papel de complementar compras feitas em supermercados básicos. A confiança na organização Schuitema deu um salto quando Ahold vendeu sua participação majoritária a uma empresa de *private equity*, ou seja, *holdings* ou fundos que investem em empresas promissoras, já estabelecidas, de capital fechado, sem ações negociadas em bolsas de valores. Isso permitiu que a Schuitema definisse sua própria estratégia e investisse na empresa. Um dos pilares foi oferecer um mix de produtos locais, baseados em análise ampla e profunda das necessidades dos *shoppers*. A Schuitema continuou profissionalizando a gestão do espaço e mix, até que a empresa de *private equity* vendeu o varejista, em 2012, para o Jumbo Supermarkten, uma cadeia familiar holandesa.

Com base nessa descrição, vê-se que o ciclo de vida típico se estende do varejista tradicional para o varejista orientado à loja, depois para o varejista orientado ao fornecedor e, por fim, para o varejista orientado ao *shopper*. Uma observação interessante é que o varejista orientado à loja atende às necessidades do *shopper* local melhor do que o varejista orientado ao fornecedor, que se situa em fase mais avançada do ciclo de vida típico. Na primeira organização, os empreendedores dos *outlets* afiliados se sentem fortes o suficiente no relacionamento de poder para exigir que a organização atacadista ou varejista mantenha os seus produtos com faturamento muito baixo, mas incremental. Se o varejista orientado à loja não ouvir, o gerente do supermercado ou empreendedor encontrará fornecedores que abasteçam a loja. Esse varejista me lembra as lojas tradicionais familiares, em que o dono conhece todos os fregueses pessoalmente e ajusta o seu mix de produtos, sem analisar muito as necessidades do *shopper*. Também lembra a Albert Heijn, que fincou os alicerces do que veio a se tornar o varejista Ahold, com operações em nível internacional. A Albert Heijn abriu sua primeira loja em 1887 e seu empreendedor, então com 21 anos, cultivava uma atitude flexível em relação a mudanças no mix de produtos, para agradar os *shoppers*. Ele eliminou itens como móveis, que faziam mais sentido para uma mercearia. No entanto, também removeu itens que agora são grupos de destino, como frutas e hortaliças, uma vez que os *shoppers* os extraem de suas próprias hortas. Em seu lugar, introduziu na loja café, pás para adubo químico, canga para leite, calçados de madeira, roupas e combustível, itens mais compatíveis com as necessidades dos *shoppers* da época.

Por mais intuitivas que sejam essas decisões, sob muitos aspectos essas lojas eram mais orientadas ao *shopper* que muitos varejistas de hoje. Exemplos de ótimos varejistas, que são excelentes em varejo orientado ao *shopper*, são Kesko, na Finlândia, e Tesco, no Reino Unido. Analisei os obstáculos ao investimento de tempo na gestão do mix. A última mudança no ciclo de vida, para o varejista orientado ao *shopper*, enfrenta resistência maciça na organização. Os gestores de depósitos e de logística ficam nervosos ao ouvir que essa mudança resulta em manter mais artigos, em diferentes mixes de produtos, em cada loja. A alta administração precisa convencer a gestão da cadeia de suprimentos de que a lealdade dos *shoppers* gerará mais faturamento e lucro, no longo prazo, do que medidas voltadas apenas para a eficiência. Com o mesmo propósito, a alta administração também deve cultivar a visão de investir em dados e pesquisas, para melhorar a eficácia de suas decisões de marketing. De todas as redes de supermercados holandeses, a Albert Heijn é a que tem mais características de varejo orientado ao *shopper*, mas ainda cultiva, em grande parte, uma organização de mix orientada ao fornecedor. De fato, suas ideias sobre gestão de marketing sobressaem. Seus formatos de marca são bem-posicionados: AH To Go, para a conveniência, a qualquer hora, na correria do dia a dia, e o formato de supermercado maior, o Albert Heijn XL, em âmbito regional, com mais produtos não alimentícios; e a mudança dos *meal deals*, três vezes por dia, nas lojas alemãs AH To Go acertou em cheio na perspectiva do *shopper*. A Albert Heijn, porém, ainda não usa dados do cartão fidelidade para determinar o mix perfeito em cada loja – embora disponha desses dados.

Os ciclos de vida do mix dão boas ideias de por que as lojas físicas, e também varejistas orientados ao *shopper*, têm dificuldade em competir com supermercados on-line. O varejo on-line surgiu de repente, como mostra o quadrante superior direito da Fig. 7.1, do varejo movido a *shopper*. Varejistas como o Ocado e Amazon oferecem alto nível de personalização, com uma abordagem tipicamente movida a dados. Faz parte do DNA deles. Finalmente, para os fornecedores, não há tempo para recostar. Os fornecedores podem suportar seus varejistas, que operam lojas físicas, oferecendo-lhes planogramas de categoria, ajustadas sob medida a cada loja ou *cluster* de lojas semelhantes. Eles têm mais gente e mais tempo do que os varejistas para analisar dados do cartão fidelidade e complementá-los com pesquisas específicas de *shoppers* por categoria. Nessa base, os varejistas podem tomar decisões que são mais baseadas em fatos, mais alicerçadas e mais alinhadas com as necessidades dos *shoppers*, do que nunca.

◢ Os *shoppers* gostam quando "mais é menos"

Na seção anterior, analisamos como é o mix orientado ao *shopper*, quais devem ser as bases de atuação do varejista e quais barreiras ele enfrentará ao longo da jornada. Quem trabalha no setor de varejo mais cedo ou mais tarde perceberá que os varejistas têm um impulso irreprimível de adicionar produtos ao mix. De onde vem esse ímpeto? Talvez o crescimento das vendas esteja estabilizando e você cria espaço no mix, na esperança de que os novos itens aumentem as vendas. Na prática, o aumento de itens também é mais fácil, menos arriscado e menos dependente de análise de dados do que considerar os itens a serem eliminados. Grandes multinacionais precisam reportar crescimento a Wall Street e sentem a necessidade constante de distribuir suas inovações mais recentes, com margens mais altas. No entanto, onde fica o *shopper* em tudo isso?

Parece que os *shoppers* não se incomodam muito com a redução do mix de produtos. A ideia por certo é popular entre os consultores. Bain & Co publicou um relatório, em 2007, no qual concluiu que a redução do mix podia levar ao aumento do faturamento de 40% e a redução de custos de 35%. Nos anos seguintes, supermercadistas em todo o mundo cortaram mix de produtos. O Walmart e o Carrefour, por exemplo, reduziram seus mix de produtos em cerca de 15%. Os varejistas on-line também podem ter excesso de mix. Os pesquisadores Boatwright e Nunes eliminaram entre 20% e 80% do mix de 42 categorias, em um experimento com um varejista dos Estados Unidos.[1] Com redução do mix de 56%, na média, o faturamento aumentou em 11%. Os gestores geralmente se referem às evidências apresentadas no famoso estudo das geleias, de Iyengar e Lepper.[2] Iyengar frequentemente fazia compras de alimentos, bebidas e produtos de limpeza no supermercado Draeger's, na Califórnia. Esse supermercado está, literalmente, apinhado de mix de produtos; só o departamento de alimentos e bebidas embalados contém mais de 50.000 itens, e é renomado por seus alimentos e vinhos especiais. Quando Iyengar fazia compras no Draeger's, a loja oferecia mais de 250 tipos de mostarda. Iyengar ficou curiosa com o fato de que muitas vezes saia da loja de mãos vazias, porque se sentia oprimida pela quantidade de escolhas. Ela decidiu, então, adotar esse tópico como tema de sua pesquisa científica, e, em 2000, organizou o experimento das geleias em seu supermercado local. Os resultados rapidamente se espalharam mundo afora: um amplo mix de 24 geleias Wilkin & Son atraiu a atenção de 60% dos visitantes, enquanto somente 40% dos visitantes pararam diante da prateleira com o mix limitado de seis sabores. Portanto, o mix maior chama mais atenção. Contudo, na hora de comprar, os números são muito diferentes. No caso do mix extenso, a conversão da compra foi 10 vezes mais baixa, de modo que, no fim das contas, o mix limitado atraiu mais *shoppers*

---

[1] BOATWRIGHT, P.; NUNES, J. Reducing assortment: an attribute-based approach. *Journal of Marketing*, 2001. Disponível em: <https://msbfile03.usc.edu/digitalmeasures/jnunes/intellcont/Reducing%20%20comAssortment-1.pdf>. Acesso em: 22 jul. 2015.

[2] IYENGAR, S.; LEPPER, M. When choice is demotivating: can one desire too much of a good thing?. *Journal of Personality and Social Psychology*, 2000. Disponível em: <http://werbepsychologie-uamr.de/files/literatur/01_Iyengar_Lepper(2000)_Choice-Overload.pdf>. Acesso em: 22 jul. 2015.

e gerou mais faturamento. O resultado do experimento confirma a intuição da maioria dos gestores. A sociedade oferece às pessoas uma quantidade excessiva de escolhas, e os supermercados não são exceção. Às vezes, é simplesmente complicado demais escolher o melhor petisco para acompanhar um chope com os amigos, no fim da tarde. Como Barry Schwartz resume em *The Paradox of Choice: Why more is less*, "aprender a escolher é difícil. Aprender a escolher bem é mais difícil. E aprender a escolher bem, em um mundo de possibilidades ilimitadas, é ainda mais difícil, talvez difícil demais".[3]

Pesquisas recentes nos campos de economia comportamental e de neuropesquisa propiciaram melhor compreensão de por que os mixes de produtos que são grandes demais não são eficazes. Se as opções são muitas, as chances de errar aumentam. Ter mais escolhas aumenta a probabilidade de que os *shoppers* sintam arrependimento – e essa emoção é uma das mais negligenciadas em marketing. Se o *shopper* faz uma escolha rápida, ele começa a preocupar-se mais tarde sobre se deveria ter pensado um pouco mais antes de decidir. Se o *shopper* adota uma abordagem mais elaborada, procura mais opções, estuda mais cada uma delas, ele talvez fique pensando que algumas escolhas são tão ou mais atraentes do que a do impulso inicial. Além disso, o *shopper* talvez se sinta envergonhado de chegar em uma festa com a bebida ou o petisco errado. Tudo isso acarreta um sentimento de ansiedade, quando a pessoa se defronta com uma variedade mais ampla de produtos. Pelo bem da conveniência e da eficiência, os humanos preferem confiar no sistema de resposta automática e em métodos heurísticos. Isso é mais provável de acontecer em ambientes complexos. Um supermercado oferece muitos exemplos, em consequência das dezenas de milhares de produtos, centenas de mensagens, e de todas as novas pessoas que você vê. Enquanto está na loja, o *shopper* também

---

[3] SCHWARTZ, B. *The Paradox of Choice*: Why more is less. Nova York: Harper Perennial, 2004. (Ed. bras.: *O paradoxo da escolha*: por que mais é menos. Trad.: Fernando Santos. Rio de Janeiro: A Girafa, 2007.)

precisa se lembrar de onde deixou o carro e, talvez, ficar de olho nas crianças ou nas mensagens que recebem em seu smartphone.

Uma avaliação minuciosa dos produtos pelos *shoppers* é, obviamente, possível, mas esse processo ocorre no sistema cognitivo, que tem muito menos capacidade operacional e se ocupa, ao mesmo tempo, com todas essas e outras preocupações e pensamentos. Portanto, os *shoppers*, em vez disso, recorrem a métodos heurísticos, de maneira consciente ou inconsciente, do tipo "comprarei o produto do meio" ou "comprarei a marca com menos unidades na prateleira". Além disso, os *shoppers*, quase sempre, se sentem pressionados pelo tempo e, assim, não podem se estender demais no processo de compra. Deparei com esse fato quando vi os resultados de um grande estudo sobre *shoppers* que conduzi em duas lojas do supermercado Morrisons, no Reino Unido. Embora uma das lojas fosse 30% maior que a outra, os *shoppers* completavam a jornada de compra exatamente no mesmo tempo médio, 28 minutos. Na última fase da jornada de compra, os *shoppers* começaram a andar mais rápido, ignoraram corredores inteiros, como o de congelados, que era perto dos caixas de pagamento, e percorreram rapidamente mais um ou dois corredores, em busca de itens absolutamente necessários. Na loja maior, os *shoppers* visitaram 30% da superfície, em comparação com 47% da área da loja menor. Combinando o estresse do tempo limitado, em razão do estilo de vida ocupado, com um nível de escolha opressivo, o resultado é a sensação de que os supermercados são, talvez, o pior lugar do mundo a ser enfrentado pelo cérebro humano.

Além dos argumentos comportamentais, as capacidades de visão do *shopper* também são restritas. Em termos simples, a profusão de produtos impede os *shoppers* de ver grande parte das ofertas da loja. Antes de Iyengar publicar seu experimento, em 2000, nos tempos em que eu trabalhava na Albert Heijn, eu supunha que o nível excessivo de opções de produtos fosse uma dificuldade específica de cada categoria, em vez de uma questão capaz de afetar todas as categorias. A Albert Heijn tinha descoberto as consequências positivas das reduções de mix em categorias com muitos itens pequenos, como higiene pessoal. O desafio da categoria de higiene pessoal é o de as prateleiras abrigarem muitos itens pequenos, com uma explosão de cores brilhantes. No caso de variedades mais amplas, o *shopper* precisa de mais tempo para pesquisar, e a escolha de um item fica mais difícil. Se for menos assíduo na categoria, o *shopper* estará menos familiarizado com o planograma. Nessa situação, é difícil encontrar o xampu adequado para reparar o problema de cabelo percebido por ele. Na tentativa de resolver essa questão, a Albert Heijn reduziu significativamente o número de itens — e os *shoppers* pareceram gostar da solução. Numa pesquisa, os *shoppers* se declararam mais satisfeitos com a prateleira menos cheia. Para a minha surpresa, também disseram que a apresentação da prateleira continha mix mais amplo do que antes. Portanto, opções demais deixam o *shopper* muito infeliz. Às vezes, ter muitas opções é desanimador. Ao escolherem, os *shoppers* buscam conforto em métodos heurísticos que parecem perfeitamente racionais no momento da compra, como escolher o produto recomendado por uma celebridade ou persistir no que sempre compraram antes. O *shopper* fica mais suscetível às pressões sociais, como o que amigos, familiares ou o pessoal da loja o aconselham a comprar. Em consequência do excesso de opções, o *shopper* também pode retardar ou cancelar a compra. Se o *shopper* ficar mais consciente do estresse provocado pela grande variedade de produtos, outra solução é adotar estratégias de compra proativas, como visitar lojas de conveniência e de desconto, que oferecem um mix mais limitado. De fato, além do baixo nível da atividade econômica, a sensação de excesso de escolhas é uma das principais razões do sucesso das *dollar stores* nos Estados Unidos e das *pound stores* no Reino Unido, ou de lojas de descontos como Aldi e Lidl, na Europa.

◢ O anseio dos varejistas pelo "mais é menos"

Os varejistas têm fortes incentivos para reduzir o tamanho dos mixes de produtos. Antes de tudo, servir ao *shopper* é a própria razão de ser da loja; portanto, se os *shoppers* querem um mix menor, é isso que os varejistas devem fazer. A ideia é reforçada pelos relatórios de empresas de consultoria, que apontam para os benefícios financeiros significativos da redução do mix, como:

- ▸ Menos locais de depósitos exclusivos.
- ▸ Menos estoque operacional e capital de giro.
- ▸ Menos tempo para organizar e manter artigos no sistema de dados interno.
- ▸ Menos pessoal de apoio para gerenciar os mixes de produtos.
- ▸ Menos poder de negociação com fornecedores dos itens remanescentes.
- ▸ Mais vendas por causa da visibilidade dos itens remanescentes.
- ▸ Menos falta de estoque e, portanto, menos insatisfação e mais lealdade do *shopper*.

A redução do mix de produtos também está sujeita às flutuações da economia. Depois que a crise bancária e a subsequente recessão econômica de 2008 impactaram a confiança e o poder de compra dos consumidores, os *shoppers* ficaram mais relutantes em gastar dinheiro e deslocaram as verbas disponíveis para produtos mais baratos. A compra de itens mais dispendiosos, como máquinas de lavar, foi postergada; o que levou os varejistas a reduzir a oferta, deixando os *shoppers* mais à vontade, com menos opções. Também em produtos de luxo, os *shoppers* querem menos variedade: se acharem que merecem um agrado, eles se dão bem com menos opções. Em tempos de ansiedade econômica, os *shoppers* procuram conforto, preferindo menos escolhas, e talvez opções mais conservadoras. As empresas de consultoria enfatizam corretamente os benefícios financeiros da redução do mix, sobretudo depois da bonança do crescimento ininterrupto, quando os gerentes de categoria ampliaram entusiasticamente a variedade de opções, muito além das necessidades dos *shoppers*, para diferenciar a marca de varejo. Finalmente, um fator indutor do corte de mix nas lojas físicas tem sido o crescimento maciço das vendas pela internet. Compra de livros e planejamento de viagens on-line, por exemplo, são muito mais convenientes do que recorrer a hipermercados. As lojas on-line mantêm os estoques em localidades centrais ou simplesmente não têm nenhum estoque, deixando essa atribuição por conta do fornecedor. Portanto, as lojas on-line têm a oportunidade de vender itens de baixa movimentação com mais economia do que as lojas físicas, e os *shoppers* estão dispostos a esperar um dia ou dois pela entrega.

Reduzir o mix não é fácil. Os varejistas precisam definir exatamente que itens eliminar, verificando, item a item, se o produto atende a uma necessidade específica, de preferência via cartão fidelidade, que mostram quem compra o produto, em que quantidade, com que frequência, com ou sem associação a outros produtos. A redução do mix pode dar muito errado, como descobriu o Walmart, o maior varejista do mundo. Em 2009, o Walmart racionalizou cerca de 15% de seu mix. Um ano depois, constatou que tinha ido longe e fundo demais, principalmente em alimentos, bebidas e produtos de limpeza. Embora os SKUs eliminados tivessem baixa rotatividade, o Walmart descobriu que esses itens também impulsionavam jornadas de compra. Assim, em vez de US$1 por item, a perda era de US$70 por cesta. Em 2010, o maior varejo supermercadista do Canadá, o Loblaw, descobriu que sua redução do mix de aproximadamente 10%, como parte de um processo de reestruturação mais amplo, tinha sido muito drástica.[4] Metade desses produtos eliminados acabou voltando para as prateleiras. Ainda mais preocupante é o fato do Loblaw ter esperado que os *shoppers* retornassem à loja para pedir a reposição dos produtos, em vez de detectar sinais de advertência em seus sistemas de informação. O presidente executivo da empresa declarou: "sabíamos que, provavelmente, tínhamos errado em

---

[4] THE CANADIAN PRESS. *The Guardian*, 06 maio 2010. Disponível em: <http://www.theguardian.pe.ca>. Acesso em: 22 jul. 2015.

metade dos itens, não necessariamente em todo o país, mas em diferentes lojas. Tivemos, então, de reexaminar todo o processo, com base em manifestações dos clientes quanto ao que queriam, e reintroduzimos os 5% de excesso, que realmente eram importantes para a loja". Ele ainda acrescentou que o Loblaw estava trabalhando em um novo sistema de informações.

Um exemplo de situação em que um programa amplo de redução do mix deu certo é do Carrefour, na França. O Carrefour promoveu a redução do mix como importante pilar de seu novo conceito de hipermercado. Quando os hipermercados surgiram na Europa, na década de 1950, os *shoppers* se entusiasmaram ao deparar com oferta tão ampla e variada, a preços baixos, sob o mesmo teto. No entanto, o canal aos poucos perdeu sua vantagem competitiva de vender barato, na Europa Ocidental, para varejistas de desconto, como Lidl, e grandes redes especializadas, como Toys "R" Us. O Carrefour também começou a questionar se a oferta de um grande mix a *shoppers* apressados era mesmo uma boa ideia. A maior parte do faturamento do Carrefour era proveniente de hipermercados, na Europa Ocidental, exatamente onde o canal enfrentava grandes tempestades. Para superar esse desafio, o Carrefour lançou, em 2010, um novo tipo de loja de hipermercado, que já mencionamos, denominada "Carrefour Planet". Além de oferecer mais emoção e mais serviços, um elemento-chave do novo conceito era reduzir o número de SKUs em cerca de 15%. O mais impressionante em tudo isso é que, apesar da redução no número de SKUs, o Carrefour alcançou melhor percepção de amplitude do mix entre os *shoppers*, identificando as necessidades deles em cada categoria, com a ajuda de dados de cartões fidelidade personalizados. Hoje, o Carrefour se refere às denominadas "unidades de necessidade do consumidor". São tipos de necessidades percebidas pelo *shoppers* na categoria. Por exemplo, o Carrefour reduziu em 13% o número de SKUs no departamento de frutas e hortaliças. Contudo, ao mesmo tempo, aumentou em 5% o número de unidades de necessidade do consumidor e expandiu em 33% a área desse departamento.

⚠ Posso ter um pouco mais, por favor?

Neste capítulo, ficou claro que a excursão ao supermercado pode ser uma experiência estressante para os *shoppers*. Eles têm pouco tempo, muitas tarefas com as quais se preocupar na volta para casa e, durante o tráfego na loja, a condução do carrinho de compras, cheio de produtos e, talvez, com uma criança dentro dele, percorrendo os corredores lotados. Sob essa perspectiva, perder muito tempo escolhendo qual ketchup comprar parece ridículo, embora o *shopper* pudesse ter pesquisado em casa, antes de decidir. Mesmo assim, talvez o *shopper* não saiba ao certo o que realmente quer comprar. Levando ao extremo essa suposição, será que os *shoppers* ficariam felizes se tivessem somente uma escolha por categoria? Provavelmente não. Ao se deparar com um mix delicioso de queijos franceses, o *shopper* já fica saboreando o momento de morder um deles. Experimentos científicos mostram que grandes mixes de produtos são atraentes. Rolls e outros concluem que as pessoas comem 23% a mais de iogurte se lhe oferecerem três iogurtes em vez de um.[5] Iyengar, que ficou famosa pelas descobertas sobre as limitações do tamanho do mix de produtos, em seu experimento das geleias, é menos conhecida por suas contribuições que explicam por que grandes mixes de produtos exercem atração sobre os *shoppers*. Em seu livro *The Art of Choosing*, ela aponta para a preferência que as pessoas têm por escolhas; e, de fato, por mais escolhas.[6] Iyengar cita um estudo em que bebês ficam

---

[5] ROLLS, B.; ROWE, E.; ROLLS, E.; KINDSTON, B.; MEGSON, A.; GUNARY, R. Variety in a meal enhances food intake in man. *Physiology and Behaviour*, 26 fev. 1981. Disponível em: <http://www.oxcns.org/papers/55%20Rolls%20Rowe%20Rolls%20et%20al%201981%20Variety%20in%20a%20meal%20enhances%20food%20intake%20in%20man%20.pdf>. Acesso em: 22 jul. 2015.

[6] IYENGAR, S. *The Art of Choosing*: The decisions we make every day of our lives, what they say about us and how we can improve them. Londres: Abacus, 2011. (Ed. bras.: *A Arte da Escolha*. Trad. Miryam Wiley. Belo Horizonte: Unicult, 2010.)

tristes e zangados quando não podem mais escolher a música que querem ouvir. O grande mix proporciona às pessoas maior senso de controle sobre a situação. De uma perspectiva biológica, o senso de controle é gratificante: associa-se com saúde, longevidade e felicidade.

Além disso, a necessidade de mix de produtos e escolha do *shopper* é reforçada pela cultura. Crianças em sociedades individualistas, como Estados Unidos e Reino Unido, ouvem dos pais e professores que eles podem fazer tudo o que quiserem, que devem assumir o controle de sua vida, e que precisam diferenciar-se das outras pessoas. Nos últimos cem anos, a cultura ocidental individualista tornou-se muito influente; por exemplo, depois da queda da Cortina de Ferro, na Europa Oriental. Portanto, a importância da escolha aumentou em todo o mundo. Além disso, depois da Segunda Guerra Mundial, o aumento da prosperidade permitiu aos *shoppers* comprar mais. Certamente, atua aqui um "efeito turbo": com maior mix, o varejista aumenta a chance de atender às necessidades dos *shoppers* e, assim, levá-los a comprar mais produtos.

Então, como reconciliar essas contradições? Estamos ouvindo, simultaneamente, que um mix grande provoca estresse nos *shoppers*, mas também que esse mesmo mix de produtos sacia nosso anseio biológico e cultural por mais escolhas. O paradoxo é que os *shoppers* amam grandes mixes de produtos, mas escolhem menos nessas situações. Isso também se aplica ao experimento das geleias, de Iyengar: o grande mix atrai mais atenção, mas angaria poucas compras. Esse comportamento do *shopper* pode ser explicado quando se percebe que talvez haja uma diferença entre a *percepção* do tamanho do mix e o *real* tamanho do mix. O mix pode ser grande, mas o *shopper* pode não o perceber como tal. Se tornarmos o grande mix mais fácil e mais rápido de compreender, o *shopper* experimentará o senso de escolha e controle, mas, ao mesmo tempo, será capaz de escolher com facilidade. Vários são os métodos que podem ser usados para alcançar esse efeito, como veremos a seguir.

Estrutura

Os pesquisadores Kahn e Wansink ofereceram uma primeira abordagem.[7] Em um experimento, fingiram que estavam interessados na opinião dos participantes sobre uma publicidade de TV, mas a questão realmente era sobre o lanche que o pessoal recebeu durante o experimento. O lanche consistia em bandejas de todos os tipos, cheias de balas tipo *jelly beans*. No todo, havia quatro tipos de bandejas, que diferiam no número de cores das balas (6 ou 24) e na distribuição (cada cor em um compartimento ou todas as cores misturadas). Os resultados do estudo mostraram que o consumo de balas foi mais de duas vezes superior no caso de 24 cores, se cada compartimento contivesse uma cor. Se todas as balas estivessem misturadas, o consumo era o mesmo, qualquer que fosse a variedade de cores. A descoberta notável foi que o consumo será mais alto se a variedade for realmente maior, mas só se os produtos forem oferecidos de maneira estruturada. Em experimento semelhante, com seis cores de M&Ms, em que a variedade (seis cores) era constante, mas os mixes eram de tamanhos diferentes, os participantes também preferiam os mixes de produtos maiores.

Estruturar o mix de produtos dentro das lojas é uma das atribuições mais importantes dos gerentes de categoria. A estruturação deve ser feita com base no exame cuidadoso da árvore de decisão dos *shoppers* e do teste dos planogramas. O *merchandising* das prateleiras pode ajudar a sinalizar o início de um novo segmento. Com esses instrumentos, os profissionais podem reconciliar a ampliação do mix com a facilidade de escolha para o *shopper*.

Assimetrias

No mesmo trabalho, Kahn e Wansink descrevem outro experimento em que ofereceram M&Ms durante comerciais de TV.

---

[7] KAHN, B.; WANSINK, B. The influence of assortment structure on perceived variety and consumption quantities. *Journal of Consumer Research*, 2004. Disponível em: <http://mindlesseating.org/pdf/downloads/Variety-JCR_2004.pdf>. Acesso em: 22 jul. 2015.

Novamente, eles não estavam interessados no comportamento dos espectadores, mas em como as pessoas selecionavam as guloseimas. Dessa vez, além de variar o número de cores (7 e 10), havia duas condições de simetria. Eis como o conceito é explicado: se há 7 ou 10 cores e 30% dos M&Ms forem castanhos, a simetria é mais baixa do que se 10% dos M&Ms forem castanhos. No caso da oferta assimétrica, o número de M&Ms comidos aumentou de 56%, no caso de 7 cores, para 99% no caso de 10 cores. Na hipótese de oferta simétrica, não houve diferença entre as situações com 7 ou 10 cores. A razão de as pessoas comerem mais se a variedade de cores aumentar é que os itens dominantes oferecem mais conveniência como ponto de partida no processo de busca. Os varejistas podem explorar esse princípio, dando a certo produto com valor de reconhecimento um lugar de destaque na prateleira. Por exemplo, as marcas de confeitos Cadbury e Milka frequentemente servem como sinais da categoria, em razão de suas cores exclusivas e fortes.

Filtragem

O conceito de filtragem envolve alternativas do mix de produtos, que são mostradas gradualmente. Esse recurso geralmente se aplica on-line. Ao longo de várias seleções (filtros), os *shoppers* escolhem, por exemplo, um molho para refeições de certo tamanho, faixa de preço e sabor, por meio de sucessivos cliques. Numa loja física, os *shoppers* se deparam com esse princípio de maneira diferente. Por exemplo, numa joalheria, os atendentes mostram seleções de vários tipos de relógios, em vários lotes. Ou numa loja de vinhos, o funcionário pode encaminhar o *shopper* para outro andar ou sala, onde há opções de vinhos especiais.

Descrição verbal se a escolha é grande

Townsend e Kahn demonstraram em numerosos experimentos que, se os *shoppers* tiverem a palavra final, eles preferirão que suas opções sejam exibidas com imagens, em vez de com palavras.[8] Essa preferência se explica por que os *shoppers* processam imagens de maneira holística, que exige menos esforço, ao passo que processam as palavras de maneira mais refletida, uma a uma. As imagens, porém, nem sempre são eficazes. Townsend e Kahn pediram aos *shoppers* para fazer compras on-line de biscoitos. Na loja on-line, ofereceu-se aos participantes variedades de 8 ou 27 biscoitos, que eram descritos com palavras ou apresentados em imagens. No caso de um mix pequeno, o método de apresentação não era muito importante, embora os participantes gastassem mais tempo por amostra de biscoito quando a apresentação era com palavras. Quando escolhiam um grande mix, apresentado visualmente, os participantes despenderam menos tempo por amostra de biscoito, mas isso é compreensível, uma vez que eles pularam dez amostras e as observaram de maneira menos sistemática. No caso de um mix de oito amostras de biscoitos, os *shoppers* tendiam a se lembrar melhor se fossem expostos visualmente, ao passo que no caso de um grande mix de 25 biscoitos, eles eram mais propensos a se lembrar melhor se fossem descritos em palavras. A explicação é que a exibição visual de um mix de 27 amostras de biscoitos não só resulta em sensação de maior variedade, mas também desperta o senso de maior complexidade. Os dois pesquisadores concluíram que, quando há poucas variedades, a apresentação com imagens propicia escolha mais fácil e rápida. Se for grande o número de variedades, a apresentação textual é mais eficaz.

Os varejistas podem aplicar com facilidade as descobertas dessa pesquisa na prática. Pense no menu dos restaurantes chineses. Eles geralmente têm um número espantoso de duzentas ou mais opções. Os restaurantes chineses tornam o processo decisório

---

[8] TOWNSEND, C.; KAHN, B. The visual preference heuristic: the influence of visual versus verbal depiction on assortment processing, perceived variety, and choice overload. *Journal of Consumer Research*, 2013. Disponível em: <http://www.jcr-admin.org/files/pressPDFs/101613155527_Townsend_Article.pdf>. Acesso em: 22 jul. 2015.

para os *shoppers* muito mais fácil quando exibem o menu em palavras em vez de em fotografias impressas, ao lado das opções. As empresas que trabalham on-line fazem enorme esforço para incluir a foto de cada item no site. Esse esforço pode ser excessivo e contraproducente se o mix for grande.

Alinhamento

Esperamos que, se uma marca, Ariel, por exemplo, adiciona mais versões, seu *market share* aumentará automaticamente. Nem sempre é o caso. O acréscimo também pode resultar em mais complexidade, levando os *shoppers* a mudarem de marca. Um termo que é apropriado nesse contexto é alinhamento, ou, em outros termos, a relação entre os produtos. Em um mix alinhável, além do preço, os produtos diferem em uma característica, como tamanho da embalagem. No caso de um mix não alinhável, os produtos diferem em várias características. Por exemplo, um tipo de maionese tem alto nível de gordura; outro tem embalagem fácil de abrir; e o terceiro é mais volumoso. Nesses contextos, o *shopper* compara as opções tanto com base numa característica (baixo e alto nível de gordura) quanto com base em mais de uma característica (nível de gordura e tipo de embalagem). Gourville e Soman mostraram que, ao pesquisar as escolhas de um forno de micro-ondas, nos casos de mix alinhável, o número de compradores da marca A aumenta se o mix da marca for ampliado.[9] Nessa pesquisa, alinhável significa que a preferência aumentou de 53% para 77%, com cada aumento de capacidade (e preço), enquanto outras dimensões não eram alteradas e a marca B continuou do mesmo tamanho. Nos casos de mix não alinhável, as escolhas da marca A aumentaram, de início, quando o mix foi ampliado em um item (para 63%),

---

[9] GOURVILLE, J.; SOMAN, D. Overchoice and assortment type: when and why variety backfires. *Marketing Science*, 2005. Disponível em: <http://pubsonline.informs.org/doi/abs/10.1287/mksc.1040.0109>. Acesso em: 22 jul. 2015.

mas diminuiu no final, até recuar para um nível de preferência de 40%. Nesse caso, as alternativas da marca A tinham sido ampliadas para cinco. Cada uma dessas alternativas diferia em pelo menos uma característica. Com base na pesquisa de Zhang e Fitzsimons, sabemos que a comparação de diferentes características causa aumento significativo na intensidade e na duração do processamento cognitivo.[10] Gourville e Soman concluem que, mesmo no caso de um pequeno mix, mas com muitas características diferentes, é difícil para o *shopper* fazer a escolha.

Informação

A maneira como os varejistas oferecem informações sobre os produtos influenciam o processo de aprendizagem e a satisfação com a escolha final. Huffman e Kahn pesquisaram as diferenças entre oferta de informação sobre atributos do produto e sobre alternativas do produto.[11] Eles conduziram a pesquisa sobre sofás e sobre hotéis, mas usarei exemplos de alimentos para explicar o estudo. No caso do método de atributos do produto, pede-se aos *shoppers* para indicar, para cada atributo do produto (por exemplo, tipo de embalagem), qual (isto é, vidro ou lata) preferem. Daí resulta uma longa lista. Uma abordagem alternativa é quando os produtos são mostrados ao acaso, para a subsequente escolha pelos *shoppers*. Por exemplo, um produto é grande e de vidro; um segundo produto contém carne e vem da China. Isso é comparável a uma exposição de carros, em que o vendedor mostra os diferentes modelos de carros, com diferentes opções.

---

[10] ZHANG, S.; FITZSIMONS, G. Choiceprocess satisfaction: the influence of attribute alignability and option limitation. *Organisational Behaviour and Human Decision Processes*, 1999. Disponível em: <http://www.ncbi.nlm.nih.gov/pubmed/10080913>. Acesso em: 22 jul. 2015.

[11] HUFFMAN, C.; KAHN, B. Variety for sale: mass customization or mass confusion. *Journal of Retailing*, 1998. Disponível em: <http://www.ingentaconnect.com/content/els/00224359/1998/00000074/00000004/art80105>. Acesso: 22 jul. 2015.

Quanto a alimentos, bebidas e produtos de limpeza, esses tipos de escolhas não prevalecem em ambientes de supermercado físico, mas se tornam relevantes nas atividades de supermercados on-line, e em consequência de também oferecerem produtos não alimentícios. As conclusões de Huffman e Kahn indicaram que os *shoppers* ficavam mais satisfeitos com o processo de compra, sentiam-se mais preparados para decidir e percebiam a escolha como menos complexa quando os produtos eram apresentados conforme os atributos.

Na mesma pesquisa, Huffman e Kahn variaram a extensão em que os *shoppers* tinham de aprender ativamente sobre as próprias preferências. Quando os *shoppers* recebiam mais informações sobre os atributos dos produtos ou sobre as alternativas dos produtos, metade dos respondentes era perguntada sobre os tipos (isto é, vidro ou lata) de um atributo do produto (embalagem) ou sobre as alternativas do produto que preferiam, e a outra metade dos respondentes era indagada sobre qual atributo ou alternativa reconheciam. A primeira abordagem requer muito mais esforço pelos *shoppers*, mas compensa: os *shoppers* ficam mais satisfeitos com o processo decisório e consideram que as escolhas são menos complexas. Ao apresentar as informações na forma de características do produto e ao procurar métodos para engajar ativamente os *shoppers*, eles passam a conhecer melhor as preferências dos *shoppers* e esses, no fim das contas, ficam mais satisfeitos com a compra. A recomendação final é que o varejista não forneça muitas informações detalhadas. O processo decisório será demasiado complexo e estressante se os *shoppers* tiverem de estimar se uma característica (por exemplo, embalagem) for mais importante que outra (por exemplo, sabor).

◢ Os varejistas podem ter tudo ao mesmo tempo

Com as sugestões apresentadas, os varejistas podem ajudar os *shoppers* a fazer escolhas em um grande mix, de maneira eficiente. Evidentemente, os *shoppers* são diferentes uns dos outros, e o varejista pode acabar criando um ambiente específico e divergente. Muitos fatores influenciam um bom arranjo. Por exemplo, a quantidade de espaço que o varejista concede a uma categoria influencia a sensação de variedade de maneira positiva. Van Herpen e Pieters concluíram que dobrar o mix dos mesmos produtos leva a um aumento de 42% na percepção de variedade.[12] A percepção de variedade é também maior quando se adotam nomes fantasia extremamente imaginosos, que podem ser observados em categorias como tintas (Balanced Finland, de Flexa) e perfumes (Pi, de Givenchi), do que quando se adotam nomes como Sopa de Feijão com Bacon, da Campbell's. Decidir fica mais fácil se as expectativas pessoais dos *shoppers* sobre a estrutura do supermercado forem compatíveis com o que encontram na loja. A dificuldade é que cada *shopper* pode encontrar diferentes usos para um mesmo produto. Um *shopper* vê uma maçã como lanche, outro a encara como sobremesa, e ainda outro a percebe como ingrediente para o preparo de pães e bolos. Além disso, é muito mais fácil andar em um supermercado que o *shopper* visita com regularidade, todas as semanas, do que em outro que o *shopper* visita só em ocasiões especiais, ou aproximadamente duas vezes por ano. Uma pesquisa de Kahn e outros concluiu que a exposição dos produtos no sentido horizontal contribui para a percepção de maior variedade, porque, em alfabetos romanos, lê-se da esquerda para a direita, o que lhes permite absorver mais itens.[13] Os varejistas precisam compreender que pode haver grande diferença entre a composição do mix real e a composição do mix percebida pelo *shopper*. Tenha em mente objetivos claros. Talvez você só queira criar a percepção

---

[12] VAN HERPEN, E.; PIETERS, R. The variety of an assortment: an extension to the attribute-based approach. *Marketing Science*, 2002. Disponível em: <http://pubsonline.informs.org/doi/abs/10.1287/mksc.21.3.331.144?journalCode=mks>. Acesso em: 22 jul. 2015.

[13] KAHN, B. *In*: SHOPPER INSIGHTS IN ACTION CONFERENCE, Chicago, 2014. (Referindo-se a DENG, X.; KAHN, B.; UNNAVA, R.; LEE, H. "Wide" Variety: The Effects of Horizontal vs Vertical Product Display. *In*: SOCIETY FOR CONSUMER PSYCHOLOGY SUMMER CONFERENCE, Honolulu, 2013.)

de um grande mix e, na verdade está oferecendo pouca escolha. A importância da diferença entre percepção e realidade já está sendo considerada nas políticas de preços de muitos varejistas, assim como a percepção do *shopper* de qual é o varejista mais barato pode ser diferente da real diferença de preços entre eles. Em suma, os *shoppers* julgam a complexidade de um mix com base em suas *percepções*, não na *realidade* objetiva. O mix de sucesso é aquele cuja alta variedade é percebida pelos *shoppers*, os quais, ao mesmo tempo, mal percebem sua complexidade – que pode ser causa de estresse de escolha.

O QUE FAZER PARA DEIXAR OS *SHOPPERS* FELIZES?

Quando o varejista ajusta o mix às características específicas de cada loja, os *shoppers* obtêm mixes de produtos selecionados inteiramente para eles, de modo a escolherem com eficácia tudo que precisam.

Os varejistas que realmente focam os interesses dos *shoppers* só incluem no mix produtos capazes de gerar faturamento incremental para a loja. Os objetivos da gestão de mix, como margem percentual, não são relevantes para os *shoppers*.

Reduzir o número de opções ajuda os *shoppers* a fazer escolhas rápidas e a se sentirem bem consigo mesmos. Todavia, remover escolhas não é a única maneira de simplificar, e abordagens como melhor estruturação das prateleiras facilitam a escolha em meio a grande variedade.

Os *shoppers* gostam de ter opções: é uma característica profundamente arraigada, promovida pela difusão da cultura ocidental.

QUAIS ESTRATÉGIAS DE MARKETING OS VAREJISTAS PODEM USAR?

Considere as opções on-line, logo no início das decisões sobre mix de produtos. O varejista talvez tenha de simplificar o mix para os *shoppers*, em lojas físicas, e criar a percepção de amplo mix, na loja on-line.

O uso de dados digitalizados e *software* amplamente disponível oferece aos varejistas a chance de definir o melhor mix por loja.

Os varejistas só passam a conhecer bem as necessidades de mix, analisando os efetivos comportamentos de compra. Sóciodemografia, dados regionais e segmentos de estilo de vida complementam a análise, mas não são suficientes, em si, para decisões sobre mix.

O ciclo de vida do mix demonstra que mudar a cultura de tomada de decisões pela empresa, de meramente intuitiva para baseada em dados, ajuda os varejistas a competir com novos atores on-line, que oferecem, ao mesmo tempo, amplo mix e extrema personalização.

Nas novas categorias em desenvolvimento, o *shopper* tem melhores chances de compreender as novas inclusões se a ampliação ocorrer ao longo de características alinháveis. Quando a categoria amadurece e se torna mais compreensível, o *shopper* consegue escolher em meio a um mix com muitas características diferentes.

CAPÍTULO

8

FAZENDO OS CARTÕES FIDELIDADE REALMENTE FUNCIONAREM

OS PROGRAMAS de cartão fidelidade capacitam os varejistas a usar dados para descobrir as preferências dos *shoppers* e para desenvolver uma ferramenta que propicie relações mais pessoais. As ofertas promocionais geralmente exploram os hábitos racionais dos *shoppers*. Contudo, quanto melhor os programas se conectarem com as necessidades emocionais dos *shoppers*, mais eles deixam de ser programas de recompensa financeira para se converterem em iniciativas de relacionamento emocional.

O fato de o *shopper* portar um cartão fidelidade na carteira não os tornará mais leais a um supermercado. Tampouco é provável que a implementação de um cartão fidelidade em si leve o varejista a ouvir os *shoppers* com mais eficácia. Todavia, quando bem aproveitados, os benefícios do cartão fidelidade podem ser imensos. Quando eu trabalhava na PepsiCo Europa, meu objetivo era estar entre os primeiros fornecedores a adotar programas de cartão fidelidade, que varejistas como a Tesco, o Carrefour e o Casino lançaram em toda a Europa. Primeiro de tudo, os cartões fidelidade me habilitavam a falar a língua do varejista com mais fluência. Segundo, os dados assim obtidos me permitiam tomar decisões mais rápidas e mais eficazes. Voltarei aos benefícios específicos mais adiante, neste capítulo, e, também, analisarei as orientações para engajar os fornecedores. Começo examinando um dos programas de cartão fidelidade mais exitosos, salientando o potencial que muitos varejistas ainda estão por alcançar.

◢ O que podemos aprender com a Tesco?

O ex-CEO da Tesco, Sir Terry Leahy, atribui o sucesso da empresa, entre 1990 e 2015, especialmente ao Tesco Clubcard e à aplicação eficaz dos dados.[1] Leahy aponta para o fato de que o valor de mercado da Tesco, em 1992, correspondia à metade do valor de mercado de varejistas como Sainsbury's e M&S. Em 2011, o valor de mercado da Tesco já tinha sextuplicado, enquanto os das duas outras empresas continuavam no nível de 1992. Sem grandes aquisições e usando os dados dos *shoppers*, a Tesco se tornou, à época, líder de mercado no Reino Unido. A extensão em que o programa de cartão fidelidade contribuiu para o crescimento da empresa é explicada com clareza no livro *Scoring Points: How Tesco Continues to Win Customer Loyalty*, de Humby, Hunt e Philips.[2] Em 1989, Humby e sua esposa, Edwina Dunn, fundaram a agência de pesquisas Dunnhumby. Em 1994, a Tesco confiou à pequena, mas inovadora, agência de pesquisas um conjunto de dados e perguntou quais efeitos eles poderiam gerar na empresa. Felizmente, a equipe descobriu fontes valiosas de *insights* e, em consequência, a Tesco continuou a investir no experimento do Clubcard. A partir de então, a Dunnhumby tornou-se o principal impulsor do desenvolvimento de *software* e da exploração de dados do Clubcard. A Tesco assumiu a propriedade integral da empresa de pesquisas, em 2010, em reconhecimento ao impacto estratégico exercido na empresa e à contribuição para a lucratividade do empreendimento.

---

[1] LEAHY, T. *In*: SHOPPER INSIGHTS IN ACTION CONFERENCE, Chicago, jul. 2014.

[2] HUMBY, C.; HUNT, T.; PHILIPS, T. *Scoring Points:* How Tesco continues to win customer loyalty. Londres: Kogan Page, 2007.

A principal mensagem de *Scoring Points* é que a Tesco não lançou o cartão fidelidade como um simples cartão de desconto, mas como símbolo valioso de agradecimento pela lealdade do *shopper*. Isso não implica que a execução operacional, como mensagens com cupons de ofertas especiais, não gere faturamento adicional. De acordo com os autores de *Scoring Points*, as comunicações trimestrais exercem o mesmo efeito de quatro eventos de Natal adicionais por ano. Que varejista não vibraria com essa iniciativa? As mensagens personalizadas são o elemento mais visível do Tesco Clubcard, mas seu pilar é toda a análise de dados precedente. *Scoring Points* explica como a Tesco se beneficia diretamente com o Clubcard.

▶ Se supermercados adversários se estabelecem nas vizinhanças de uma loja Tesco, a empresa acompanha o faturamento gerado por cada *shopper*. Somente os *shoppers* que começam a gastar menos na Tesco – e se supõe que estejam visitando a nova loja concorrente – recebem uma carta amigável e cupons com ofertas especiais em sua caixa postal. Normalmente, os varejistas sem cartão fidelidade combatem os concorrentes oferecendo enormes descontos ao público em geral, nos jornais locais, o que também beneficia os *shoppers* que não reduziram suas compras e continuam leais ao varejista tradicional.

▶ Em segmentações por estilo de vida, a Tesco compreende melhor as aspirações de seus *shoppers*. Disso decorrem novas ideias para o desenvolvimento de produtos. De início, o lançamento da marca própria premium Tesco Finest foi uma decepção. No entanto, depois de análises dos dados do Clubcard mostrarem com exatidão as lojas visitadas pelos *shoppers*-alvo, a iniciativa se transformou em sucesso.

▶ O banco de dados da Tesco monitora os *shoppers* que, com base no comportamento e nos hábitos de compra, se enquadrariam, supostamente, em determinada categoria. Se a maioria dos *shoppers* dessa categoria visita habitualmente determinado departamento (por exemplo, o departamento de vinhos), mas certo *shopper* da mesma categoria não se enquadra no padrão, a Tesco tenta convencê-lo a visitar o departamento com mais assiduidade, oferecendo cupons. Ao encorajá-lo a testar novos produtos, assegura-se a lealdade do *shopper*.

▶ Ao lançar "clubs", a Tesco atrai novos *shoppers* e estimula os gastos dos clientes ativos. Por exemplo, com o Baby Club, a Tesco encoraja os *shoppers* a migrar do canal drogaria, como Boots, para suas próprias lojas. Surpreendentemente, a Tesco aprendeu que os clubes não só mudam o comportamento de compra em categorias específicas, mas também induzem mudanças no comportamento de compra total. Por exemplo, o Wine Club gerou mais compras de produtos frescos.

▶ Os dados de compra também construíram a base de vários novos produtos e serviços. Por exemplo, o Clubcard gerou o *insight* sobre confiança do *shopper*, que levou ao lançamento de serviços financeiros. O Tesco Bank agora tem cerca de sete milhões de clientes. Em *Scoring Points*, Terry Leahy descreve o advento do supermercado on-line Tesco, em 2000: "não teríamos criado o negócio ponto-com sem os dados do cartão fidelidade". No começo, os dados do Clubcard ajudaram a orientar a Tesco para as áreas de influência das lojas em que os serviços de entrega em domicílio tinham potencial mais promissor. Essa foi uma realização ainda mais importante, quando você se dá conta de que o segmento mais interessado no serviço de entrega em domicílio e que mais se beneficiava dele ainda não estava on-line naquela época. O relacionamento com o Clubcard era, para muitos clientes, um estímulo para se modernizar e experimentar a compra on-line. No fim das contas, três de cada dez *shoppers* on-line eram novos clientes da Tesco.

CARTÃO NECTAR DA SAINSBURY'S

Durante a apresentação dos resultados provisórios da Sainsbury's, em 2010, o então CEO, Justin King, expressou sua satisfação com o programa do cartão Nectar. Justin King aponta quatro benefícios para o varejista:

- Os *shoppers* começam a comprar produtos de diferentes categorias adicionais na Sainsbury's. Eles amam conquistar pontos e tornar-se mais leais. Quando chega o Natal, os cartões fidelidade estão cheios de pontos. Nesse mês crucial para o faturamento dos supermercados, a Sainsbury's pode esperar que os *shoppers* resgatem seus pontos. Assim, o cartão fidelidade é um meio de preservar a lealdade dos *shoppers*, contribuindo para o aumento do faturamento nas semanas em torno do Natal.
- A Sainsbury's decide cada vez mais sobre mix de produtos com base em dados do cartão fidelidade. O supermercado ajusta o mix e desenvolve inovações com base nesses dados.
- Em vez de descontos para todos, a Sainsbury's concentra suas promoções nos produtos que os *shoppers* já compram ou tendem a comprar.
- Ao abrir nova loja, a Sainsbury's identifica, com a ajuda do cartão, os *shoppers* mais importantes e mais propensos a comprar em suas lojas. Nas primeiras semanas depois da inauguração, a Sainsbury's se comunica diretamente com esses *shoppers*. Nas lojas atuais, a Sainsbury's descobre, em tempo oportuno, quais *shoppers* estão reduzindo os seus gastos ou quais *shoppers* menos assíduos estão prontos para visitar uma loja Sainsbury's maior.

◢ Benefícios dos dados dos cartões fidelidade em comparação a outros dados

A maioria dos departamentos de *trade marketing* dos fornecedores usa dados de painéis de domicílios e de painéis de varejo de empresas como Nielsen, GfK, TNS e IRI, para analisar as vendas e oferecer recomendações a gerentes de categoria de supermercados. Esses provedores de dados se estabeleceram nessa maneira de fazer negócios, e os gerentes de categoria passaram a esperar que os fornecedores usem esses dados para explicar o desenvolvimento das vendas e para respaldar suas propostas. O número de fornecedores que utilizam dados de programas de cartão fidelidade ainda é baixo, mas está crescendo. Os dados do cartão fidelidade oferecem algumas das mesmas funcionalidades de dados de painéis de domicílios e de painéis de varejo, mas os aprimora das maneiras seguintes:

► As análises ficam disponíveis com mais rapidez e são mais robustas e mais exatas. O *software* do cartão fidelidade mostra de imediato, ao apertar de um botão, se um novo produto acrescenta usuários à categoria, e quais produtos atuais os *shoppers* substituiriam pelo produto novo. Frequentemente, os fornecedores colidem com a política do varejista que lhes permite lançar apenas duas das variedades disponíveis do conceito de marketing. Com a ajuda de dados do cartão fidelidade, os varejistas têm boas condições de avaliar o sucesso do produto, em não mais do que três semanas depois do lançamento, e decidir sobre a introdução de outras variedades.

► O desempenho de cada loja pode ser monitorado. Por um lado, isso permite a mensuração da eficácia dos esforços das diferentes lojas, como o uso de vendedores ou de mostruários. Por outro lado por meio da comparação de grupos de lojas similares (com base no comportamento de compra), é possível rastrear e comparar desempenhos decepcionantes, como falta de estoque e taxas de distribuição declinantes, com *benchmarks* relevantes.

▶ Usando dados do cartão fidelidade, o fornecedor começa a compreender melhor o seu cliente, o varejista, e, frequentemente, adota sua terminologia (Quadro 8.1). Os varejistas de alimentos, bebidas e produtos de limpeza adotam KPIs (indicadores-chave de desempenho) próprios, diferentes dos usados pelos fornecedores. Adotando os KPIs do varejista, o fornecedor pode reforçar o relacionamento. Além disso, os varejistas usam o cartão fidelidade como oportunidade para desenhar a própria segmentação dos *shoppers*. Finalmente, o lançamento de um sistema de cartão fidelidade propicia contatos mais frequentes e de melhor qualidade, porque o gerente de categoria do varejista e o fornecedor querem retorno do investimento no programa do cartão fidelidade tão rápido quanto possível. O varejista francês Casino, no início do seu programa de cartão fidelidade, realizava workshops mensais com os principais fornecedores, para resolver questões de categoria com a ajuda do *software* de cartão fidelidade.

◢ Expansão internacional

Desde 2006, as práticas de análise profunda e de exploração eficaz dos dados do cartão fidelidade se difundiram em âmbito internacional. Geralmente, o varejista recorre à ajuda de agências especializadas. O Carrefour começou a trabalhar com o *software* EMNOS, na França e na Espanha.

Quadro 8.1 – O cartão fidelidade muda o foco da função de *trade marketing*

De	Para
Pesquisa de painel	*Shopper insight*
Market share total	*Share of wallet* do *shopper*
Mídia de massa (TV, jornais)	Comunicação personalizada

De	Para
Relatórios mensais	Relatórios diários
Política de marca de varejo	Marketing local
Nacional	Vários segmentos de *shoppers* e de lojas
O que as pessoas dizem	O comportamento atual

O Ahold começou a explorar dados do cartão fidelidade com a empresa de *softwares* EYC, nos Estados Unidos e nos Países Baixos. A Tesco e a Sainsbury's, no Reino Unido; foram os verdadeiros pioneiros nessa área. Para a Tesco, o impacto tem sido o mais profundo, visto que o programa do cartão fidelidade a capacitou a assumir a liderança de mercado no Reino Unido e o cartão se tornou elemento crucial na expansão internacional da empresa. A Tesco explora a *expertise* em cartão fidelidade em todos os países onde opera, inclusive na Tailândia e na Europa Oriental. Além disso, por meio de sua subsidiária, Dunnhumby, participa de *joint ventures* de programas de cartão fidelidade de outros varejistas, como o Grupo Pam, na Itália, e o Casino, na França. Parece estranho que a Tesco ofereça gratuitamente sua *expertise* na exploração do poder dos dados do cartão fidelidade a varejistas concorrentes. Todavia, em muitos casos, a Tesco não é ativa no país em questão (por exemplo, na Itália), ou oferece sua *expertise* a concorrentes relativamente pequenos, como Casino, na França, muito menos ameaçador para a Tesco do que o Carrefour. Por intermédio da Dunnhumby, a Tesco oferece *softwares* e serviços de consultoria, o que também dá lucro. De acordo com a publicação *The Grocer*, em 2012, a Dunnhumby relatou vendas de £146,8 milhões e lucro de £60,3 milhões.[3] Em

---

[3] ZUKE, E. Expanding dunnhumby sees profits and sales up. *The Grocer*, 14 dez. 2012. Disponível em: <http://www.thegrocer.co.uk/home/topics/technology-and-supply-chain/expanding-dunnhumby-sees-profits-andsales-up/235039.article>. Acesso em: 22 jul. 2015.

comparação com o desempenho anual total da Tesco, no exercício finalizado em 22 de fevereiro de 2014, a Dunnhumby gera 0,2% das vendas da Tesco, mas nada menos que 2,7% do lucro. Os números em si são apenas uma indicação da importância relativa para o lucro da Tesco. Primeiramente, 2013 e 2014 não foram, de modo algum, anos benéficos para as lojas Tesco. Além disso, desde 2012, a Dunnhumby adquiriu empresas como Sociomantic Labs, que gerou um faturamento de US$100 milhões, vendendo soluções de publicidade digital. No entanto, os números indicam a relevância estratégica em termos financeiros. Embora a Tesco esteja ganhando dinheiro com a venda de dados para os fornecedores e constituindo parcerias internacionais, o HSBC entende que esses fundos não compensam o investimento total da Tesco no Clubcard do Reino Unido, estimado em £500 milhões por ano.[4] Portanto, é importante que o cartão fidelidade gere valor pelos próprios méritos. Primeiro, deve ser visto como instrumento estratégico para compreender melhor os *shoppers*, operar as lojas com mais eficácia e gerar mais faturamento e lucro. Em *Scoring Points*, os autores explicam que a análise de dados contribuiu, de imediato, com 4% de crescimento nas vendas, em 1995, ao passo que, na época, apenas 1,6% era necessário para cobrir os custos do programa.

◢ A mudança do poder para as mãos dos varejistas

Além da melhoria nas decisões e do impacto financeiro, o cartão fidelidade oferece outra vantagem aos varejistas. Os programas de cartão fidelidade permitem aos varejistas deslocar o poder de negociação dos fornecedores para os varejistas, pois estes controlam e gerenciam as informações sobre os *shoppers*. Além disso, compete aos varejistas decidir se querem compartilhar informações com os

---

[4] RUDDICK, G. Clubcard built the Tesco of today, but it could be time to ditch it. *The Telegraph*, 16 jan. 2014. Disponível em: <http://www.telegraph. co.uk/finance/newsbysector/retailandconsumer/10577685/Clubcard-built-the-Tesco-of-today-but-it-could-be-time-to-ditch-it.html>. Acesso em: 22 jul. 2015.

fornecedores. Se forem capazes de usar melhor os dados do cartão fidelidade e os dados digitalizados, os varejistas eliminarão a tradicional superioridade de conhecimento dos fornecedores.

◢ Uma nova fase para a pesquisa de mercado

A exploração do cartão fidelidade e de dados digitalizados não é uma tarefa fácil. Com cada vez mais varejistas reconhecendo a importância do cartão fidelidade para o sucesso, despontou todo um novo setor de prestadores de serviços, como Dunnhumby, EMNOS e Numsight. Por causa das vantagens dos dados de cartão fidelidade, essas empresas surfarão na onda da mudança de dados de painéis de varejo e de painéis de domicílios para novos dados originários diretamente dos varejistas. Essa ideia talvez seja assustadora para empresas como Nielsen, GfK e IRI. Embora o cartão fidelidade não gere *insights* diretos sobre os gastos dos *shoppers* com os concorrentes, ele supre uma importante necessidade. Em mercados maduros, na Europa Ocidental, é cada vez mais eficaz aumentar a lealdade dos *shoppers* atuais do que atrair novos clientes. Com base na minha experiência, 90% das análises de *trade marketing*, que antes se baseavam em dados de painéis tradicionais, são fáceis de construir com sistemas de cartão fidelidade. O Quadro 8.2 resume os benefícios do cartão fidelidade que não são oferecidos pelos dados de painéis. Além disso, os varejistas descobriram maneiras de contornar algumas das desvantagens dos dados de cartão fidelidade. Por exemplo, a Tesco calcula o gasto de seus *shoppers* com base na diferença entre a ingestão média de alimentos por indivíduo e a quantidade de calorias que o *shopper* típico compra em suas lojas. O sonho dos *trade marketers* é ter acesso a um portal que combine dados de painel com dados de cartão fidelidade. Outro aspecto útil é que o *software* de cartão fidelidade não raro oferece uma visão dos dados digitalizados do varejista e dos dados do cartão fidelidade (embora, o ideal do *trade marketer* seja comparar com facilidade essa perspectiva com o que acontece em outros varejistas).

Quadro 8.2 – Comparação do cartão fidelidade com outros dados para análise de trade marketing

Fonte de Dados	Aplicação	Vantagens	Desvantagens
PAINEL DE VAREJO (Nielsen, IRI)	• Visão geral do histórico de vendas da categoria, marca e formato de varejo • Visão geral dos indicadores de desempenho: preço, distribuição, espaço de prateleira, volume promocional (incremental)	• Amostra robusta para rastreamento contínuo • Desdobrado por região e marca de varejo • Explicação das mudanças na loja, p. ex., espaço de prateleira	• Geralmente não pode isolar a causa da mudança fornece apenas uma causa indicativa, em razão da falta de dados no nível de lojas e de *shoppers* individuais • Também abrange compras feitas por empresas e instituições
PAINEL DE DOMICÍLIO (GfK, TNS)	• Perfil das características sociodemográficas do *shopper* e do comportamento de compra • *Origem do faturamento* (incremental) • Visão geral do comportamento de compra por entre os canais (inclusive on-line) e os varejistas	• Atualização oportuna de dados retrospectivos do *shopper* • Gera *insights* sobre os gastos do *shopper*-alvo do varejista, em outras redes de varejo	• A amostra é, geralmente, pequena demais para marcas pequenas, para cadeias de lojas pequenas e para categorias com baixa penetração • Os participantes do painel tornam-se atípicos com o passar do tempo, por conta da autoconscientização do comportamento de compra • A qualidade dos dados depende da exatidão do escaneamento • A cobertura pode ser baixa durante as férias e para categorias com consumo direto (p. ex., petiscos)
CARTÃO FIDELIDADE	• Rastreamento detalhado do comportamento de compra, até o nível de lojas e *shoppers* individuais • Segmentação dos *shoppers* • Elasticidade do preço • Árvore de decisão • Origem do faturamento (incremental)	• Amostra robusta para cada item avulso, também para marcas e categorias pequenas, com baixa penetração • Avaliação de lançamentos e promoções de produtos, logo depois de ocorrerem • Planos de ação e experimentos no nível de loja • Marketing direto com base em comportamentos em vez de com base (apenas) em dados sociodemográficos • O fornecedor compreende e fala a língua do cliente (varejista)	• Se os *shoppers* da marca de varejo são atípicos, os dados não podem ser usados para conclusões em nível de país • Dados retrospectivos se tornam antigos • Desconhecimento de quanto os *shoppers* gastam em lojas concorrentes • Aquisições perdidas se o cartão não for apresentado no caixa de pagamento; por exemplo, compras rápidas em lojas de conveniência ou compras institucionais

◢ A implementação de cartões fidelidade pelos varejistas

Apesar do sucesso de varejistas como a Tesco, na conversão do seu investimento no programa do cartão fidelidade em benefícios financeiros, muitos varejistas parecem ignorar os dados gerados por essa ferramenta. Tem-se a impressão de que eles questionam a eficácia do programa ou hesitam em relação ao custo de gerar conjuntos de dados abrangentes, *software* adequado e equipes de análise de dados eficazes. Alguns varejistas têm cartão fidelidade, mas se limitam a aplicações operacionais dos programas de fidelidade, como gerar ofertas especiais personalizadas. São exemplos de tipos mais estratégicos de questões analíticas a serem formuladas:

- ▶ Quais itens são mais sensíveis ao preço?
- ▶ Qual é o preço ideal para cada um dos produtos?
- ▶ Quais são as razões para comprar numa loja ou num momento específico? (Pense em compra semanal, busca de pechinchas, complementação de produtos frescos, como leite e pão, e procura pelo jantar da noite.)

A narrativa de dois casos talvez ajude a esclarecer a diferença entre aplicações operacionais e estratégicas. Um colega da PepsiCo, que tinha parceiro, mas não tinha filhos, certa vez comprou um pacote de fraldas para um primo e recebeu ofertas especiais de fraldas durante um ano. Outra vez, pensei que o meu supermercado usual tinha selecionado cuidadosamente um vidro de molho para massa italiana, como oferta especial para mim, só para descobrir, no dia seguinte, no escritório, que todos os meus colegas haviam recebido a mesma oferta. Para cada varejista, o mapa de implementação é diferente. Recursos internos, desafios de mercado e situações competitivas levam a diferentes considerações e abordagens. Vejamos dois exemplos das idas e vindas de varejistas nas tentativas de desenvolver um programa de cartão fidelidade.

ESTUDO DE CASO | SAINSBURY'S, NO REINO UNIDO

Até 2007, a Sainsbury's mal explorava os dados do cartão fidelidade, apesar do lançamento do cartão Nectar, em 2002. O supermercado basicamente usava o acesso que o sistema lhe fornecia, para gerar informações de contato com os *shoppers*. Por meio de campanhas de marketing direto, os *shoppers* recebiam ofertas pessoais, que nem sempre eram precedidas de *insights* sobre o que precisavam, com base em análises do que compravam. As ocorrências eram poucas e os fornecedores mal colaboravam com a Sainsbury's para converter dados em *insights*. Esses poucos resultados significavam que o processo não era de modo algum fluente nos primeiros anos do programa. Primeiro, o supermercado não estabeleceu metas que exigissem o uso de dados para a equipe de gestão de categorias. Em consequência, os membros da equipe pouco se sentiram envolvidos no processo. Segundo, somente 15% do total do conjunto de dados sobre os *shoppers* foi usado. Isso talvez tenha sido, no começo, um método de aprendizado eficiente, mas os *insights* detalhados decorrem do conhecimento do que acontece com cada cliente, em cada loja. Além disso, a Sainsbury's ofereceu poucos recursos para o projeto – como somente um analista. E, por isso, dependia intensamente de uma agência de pesquisa mais tradicional, TNS.

As agências de pesquisa tradicionais geralmente têm dificuldade em desenvolver *softwares* para processar a ampla variedade de dados não estruturados e em adquirir *expertise* para converter os dados em benefícios reais paras o varejista. Em 2007, Sainsbury's rompeu o relacionamento com TNS e entregou os dados para uma empresa denominada LMG, na época (depois, renomeada Groupe Aeroplan e, desde 2009, tem o nome de AIMIA). Essa escolha se revelou exitosa. Em um ano, a Sainsbury's começou a aplicar intensamente *insights* extraídos dos dados, e centenas de fornecedores se associaram na exploração desses dados. A colaboração entre a Sainsbury's e a LMG resultou em novas ideias, como cupons de desconto nos caixas de pagamento e ofertas especiais via smartphones.

 ESTUDO DE CASO | ALBERT HEIJN, NOS PAÍSES BAIXOS

A Albert Heijn foi uma das precursoras dos programas de cartão fidelidade nos Países Baixos. Em 1994, no mesmo ano em que a Tesco deu o pontapé inicial em seu próprio programa, a Albert Heijn se associou a Shell e outros varejistas para constituir o programa Airmiles. Quando comecei a trabalhar na Albert Heijn, em 1996, a administração do programa era atribuição do departamento de comunicação. Essa talvez tenha sido uma das razões de não se ter dado muita atenção à prospecção de dados sobre o comportamento dos *shoppers*, e de se ter focado muito mais o desenvolvimento de campanhas com outros parceiros do programa Airmiles, para estimular o acúmulo e aplicação de pontos Airmiles.

Além do cartão Airmiles, a Albert Heijn lançou seu próprio cartão fidelidade, Bonuskaart, em 1998. Entretanto, poucas foram as extrações de dados e as aplicações dos *insights* assim obtidos com o propósito de gerar resultados para o negócio. Um forte sentimento de autoconfiança sempre foi parte da cultura da Albert Heijn, e esse traço os impediu de recorrer a agências externas. Assim, embora aumentasse a massa de dados coletados, não se definia com clareza quais eram os propósitos desse acúmulo. Alguns acontecimentos, porém, levaram a uma (re)avaliação da importância dos dados fornecidos pelos cartões fidelidade. Depois de *profit warnings*, em 2002, avisando aos acionistas que os resultados não corresponderiam às expectativas iniciais, o crescimento da matriz da Albert Heijn, Ahold, sofreu paralização abrupta, por força de mais de 50 aquisições, executadas sob a liderança do CEO Cees van der Hoeven. Em 2003, a Ahold anunciou que a sua empresa operacional, US FoodService, cometera fraude. Além disso, infringira normas contábeis na gestão de suas propriedades varejistas, na Escandinávia e na América do Sul (as famosas *side letters*).

A Ahold vendeu muitas de suas operações no exterior, e as equipes da Ahold e da Albert Heijn, nos Países Baixos, concluíram que o crescimento futuro teria de advir mais dos *shoppers* atuais em vez da compra de cadeias de varejo no exterior. O segundo evento importante ocorreu quando os *shoppers* decidiram boicotar a Albert Heijn, durante um dia, em 2003, em protesto contra a remuneração do novo CEO da Ahold, Anders Moberg. A perda de uns 5% de seu faturamento semanal advertiu a Albert Heijn de que os *shoppers* leais podem opinar de outras maneiras. Sua arma de preço por fim tornou-se menos eficaz, depois de sucessivas guerras de preços, durante muitos anos. Em 2003, a Albert Heijn iniciou uma guerra de preços nos Países Baixos, que durou até 2006. Os *shoppers* ganharam com os preços muito mais baixos, e a Albert Heijn ficou satisfeita com a reconquista de *market share*. Outras consequências foram o colapso da cadeia de varejo Laurus, a perda de valor na cadeia de suprimentos total e a deterioração da colaboração com os fornecedores. Uma nova guerra de preços aconteceu em 2009, mas, dessa vez, o impacto sobre os *shoppers* foi menor.

Essa breve sinopse da história da Ahold ajuda a explicar por que tão pouco se raciocinou sobre a análise estratégica dos dados do cartão fidelidade. Um leitor crítico poderia questionar por que a Albert Heijn não aplicou o conhecimento angariado pelos cartões fidelidade, em 2003, para reconquistar o coração dos *shoppers*, em vez de iniciar uma guerra de preços. Ou por que não se captaram os sinais emitidos pelos dados do cartão fidelidade, mostrando que, em 2003, os *shoppers* haviam reduzido seus gastos na Albert Heijn. Contudo, em 2011, a empresa se concentrou mais no programa do cartão fidelidade. Naquele ano, a empresa decidiu procurar apoio externo e conduziu vários experimentos de pesquisa, com agências especializadas, como a EMNOS e a EYC. Em 2012, escolheu a EYC, com a qual já havia trabalhado nos Estados Unidos, como parceira no programa do cartão fidelidade. Desde então, a EYC compôs uma equipe de pesquisa para orientar a Albert Heijn, com base nas descobertas propiciadas pelos dados do cartão fidelidade. O compartilhamento de dados com os fornecedores é raro. Mesmo nos últimos anos, a jornada não tem sido fácil para a Albert Heijn. No começo de 2012, a empresa anunciou que passaria a remeter ofertas pessoais para um milhão de detentores do Bonuskaart. Nove meses depois, a iniciativa perdeu a força quando se descobriu que ela poderia infringir a legislação dos Países Baixos sobre privacidade.

Com base nesses estudos de caso, podemos identificar numerosas razões possíveis para os varejistas não explorarem os benefícios do cartão fidelidade, mesmo que já tenham implementado um programa:

- ▶ A agência parceira (de pesquisa) tem pouca *expertise* em *softwares* de cartão fidelidade e/ou *insights* de varejo.
- ▶ Não liberação de recursos internos suficientes.
- ▶ Falta de mentalidade para prospecção de dados.
- ▶ Não atribuir a execução do programa a uma equipe de *insights* de varejo.
- ▶ Foco da alta administração no curto prazo.
- ▶ O crescimento já é promovido por outros meios, como, por exemplo, expansão geográfica.
- ▶ Medo de infringir a legislação sobre privacidade.

◢ Consequências da implementação de cartões fidelidade para os fornecedores

Muitos varejistas envolveram os fornecedores na análise, planejamento e implementação dos programas de cartão fidelidade.

Certamente, isso ajuda a pagar parte do investimento, quando os fornecedores pedem *softwares* e dados do varejista e das agências de pesquisa. Eu também diria que o compromisso dos fornecedores é indispensável, uma vez que eles, em geral, têm mais *expertise* quando se trata de categoria, e dispõem dos recursos para mergulhar direto nos desafios da categoria. Contudo, os fornecedores efetivamente assumem riscos, quando participam de programas de cartão fidelidade do varejista. Com base em minha experiência introduzindo esses programas em dez países europeus, vejo um padrão na maneira como evolui a colaboração. Cada fase do relacionamento – experimentação, lua de mel, colheita, integração – oferece riscos e oportunidades para a colaboração entre o varejista e o fornecedor:

⇢ Experimentação

Para começar, o varejista precisa preparar a retaguarda completa, ou seja: coletar e armazenar cada uma das transações de pagamento por *shopper*. A agência de pesquisa (por exemplo, Dunnhumby ou EMNOS) segmenta os dados no nível do domicílio. Isso pode basear-se em simples métricas de visita, como frequência das viagens e tamanho do domicílio, ou a agência pode adotar uma segmentação mais complexa, como estilo de vida, categoria atual e gastos com o produto. Junto com o consultor, os varejistas definem alguns projetos que oferecem novos *insights* sobre alguns dos desafios com os quais se defronta o varejista. Um exemplo desses desafios é identificar os domicílios que aumentaram seu grau de lealdade durante uma importante campanha promocional, e se o comportamento de seus membros mudou permanentemente depois do fim da campanha. Ou os domicílios que reduziram seus gastos depois que os concorrentes abriram uma nova loja no mesmo bairro. Além disso, o varejista identifica os problemas comerciais de cada nível de categoria que voltam a se manifestar de maneira regular, os quais serão abordados em relatórios específicos, no futuro *software*. No fim dessa fase, o varejista frequentemente convida aproximadamente três fornecedores. Assim, o varejista pode ver se o *software* funciona em diferentes ambientes. Por exemplo, quando o Casino, na França, começou a trabalhar com um *software* da Dunnhumby, o intervalo entre a formulação da questão analítica no *software* e a entrega do relatório pela internet foi considerável. Os fornecedores convidados geralmente ficam satisfeitos de estarem entre os poucos felizardos, uma vez que recebem os dados de maneira individualizada, gratuitamente, e têm a oportunidade de resolver um problema da categoria, com a ajuda de um novo método. A fase de partida envolve analistas de categoria e gerentes de contas, que dediquem muito tempo à análise dos dados e a reuniões do projeto; mas isso também lhes permite fortalecer o relacionamento com o varejista. A fase experimental se estende por aproximadamente três anos, para o varejista, e por volta de seis meses, para o fornecedor. Alguns varejistas, como o Carrefour, preferem analisar os dados, exaustivamente, antes de disponibilizá-los para os fornecedores. Outro fator é o treinamento para os gerentes de categoria. Se os varejistas sempre adotaram um modelo de conflito em suas negociações com os fornecedores, o avanço para o compartilhamento de dados exige uma mudança drástica no estilo de trabalho dos gerentes de categoria. De início, os gerentes de categoria precisam negociar, com base em fatos, em vez de na base do poder. A alta administração do varejista precisa garantir a alocação de tempo suficiente para o treinamento.

···→ Lua de mel

Até agora, o varejista assumiu todos os custos do sistema e da consultoria, e acha que chegou a hora de repassá-los aos fornecedores. O varejista convida novos fornecedores a participar do programa e, frequentemente, o primeiro grupo de parceiros da fase experimental mantém-se comprometido. Diretores de vendas dos fornecedores se apressam em se inscrever, ao se darem conta de que o programa oferece a chance de melhorar a reputação das atividades de *trade marketing* da empresa. Todavia, o varejista só registrará os fornecedores que concordarem em pagar pelo *software*, pelos dados e pelo programa de consultoria. A agência de pesquisa acalma o fornecedor com um desconto para o primeiro ano. Geralmente, o varejista constitui uma *joint venture* com a agência de pesquisa, e cada um fica com 50% do lucro.

Em retrospectiva, reconheço que cometi grandes erros 20 anos atrás. Essas decisões/ações estavam certas na época, porque trabalhei com as informações e as tecnologias mais recentes. Contudo, com as pesquisas e tecnologias disponíveis atualmente, eu poderia ter agido muito melhor, em 1995. Quando experimentei, em primeira mão, o poder do *software* do cartão fidelidade, logo percebi a variedade de problemas de categoria com os quais aquela ferramenta podia lidar e quantas decisões erradas eu provavelmente havia tomado no passado, induzido pelas tecnologias da época. Durante a fase de lua de mel, o varejista e o fornecedor estão fazendo análises que podem ser aplicadas nas lojas, com relativa facilidade. Um exemplo é a análise de árvore de decisão que, tipicamente, aumenta de 5% a 8% o faturamento da categoria, mesmo em mercados saturados.

⤍ Colheita

Uma vez que tanto o varejista quanto o fornecedor veem um aumento significativo nas vendas e no lucro, a fase de lua de mel geralmente transcorre com suavidade para a fase seguinte. Agora, os fornecedores se inscrevem em mais categorias e em tipos de relatórios mais complexos, que extrapolam o contrato básico. Novos fornecedores assinam acordos com o varejista, para o compartilhamento de dados, de modo a aumentar o fluxo de faturamento oriundo das parcerias com fornecedores. Os departamentos de *trade marketing* dos fornecedores geralmente enfrentam pressões de tempo e, para eles, as escolhas são difíceis. O *software* de cartão fidelidade específico demanda tempo, que não pode ser dedicado a outros clientes ou fontes de dados. O orçamento para o programa também é um problema. Durante a fase experimental, não raro a sede europeia subsidia os acordos dos países. Surpreendentemente, na fase de lua de mel, muitas vezes as equipes de *brand marketing* levantam a questão do orçamento: elas veem oportunidades de curto prazo, como apressar-se na adoção de um produto recém-lançado. Contudo, nem a sede europeia, nem os *brand marketers* querem assumir o ônus contínuo e passam a bola para as equipes de *trade marketing* e vendas. Ao mesmo tempo, a diretoria dos varejistas impõe metas aos gerentes de categoria, estipulando o faturamento a ser gerado com o programa do cartão fidelidade, por meio dos fornecedores com quem negociam em suas categorias. Portanto, alguns gerentes de categoria só aceitam relatórios e análises que são produzidos com a ajuda do cartão fidelidade e se recusam a discutir relatórios desenvolvidos com base em outros dados, por mais valiosos e importantes que sejam esses relatórios. Dessa maneira, eles convertem os dados do cartão fidelidade em requisito para fazer negócios com o gerente de categoria. A melhoria do *software* exerceu forte impacto sobre a profundidade e a qualidade das conversas entre o varejista e o fornecedor. Muitos tópicos agora têm a chance de serem explorados, desde análises genéricas, até comportamentos de compra por região, para evidenciar que a inovação mais recente aumentou o faturamento e atraiu clientes para a categoria.

Integração

Na fase de integração, o jogo entre o varejista e o fornecedor fica mais relaxado. O gerente de categoria percebe que várias fontes de dados são necessárias para compreender a categoria e o *shopper*. Um exemplo são os dados do domicílio do consumidor, que mostra como o *shopper* distribui a receita entre certas categorias, abrangendo todos os varejistas. Para tanto, o fornecedor tem de estruturar melhor sua análise de dados e sua equipe de clientes. Ele faz escolhas esclarecidas sobre quantas e quais pessoas são liberadas para a análise dos dados de cartão fidelidade e encontra uma fonte permanente para o orçamento necessário. O tipo de questões analíticas muda. A ênfase se desloca da categoria e das vendas para o marketing e para a análise de cada loja. Por exemplo, o departamento de marketing desenvolve uma campanha nacional, de início pré-testando um novo produto em quatro lojas-piloto do varejista. Ou a equipe de marketing compara os efeitos de diferentes tipos de mídia, como outdoors, rádio, TV regional e mídia *in-store*, com a ajuda dos dados do cartão fidelidade. Quando eu trabalhava na Gillette, no Reino Unido, em 2004, eu admirava o nível de profissionalismo da força de vendas que mantinha relacionamentos com as lojas. A equipe de vendas da Gillette tinha acesso a relatórios sobre comportamento do *shopper* por loja, e analisava-os com o gerente geral. Os relatórios incluíam faturamento por loja e KPIs, como número de clientes, tipos de clientes, quantidade de visitas e gastos totais. Isso é muito diferente da prática comum, que consiste em focar a força de vendas em *merchandise*, coleta de informações e resultados de vendas de *displays* profissionais. Finalmente, alguns fornecedores encerram a colaboração com o varejista no cartão fidelidade ou renegociam o contrato.

Portanto, a agência de pesquisa introduz novos serviços, como venda de publicidade por loja, para manter o fluxo de faturamento crescente.

◢ Riscos

O fornecedor corre numerosos riscos com a compra e a integração de sistemas de cartão fidelidade. No começo, o varejista e a agência de pesquisa fazem concessões atraentes no preço; por exemplo, no primeiro ano, oferecem um desconto de 15% ou a disponibilidade gratuita de uma segunda categoria. Esses benefícios se extinguem aos poucos, até que, finalmente, os descontos são reduzidos e as melhorias nas ofertas de consultoria só são acessíveis a um custo adicional para o fornecedor – por exemplo, dados em nível de loja, divisão por submarca e relatórios adicionais.

O segundo risco é que a compra de dados de cartão fidelidade, em vez de dados da Nielsen, IRI, GfK e TNS, não é possível ser feita sem contrapartidas: o varejista conta com os fluxos de faturamento anuais oriundos dos programas de cartão fidelidade. Na França, aprendi que os gerentes de categoria exercem forte pressão sobre os gerentes de contas, querendo que assinem novos contratos de cartão fidelidade, sob ameaça de reduzir o número de eventos promocionais ou de diminuir o mix, se não concordarem.

Um terceiro risco é a transparência completa das análises para o varejista. Como todos os levantamentos para análises são feitos pela internet e os relatórios resultantes são armazenados em servidores centrais, os varejistas podem ver exatamente as análises realizadas pelo fornecedor e quais são os resultados. Mais uma vez, isso enfatiza a importância de manter o *trade marketing* tão objetivo e independente quanto possível.

Finalmente, há um risco muito específico. A Dunnhumby é subsidiária da Tesco, mas também atua como agência de pesquisa em vários países, para varejistas como Casino, na França; Kroger, nos Estados Unidos; e Gruppo PAM, na Itália. Se um fornecedor compartilhar informações sobre seu marketing ou estratégia de clientes com a Dunnhumby, essas informações, por vias indiretas, estarão disponíveis para a Tesco. É isso que o fornecedor quer? Esse problema foi sobremodo relevante para fornecedores nos Estados Unidos, quando a Tesco operava como varejista, com o seu *banner* Fresh&Easy, de 2006, até retirá-lo dos Estados Unidos, em 2013. Não sei ao certo se a legislação sobre concorrência tem uma resposta para isso. Um varejista que contrata os serviços de outro varejista tem liberdade de escolha; contudo, o fornecedor que trabalha com uma agência de pesquisa para melhorar o relacionamento com um varejista está indiretamente ligado a outro varejista.

Para evitar os riscos mencionados anteriormente, tenho algumas sugestões que possibilitarão aos varejistas e fornecedores colaborar em programas de cartão fidelidade:

- ► Focar o médio e longo prazo e não mergulhar nos dados do cartão fidelidade de maneira impulsiva. Estimar os níveis de faturamento e de investimento por ano. Um fornecedor pode ampliar o investimento, por exemplo, em termos de número de categorias ou serviços passo a passo, para ter algo em que respaldar-se, caso o retorno do investimento seja mais baixo do que o esperado.

- ► Tornar o investimento transparente. Os fornecedores devem alocar os custos relacionados ao cliente nos demonstrativos de resultados e transferir os custos dessas atividades para o marketing, já que contribuem para a construção da marca em nível nacional.

- ► Fornecedores e varejistas devem estabelecer, no começo de cada ano, os tópicos que querem abordar e investigar com dados do cartão fidelidade. Decisores de várias funções, de ambos os lados, devem reunir-se num workshop, facilitado pela agência de pesquisa.

- ► Estimular a aplicação de dados e a transferência de melhores práticas entre departamentos, no varejista e no fornecedor.

Os resultados da análise do cartão fidelidade não são apenas uma vitória em nome do departamento de vendas. É melhor envolver, desde o início, o departamento de marketing do fornecedor, para que a aplicação dos dados ocorra da maneira mais abrangente e profunda possível.

▶ Fornecedores internacionais podem recorrer aos colegas no exterior para o *benchmarking* do preço e dos serviços da agência de pesquisa.

▶ Avaliar a análise e o processo de colaboração de maneira regular, tanto com o varejista quanto com a agência de pesquisa.

▶ Caminhar, antes de correr. Talvez para algumas organizações, as quatro fases pareçam estruturadas demais. Nesse caso, basta lembrar que não é preciso fazer tudo ao mesmo tempo.

▶ Não tornar o programa do cartão fidelidade pequeno demais ou grande demais:

– Pequeno demais? A alta administração dos varejistas era muito ambiciosa quanto ao que poderia ser alcançado com os cartões fidelidade, mas os gerentes de categoria mantiveram a rotina de negócios, decidindo com base na intuição e na experiência. Eles ignoraram categoricamente o programa do cartão fidelidade: uma oportunidade perdida.
– Grande demais? Outros varejistas mudaram completamente o seu relacionamento com os fornecedores, depois de lançar o programa do cartão fidelidade: tudo tinha de ser desenvolvido e analisado com a ajuda dos dados do cartão fidelidade. Outra oportunidade perdida.

ESTUDO DE CASO | COOP NORWAY

Na convenção Shopper Insights, de 2012, em Amsterdã, Geir Jostein Dyngeseth, da Coop Norway, e David Ciancio,

da Dunnhumby, apresentaram os resultados práticos de seus dados do cartão fidelidade. Coop tentou atrair os *shoppers* para as suas lojas, com três promoções na primeira página
das ofertas da semana, mostrando principalmente, produtos secos. A iniciativa exerceu pouco efeito sobre os *shoppers* leais. Coop expandiu o número de ofertas para oito e incluiu mais produtos frescos. Em consequência, 68% mais *shoppers* compraram os produtos em promoção, e o valor total da jornada de compra aumentou em 8%. Coop também usou o cartão fidelidade para otimizar seus planogramas. Os dados do cartão mostraram que os noruegueses compram batatas fritas com base no sabor e se importam menos com a marca. Um novo planograma, com blocos de sabor, resultou em 6,5% de mais *shoppers*, 23% de mais itens por viagem e um faturamento incremental de 4% da categoria.

 O QUE FAZER PARA DEIXAR OS *SHOPPERS* FELIZES?

O cartão fidelidade ajuda os varejistas a conhecer melhor os *shoppers* e a ajustar suas ofertas de produtos, promoções, serviços e experiências às características de cada *shopper*.

Os programas de fidelidade devem parecer especiais e confiáveis, sem quaisquer preocupações com a privacidade. Os *shoppers* apreciam recompensas e gostam de demonstrações de gratidão por sua lealdade.

Os *shoppers* devem receber apenas promoções e sugestões relevantes e personalizadas de um novo mix de produtos e novos serviços.

QUAIS ESTRATÉGIAS DE MARKETING OS VAREJISTAS PODEM USAR?

Assumir a propriedade dos dados digitalizados e do cartão fidelidade proporciona aos varejistas mais controle sobre a cadeia de valor. Conceder aos fornecedores acesso aos dados deve ser avaliado como parte de um plano estratégico de gestão de fornecedores.

Os dados, o *software* e a capacidade de extrair *insights* podem tornar-se um negócio à parte, pelos próprios méritos. O varejista pode desenvolver serviços remunerados para fornecedores e para varejistas não concorrentes. O conhecimento dos *shoppers* pode gerar novos negócios, como serviços bancários e viagens, a serem operados com ou sem parceiros.

O cartão fidelidade capacita os varejistas a compreender as motivações dos *shoppers* de maneira mais abrangente e eficiente, para serem mais responsivos e não entrarem em guerras de preços.

Os programas de cartão fidelidade são mais atraentes em mercados maduros, nos quais os varejistas têm dificuldade em conquistar novos clientes por meios convencionais, como pela expansão de lojas.

Os *insights* gerados pelo programa do cartão fidelidade ajudam os varejistas a acelerar sua estratégia de inovação e superar os concorrentes.

CAPÍTULO

9

TORNANDO O
BIG DATA DIGERÍVEL

O CAPÍTULO 7 mostrou que as decisões de varejo, como o tamanho do mix de produtos, devem ser fundamentadas em pesquisas. As ferramentas para a análise de dados de varejo estão avançando cada vez mais. No Capítulo 8, forneci um resumo das melhores práticas adotadas por varejistas, como a Tesco, para se conectarem melhor com as necessidades dos *shoppers*, por meio de dados de programas do cartão fidelidade. Neste capítulo, examino uma das abordagens mais avançadas: a análise de *big data*.

No início da minha carreira, a empresa de pesquisas Nielsen me fornecia relatórios de mercado impressos. Embora os relatórios mostrassem apenas indicadores básicos, como distribuição numérica e vendas unitárias, com uma periodicidade de dois meses, eu achava que aquilo envolvia muitos dados. Agora, os mesmos relatórios estão disponíveis semanalmente abrangendo dimensões muito mais amplas. O formato eletrônico permite aos usuários segmentar e apresentar os dados como considerarem mais adequado. A quantidade de dados disponíveis para os decisores aumentou exponencialmente: além dos dados digitalizados, há os oriundos de cartões fidelidade, painéis de consumidores, relatórios setoriais, estabelecimentos, pesquisas específicas e mídias sociais. Não há dúvida sobre isso: os relatórios com os quais trabalhava em meados da década de 1990 eram insignificantes em comparação com o *big data* de hoje.

◢ O que é *big data*?

A Morrinsons usou *big data* ao rastrear carrinhos de compra para otimizar o layout de suas lojas; a Procter & Gamble (P&G) usou *big data* ao criar o Vocalpoint, site de economia doméstica. Ambos realizaram experimentos para compreender melhor o *shopper*, o que resultou em grande quantidade de dados. Porém, hoje em dia, volumes ainda maiores de dados fluem on-line, com interações em mídias sociais, como Facebook e Twitter, pesquisas no Google e compras on-line. O termo *big data* é usado para designar:

- Dados que emergem em grandes quantidades. Não é relevante descrever o que é grande ou de quantos terabytes estamos falando, porque o *big data* aumenta a cada minuto. Por exemplo:
  − Em 2007, no YouTube, era feito o *upload* de cerca de seis horas de vídeo a cada minuto. Em 2012, esse volume aumentou para 60 horas; agora, esse número já é superior a 100 horas por minuto.[1]
  − O Twitter processa um bilhão de tweets por hora.
  − O Walmart processa 200 milhões de transações por semana.[2]
- Dados que não estão estruturados. As organizações coletam dados de muitas fontes e em muitas formas, como vídeo, áudio, números e textos. Dados não estruturados não são completamente novos. No passado também havia dados não estruturados, mas os varejistas não eram capazes de analisá-los. A novidade é que as formas e as fontes dos dados tornam-se cada vez mais numerosas. Agora, podemos começar a analisar 80% dos dados que as organizações mantêm de maneira não estruturada.

---

[1] YOUTUBE. About YouTube, 2015. Disponível em: <https://www.youtube.com/yt/about/>. Acesso em: 22 jul. 2015.

[2] WALMART. *Walmart U.S. Reports Best Ever Black Friday Events*. 23 nov. 2012. Disponível em: <http://news.walmart.com/news-archive/2012/11/23/walmart-us-reports-bestever-black-friday-events>. Acesso em: 22 jul. 2015.

▸ Dados que surgem a qualquer momento, com rapidez, a intervalos irregulares. Já se foram os tempos em que esperávamos as reuniões mensais para discutir os números de vendas ou para analisar as tabelas de auditoria bimensais da Nielsen. Os relatórios de vendas são entregues em tempo real. *Insights* gerados pela análise do cartão fidelidade emergem em poucas horas ou dias.

▸ Dados que são complexos e incluem tantas variáveis que é impossível detectar as relações entre eles, sem uma análise profunda. Ficou difícil para as organizações julgar quem precisa de quais partes dos dados disponíveis.

Portanto, o *big data* é tão grande, tão complexo e não estruturado que os sistemas de gestão de bancos de dados normais não são capazes de armazená-lo nem de analisá-lo. Os *shoppers* podem receber informações demais; os gestores também enfrentam dificuldades. Na época em que viveu o gráfico Johannes Gutemberg, no século XV, por exemplo, as pessoas poderiam se dizer capazes de ler todos os livros que já tinham sido impressos em seu próprio idioma. Hoje, a quantidade de informação é grande demais. Uma pesquisa de Neuman, Park e Panek mostra que os cidadãos americanos recebem 884 vezes mais conteúdo de mídia do que a quantidade de minutos disponíveis para consumo.[3] Os varejistas precisam desenvolver sistemas e processos para converter essas grandes quantidades de dados não estruturados em *insights* de comportamento de compra:

▸ Em 2003, uma equipe de pesquisadores da Accenture mostrou o que era possível fazer com grandes conjuntos de dados transacionais de um varejista dos Estados Unidos.[4] Eles cons-

---

[3] NEUMAN, W.; PARK, Y.; PANEK, E. Tracking the flow of information into the home: an empirical assessment of the digital revolution in the United States, 1960-2005. *International Journal of Communication*, 2012. Disponível em: <http://ijoc.org/index.php/ijoc/article/viewFile/1369/745>. Acesso em: 22 jul. 2015.

[4] CUMBY, C.; FANO, A.; GHANI, R.; KREMA, M. Predicting Customer Shopping Lists from Point of Sale Purchase Data. *ACM*, 2003. Disponível em: <http://rayidghani.com/publications/kdd2004.pdf>. Acesso em: 22 jul. 2015.

truíram um modelo a ser usado para prever quais produtos cada *shopper* comprará durante uma jornada de compra. Uma aplicação dessa informação é que o smartphone ou o *hand-scanner* do *shopper* mostra, no início da viagem, a provável lista de alimentos, bebidas e produtos de limpeza a serem comprados. Durante a jornada de compra, o *shopper* recebe sugestões, ao percorrer os corredores em que estiverem os produtos da lista. O estudo mostra que os supermercados podem aumentar o faturamento em 11%, ao lembrar aos *shoppers* os produtos de que talvez tenham se esquecido de comprar. Prospectar os dados e descobrir as relações causais profundas é essencial para compreender o *shopper*. (Como observação à parte, um dos pesquisadores, Rayid Ghani, foi contratado posteriormente por Barack Obama, como cientista-chefe do projeto Dream Catcher. A sondagem dos dados sobre os sonhos compartilhados pelo público sugeriu à equipe de campanha de Obama os argumentos a serem usados em cada evento e nos *Swing States*. A análise de *big data* foi um fator importante para a reeleição de Barack Obama como presidente dos Estados Unidos, em 2012.)

▶ O varejista de produtos eletrônicos, BestBuy, mudou suas lojas depois que as análises de dados mostraram que 7% dos *shoppers* geravam 43% do faturamento.

▶ O Walmart tem sempre o cuidado de dispor de estoques suficientes de pilhas e lanternas, quando começa a estação de furacões. Uma análise mais profunda mostrou que os *shoppers* também compram um certo conjunto de outros produtos, como barras de cereais, que são convenientes e nutritivas, para o caso de o furacão dificultar a ida às lojas durante algum tempo.

◢ **Drivers do *big data* no varejo**

Um bom plano começa com informação. Ficou menos dispendioso obter e armazenar informação, e novas tecnologias permitem aos varejistas usar a informação com mais rapidez e mais conveniência. Os sistemas ERP conectam dados de diferentes áreas funcionais, como marketing e logística. Bons *softwares* de *business intelligence*, os chamados BIs, destravam os *insights*. O setor de varejo dispõe de excelentes condições para beneficiar-se das tendências de *big data*. O canal de logística está equipado com sensores que geram um fluxo contínuo de dados sobre produtos recebidos e expedidos. Os varejistas de alimentos, bebidas e produtos de limpeza recebem muitos clientes por dia, o que acarreta muito mais detalhes sobre as transações, como tipos de produto, momento da compra e métodos de pagamento. Alguns varejistas tradicionais, como empresas de venda pelo correio, sempre tiveram interesse profundo em conhecer tudo sobre seus *shoppers*. Esses varejistas foram alguns dos primeiros a ver os benefícios do *big data*, além de instituições financeiras, empresas de cartão de crédito, operadoras de telefonia móvel e seguradoras. A internet e as mídias sociais, como Facebook e Twitter, deflagraram uma revolução ao tornar as informações sobre *shoppers* amplamente disponíveis para as empresas. Também capacitam os *shoppers* a transformar-se de compradores passivos para compradores ativos. Para tanto, os varejistas precisam não só oferecer informações e rastrear comportamentos, mas também responder às críticas e sugestões. Os *shoppers* pesquisam e discutem sobre todas as empresas e marcas em blogs e em outras plataformas digitais, quaisquer que sejam os seus produtos, como cosméticos, artigos de limpeza, alimentos frescos, e assim por diante. Com a ajuda de smartphones, os *shoppers* podem dizer ao varejista o que acham da loja e de seu mix. Varejistas e fornecedores podem ler nas mídias sociais o que os *shoppers* acham de suas campanhas publicitárias e usar esses dados para ajustá-las. Não são apenas as atividades de negócios e os programas de marketing em curso que formam o *big data*: os varejistas podem desenvolver experimentos que aceleram o fluxo de dados. Eis dois exemplos:

▶ Em duas lojas Morrinsons, no Reino Unido, os carrinhos de compras foram rastreados com a ajuda de identificação por radiofrequência (Radio-Frequency Identification – RFID). Daí resultaram muitas informações, como tempo de procura, caminhos de compra e taxas de conversão. Ao comparar lojas e fazer pequenos experimentos, a Morrinsons otimizou o layout das lojas. Por exemplo, remanejar categorias pode levar a caminhos de compra mais longos, reduzir o tempo para encontrar determinados produtos na categoria ou aumentar a variedade de categorias no carrinho de compras.

▶ Na convenção Shopper Insights in Action, de 2012, a Metro romena mostrou como ajusta continuamente a localização das categorias, com base em gravações de vídeo. Por exemplo, descobriu que é mais importante colocar categorias conexas próximas umas das outras (por exemplo, leite em pó com café), como direcionadores de tráfego, do que aumentar a visibilidade das categorias, dispondo-as no começou ou no fim dos corredores. Com base nesses experimentos, a Metro concluiu que as vendas são maximizadas quando as marcas principais, como Coca-Cola, são colocadas no nível do chão, nas extremidades de gondolas promocionais.

Embora os fornecedores tenham menos oportunidades de interações diretas com todos os consumidores finais, e recebam massas de dados, eles podem buscar as próprias maneiras de gerar programas de *big data*. Por exemplo, a P&G lançou o site Vocalpoint. Com sugestões sobre viagens com as crianças, culinária e finanças, a P&G estimula discussões entre mais de 500.000 usuários. Isso oferece à P&G novas perspectivas sobre seus segmentos e, especialmente, sobre seus fãs mais leais. No site, a P&G investiga como melhorar as mensagens de suas campanhas de publicidade. Em seguida, oferece aos leitores amostras, cupons de desconto e enquetes. A P&G mede os efeitos de suas campanhas, observando a amplitude com que as notícias sobre produtos são compartilhadas e analisando as taxas de resgate dos cupons de desconto na compra seguinte.

◢ Novos caminhos para deixar o *shopper* mais feliz

O *big data* pode ser aplicado de tantas maneiras, que as empresas talvez até subestimem sua velocidade e impacto. A tecnologia cria condições para que os varejistas influenciem as decisões de compra em qualquer momento da transação. Ao visitar meu *garden center* local, tive uma surpresa positiva, quando um empregado me informou, depois de uma consulta rápida no seu terminal de mão, sobre o estoque remanescente e o tempo de pedido de guarda-sóis. A loja de games Gamestop, dos Estados Unidos, usa um *software* de *checkout* que mostra as transações mais recentes, na passagem pelo caixa. Esse recurso capacita os funcionários a lembrar o *shopper* de comprar vídeos ou jogos para membros da família. O preço é, em geral, a principal preocupação dos varejistas e um dos principais fatores que, rapidamente, pode comprometer a experiência positiva do *shopper*. Por exemplo, os blogs estão cheios de queixas de *shoppers* sobre sites de viagens que oferecem a mesma passagem de avião por preço mais alto na segunda vez em que o destino é pesquisado on-line. É difícil para os *shoppers* perceber quando um varejista on-line, como a Amazon.com, aplica precificação personalizada. As lojas físicas podem agir da mesma maneira com a ajuda de cupons personalizados, mas a tática dificilmente será aceita se o varejista aumentar os preços nos dias e horários mais congestionados da semana.

O *big data* oferece oportunidades para conhecer melhor o *shopper* e otimizar a oferta de produtos. De fato, é possível converter as informações coletadas em produtos. Quando os *shoppers* incluem *reviews* no site do varejista, eles contribuem para a experiência de serviço de outros *shoppers*. As novas tecnologias e o *big data* possibilitam a cocriação pelos *shoppers*: eles podem participar das fases de desenvolvimento e produção e ajudar na decisão sobre a aparência do produto. A empresa automobilística BMW convidou os clientes a participar da construção do carro do futuro, em seu laboratório de cocriação on-line. Os varejistas, da mesma maneira, podem convidar os *shoppers* para contribuir no desenvolvimento de novos serviços. Com todas as suas possíveis aplicações e benefícios, o *big data* exige robusta visão de marketing e uma abordagem estratégica à pesquisa de mercado e à tecnologia da informação. Contudo, os investimentos necessários são significativos e nem sempre acessíveis em tempos de crise financeira e de queda na atividade econômica. Felizmente, vários estudos mostram que o *big data* leva a decisões mais eficazes e a retornos mais altos[5]:

▸ Em 2011, Brynjolfsson, Hitt e Kim demonstraram que as empresas que usam dados e análises de negócios são de 5 a 6% mais produtivas e têm valor de mercado mais alto. Eles lançaram o termo *data-driven decision making* (DDD), ou seja, "tomada de decisão baseada em dados", para descrever a técnica de aplicar dados para a criação de novos produtos e para a tomada de decisões em toda a organização.

▸ De acordo com estimativa da McKinsey, em 2011, a coleta e a aplicação de *big data* resultam em aumento da produtividade anual de 0,5% a 1%.[6]

▸ A importância do investimento em TI e em *softwares* de análise de dados também é evidente, quando a empresa consegue transformar dados em serviços para outras organizações. Pense na Tesco, explorando seu controle societário da Dunnhumby para vender dados de *shoppers*, metodologias analíticas e outros serviços de consultoria.

De acordo com uma pesquisa da McKinsey, de 2012, para 23% das empresas nos Estados Unidos o *big data* é uma das três mais altas prioridades.[7] Entretanto, mesmo que o *trade marketing* e

---

[5] BRYNJOLFSSON, E.; HITT, L.; KIM, H. Strength in Numbers: How Does Data-Driven Decision-making Affect Firm Performance? *MIT Initiative on the Digital Economy (IDE)*, 2011. Disponível em: http://ebusiness.mit.edu/research/papers/2011.12_Brynjolfsson_Hitt_Kim_Strength%20in%20Numbers_302.pdf.> Acesso em: 22 jul. 2015.

[6] BROWN, B.; CHUI, M.; MANYIKA, J. Are you ready for the era of "big data"? *McKinsey Quarterly*, out. 2011. Disponível em: <http://www.t-systems.com/solutions/download-mckinsey-quarterly-/1148544_1/blobBinary/Study-McKinsey-Big-data.pdf>. Acesso em: 11 jul. 2015.

[7] MCKINSEY. Minding Your Digital Business: Mckinsey Global Survey Results. *McKinsey & Company*, maio 2012. Disponível em: <http://www.mckinsey.com/insights/business_technology/minding_your_digital_business_mckinsey_global_survey_results>. Acesso em: 22 jul. 2015.

o departamento de pesquisa tenham o apoio da alta administração e contem com o orçamento necessário, é difícil saber onde prospectar dados. Os adotantes pioneiros de *big data* mostram que os varejistas e os *trade marketers* se familiarizam com o *big data* usando uma abordagem passo a passo e recorrendo a muitos experimentos:

- ► A Capital One é uma empresa de cartão de crédito que não se inclui entre as mais conhecidas pelos *shoppers*, mas é, com frequência, considerada uma das precursoras de experimentos com *big data*.[8] A empresa segmentou seus *shoppers* e oferece a cada segmento uma visão diferente do site, cada uma com seus próprios preços. Imagine que o supermercado da esquina cobre pela mesma garrafa de cerveja cerca de 4.000 preços diferentes. É exatamente isso que a Capital One faz em seu mercado de serviços financeiros.

- ► A Amazon seguiu o caminho da Capital One. Ela aprimora continuamente o design do site e oferece informações específicas para *shoppers* selecionados. Em seguida, compara o comportamento desses *shoppers* com o dos *shoppers* que veem o "velho" site. Dessa maneira, realiza 200 experimentos por dia. Geralmente, depois de duas horas, a Amazon sabe o que é mais eficaz para esses *shoppers*. A experimentação tornou-se um hábito para a Amazon.

- ► A Anderson e a Simester compartilharam uma história de sucesso do setor supermercadista dos Estados Unidos na *Harvard Business Review*.[9] O supermercado segmentou suas lojas em seis *clusters* e começou a jogar com o preço

---

[8] CLEMONS, E.; THATCHER, M. Capital One: Exploiting an Information-Based Strategy. *System Sciences*, 1998. Disponível em: <http://ieeexplore.ieee.org/xpl/login.jsp?tp=&arnumber=654788&url=http%3A%2F%2Fieeexplore.ieee.org%2Fiel4%2F5217%2F14260%2F00654788>. Acesso em: 22 jul. 2015.

[9] ANDERSON, E.; SIMESTER, D. A step-by-step guide to smart business experiments. *Harvard Business Review*, mar. 2011. Disponível em: <https://hbr.org/2011/03/a-step-by-step-guide-to-smart-businessexperiments>. Acesso em: 22 jul. 2015.

das promoções. E assim aprendeu que poderia aumentar sua lucratividade em 10%, combinando as promoções de marcas nacionais com descontos moderados em produtos de marca própria, em comparação com a hipótese de não conceder nenhum desconto. Para proteger as vendas da sua marca própria, mantendo-a lucrativa, o supermercado decidiu combinar uma promoção "Compre um, e ganhe 50% de desconto no segundo" de uma marca nacional com a mesma oferta de uma marca própria, e comparou o resultado da mesma promoção, agora da marca nacional com o desconto direto da marca própria.

◢ A experimentação como hábito no mercado de bens de consumo

A maioria das pessoas concorda que *big data* é importante quando se trata de compreender melhor o *shopper*. Entretanto, se a organização tiver um orçamento pequeno e se contar com menos especialistas em dados do que empresas como P&G, Morrisons, Amazon, Tesco ou Walmart, o *big data* pode parecer um desafio grande demais. Acho que começar com experimentos é o melhor caminho. Dispõe-se, porém, de serviços freelance; um é o Kaggle.com, e as organizações não devem ter medo de usá-los. Os cientistas de dados estão ansiosos para colaborar, em troca de prêmios e de reconhecimento de seus méritos. Quanto mais soluções exitosas esses cientistas de dados oferecerem, mais alta será a posição deles entre os colegas de todo o mundo.

Além de começar com muitos experimentos, acho que podemos ser mais criativos nas maneiras como os varejistas e os *trade marketers* coletam informações. Para restaurantes self-service, há máquinas de fornecimento de refrigerantes que transmitem informações sobre comportamentos de compra pela internet, em tempo real. Antes de tudo, essa conexão permite que, em caso de defeito, o varejista verifique se a situação exige a visita de um técnico. Os dados também propiciam *insights* sobre preferências de sabor, tempo de consumo e outros parâmetros de compra. Outra importante fonte de informação sobre comportamento de compra são as respostas, reclamações e devoluções dos clientes. Evidentemente, as organizações usam a informação para resolver o problema. Contudo, os dados podem ser ótimos indutores de inovações, se forem integrados no sistema de gestão de dados, analisados e acessados pela equipe da *branding*.

◢ Os desafios da privacidade

A questão da privacidade desempenha papel importante nas discussões sobre *big data*, sobretudo quando as empresas usam dados para análises internas do comportamento de compra individual, sem conhecimento do *shopper*, ou se esse não tiver conhecimento de que deixou pegadas digitais. Como *shopper* e como profissional, às vezes sinto que as empresas se aproximam dos limites – e, não raro, ultrapassam as fronteiras do comportamento aceitável. Eis alguns exemplos de práticas de *big data* que transpuseram esse limite:

▶ Em 2012, a Target, dos Estados Unidos, envolveu-se em escândalo de privacidade. Um pai queixou-se à empresa de que ela havia enviado à sua filha adolescente ofertas promocionais de produtos para gravidez. [10] Ele expressou sua indignação à Target sobre essa promoção inadequada, mas, poucos dias depois, a filha confessou que, de fato, estava grávida. O que aconteceu e como a Target tomou conhecimento da situação, antes mesmo da família? A Target pode prever a chegada de um bebê com base na compra de uns 25 produtos, como suplementos alimentares, loções sem perfume e sacos plásticos que, avulsos, são comuns, mas, geralmente, são usados para carregar fraldas. A Target

---

[10] DUHIGG, C. *The Power of Habit:* Why we do what we do and how to change. Londres: Random House Books, 2012.

usa essas informações para fazer ofertas promocionais personalizadas, por carta ou e-mail. O objetivo é conquistar a lealdade da futura mãe antes mesmo do nascimento do bebê, e meses antes de lojas concorrentes entrarem em ação. A Target atribui um código individual a cada um de seus *shoppers* e os associa não só a todos os produtos adquiridos, mas também a informações sobre renda, comportamentos de pesquisa on-line e quaisquer outros dados que possam vir a adquirir sobre o *shopper*. Infelizmente, nessa ocasião, a Target não considerou (ou ignorou) a idade da mãe, ao enviar-lhe as ofertas.

▶ No mercado editorial, muitas empresas competem para oferecer seus *e-readers* aos *shoppers*. O varejista on-line Amazon participa dessa corrida com seu próprio leitor de e-books, o Kindle, um aparelho que registra e transmite como os leitores leem o livro. A Amazon recebe informações sobre onde a pessoa interrompe a leitura, em que página começou, quais passagens marcou e quanto tempo demorou para ler. De acordo com o site da Amazon, o período destacado com mais frequência pelos leitores, no famoso livro *The Hunger Games: catching fire*, de Suzanne Collins, é: "Como, às vezes, certas coisas acontecem com as pessoas, sem que elas estejam preparadas para lidar com elas". Com esse tipo de informação, a Amazon pode antecipar o real sucesso de um livro e melhorar as previsões e *reviews* em seu site. Um pensamento ainda mais assustador é que a Amazon pode vincular as informações sobre como e o que os *shoppers* leem aos seus comportamentos de compra on-line.

▶ As indústrias farmacêuticas e de seguros estão se preparando para a revolução digital. Por conta do lançamento de arquivos médicos eletrônicos, de mais sensores e equipamentos de monitoramento e de tantas discussões on-line sobre saúde, nunca houve tamanho volume de dados disponíveis sobre a saúde das pessoas. Essas informações são usadas para detectar doenças nos primeiros estágios e para melhorar os tratamentos. Contudo, a intensificação da análise de dados também significa que seguradoras dos Estados Unidos exigem pagamentos mais altos de fumantes do que de não fumantes. Do mesmo modo, as seguradoras descobriram que as mulheres visitam o médico com mais frequência e tomam mais remédios. Ao comprarem dados sobre pesquisas on-line a respeito de doenças sérias, as seguradoras podem usá-los para detectar fatores de risco adicionais, quando quantificam a apólice dos seguros.

◢ *Dados:* **big,** *limpos e abertos*

Falta de dados não é a melhor desculpa para as organizações protelarem a ação. Nunca houve tantos dados disponíveis e, em geral, tão minuciosos. Só se admite uma desculpa: é melhor trabalhar com um pequeno conjunto de dados "limpos" do que com um grande conjunto de dados "sujos". Se as organizações quiserem manter a velocidade de suas decisões sobre varejo e *trade marketing*, desfrutando de resultados imediatos, sugiro desenvolver um fluxo contínuo de experimentos de marketing. Isso lhes permite olhar para a frente, em vez de olhar para trás, para os relatórios infindáveis, cheios de números, tabelas e figuras, numa análise retrospectiva e pouco produtiva. Para tanto, é preciso desenvolver uma cultura organizacional em que aprender é importante e os erros sejam parte do aprendizado. Os altos gestores precisam perguntar a si mesmos se suas experiências passadas são tão reveladoras e proveitosas quanto o conhecimento advindo dos experimentos contínuos e da sondagem profunda de *big data* – algo possível de aplicar atualmente. O marketing de varejo se torna cada vez mais uma ciência e o *big data* permite aos gestores de marketing se manterem mais responsáveis por sua "arte final". A próxima revolução de dados será o *open data*, em que as organizações dão acesso umas às outras a grandes conjuntos de dados.

O QUE FAZER PARA DEIXAR OS *SHOPPERS* FELIZES?

Fóruns de internet, sistemas de cartão fidelidade e outras tecnologias e *softwares* permitem que os varejistas desenvolvam melhores perspectivas sobre as necessidades dos *shoppers*. Não se trata apenas de ouvir os *shoppers*, mas sim de também construir um diálogo com eles.

O *big data* também ajuda a resolver um grande problema do varejo: ficar sem estoque. Por meio de sensores e da codificação de produtos, os varejistas podem rastrear o estoque e informar aos *shoppers* quando o produto estará disponível e se é possível encomendá-lo em outra loja.

 ## QUAIS ESTRATÉGIAS DE MARKETING OS VAREJISTAS PODEM USAR?

Às vezes, uma abordagem experimental é a mais adequada ao marketing de varejo – isso geralmente ocorre quando uma organização abraça as oportunidades que a tecnologia oferece e descobre que a concorrência vem de fontes inesperadas. Os experimentos devem ser planejados e avaliados, para que o foco no curto prazo de muitos varejistas não prejudique a curva de aprendizado.

Os investimentos em *big data* não podem ser feitos sem diretrizes de privacidade, claras e transparentes para todos os *shoppers*.

adriaticfoto/Shutterstock

5

PARTE CINCO
EXECUÇÃO NO PONTO DE VENDA

---

253 Capítulo 10 – O crescimento desenfreado das "marcas próprias" e as oportunidades para as grandes marcas

271 Capítulo 11 – O efeito inexplicável da música

287 Capítulo 12 – Os aromas podem fazer maravilhas?

304 Capítulo 13 – O *self-checkout* é mais que redução de custos

CAPÍTULO

10

O CRESCIMENTO DESENFREADO DAS "MARCAS PRÓPRIAS" E AS OPORTUNIDADES PARA AS GRANDES MARCAS

AO ADOTAREM uma perspectiva centrada no *shopper*, os varejistas terão facilidade em decidir se vale a pena investir em certa ferramenta do mix de marketing de varejo ou não. Até agora, os capítulos deste livro exploraram as necessidades emocionais do *shopper*, a maneira como as preferências sobre onde comprar variam com o passar do tempo e de qual forma a análise de dados e as decisões baseadas em fatos ajudam os varejistas a decidir melhor sobre o que importa para os *shoppers*. A compreensão profunda das necessidades dos *shoppers*, combinada com uma abordagem estruturada à tomada de decisões, pode ajudar os varejistas a escolher os instrumentos de marketing de varejo que renderão o mais alto retorno do investimento. Como as margens de varejo geralmente são baixas, é preciso prestar atenção aos detalhes. *Retail is detail*, ou seja, varejo é detalhe! Por exemplo, o perfume usado pelo operador de caixa pode fazer com que seu investimento em aromas no ambiente seja uma perda de tempo. No entanto, às vezes, os varejistas se atolam nos detalhes. E até se esquecem de por que pensaram em investir em uma ferramenta de marketing de varejo. Daí a importância de sempre começar o projeto sob a perspectiva do *shopper*. De acordo com esse enfoque, a organização de varejo se beneficia não só do olhar rigoroso sobre os detalhes, mas também da execução impecável das decisões a respeito das ferramentas de marketing de varejo. Em todo este capítulo, analiso algumas possíveis ferramentas a serem adotadas pelos varejistas. A primeira ferramenta do mix de marketing de varejo é a *gestão da própria marca*.

Quase todos os varejistas têm suas próprias marcas. Elas também são denominadas marcas de loja (*store brands*) e marcas próprias (*private labels*). Essas marcas são gerenciadas e disponibilizadas seja por um único varejista, seja pelas lojas de um grupo de varejistas colaboradores (com um grupo de compra). As marcas próprias caracterizam-se por diferentes níveis de qualidade e se posicionam de várias maneiras, mas, crescentemente, destinam-se a competir com grandes marcas, ou marcas premium. As grandes marcas têm excelente reputação de qualidade e são bem conhecidas, além de muito anunciadas. Seus produtores almejam ampla distribuição entre os varejistas. À custa das marcas de fornecedores, as marcas próprias continuam crescendo em quase todo o mundo. No entanto, considere a experiência da cadeia de supermercados Mercadona, na Espanha, que expandiu suas marcas próprias, eliminando as grandes marcas das prateleiras e, assim, perdendo a lealdade dos *shoppers*. Portanto, atrás da fachada do *market share* como símbolo de sucesso, os varejistas frequentemente enfrentam dificuldade com preços, percepção de qualidade, limites superiores de participação da marca própria e volatilidade das respostas dos *shoppers*. Tudo isso, portanto, são oportunidades para que o fornecedor de grandes marcas apoie o varejista.

◢ As recessões aceleram as marcas próprias

As marcas próprias têm aproximadamente 14% de participação no setor de supermercados, em todo o mundo, excluindo produtos frescos, como carne, frutas e hortaliças.[1] Essa participação varia muito por região. As marcas próprias são muito fortes na Europa

---

[1] EUROPANEL. *Europanel Global FMCG Barometer*, 2014. Disponível em: <http://www.europanel.com/insights.php>. Acesso em: 22 jul. 2015.

Ocidental, com 36%, seguida dos Estados Unidos (19%), da Europa Oriental (6%) e somente 1% na América Latina. Alguns países atingem um nível muito mais alto. No Reino Unido na Suíça, metade do faturamento vem de marcas próprias. A questão é se há um limite superior ou um teto para o impacto das marcas próprias nesses países, e o que outros países podem esperar do crescimento de suas marcas próprias. Um estudo de Lamey e outros não oferece uma previsão otimista para as grandes marcas: espera-se que as marcas próprias cresçam nos mercados ocidentais em mais de 2% ao ano.[2] Essa tendência é resultado de fatores estruturais, como melhoria contínua na qualidade e ampliação dos níveis de distribuição. Em tempos de queda na economia, a taxa de crescimento das marcas próprias sobe para 7-8%. Portanto, as marcas próprias seguirão em expansão, e cada recessão atua como acelerador, o que leva a participação das marcas próprias a se estabilizar em um patamar mais alto que o anterior à queda da atividade econômica.

Talvez os primeiros produtos com marca própria tenham sido café e fumo, que lojas da Europa Ocidental embalavam nas quantidades exatas pedidas pelos *shoppers*. As grandes marcas não eram, de modo algum, significativas. Durante a revolução industrial, os fabricantes queriam convencer os *shoppers* que os bens produzidos em massa eram tão confiáveis quanto as alternativas de produção local. E, assim, começaram a rotular os seus produtos com nomes de marca. Marcas como Quaker Oats e Campbell Soups estavam entre as primeiras. Embora as grandes marcas estejam por aí há algum tempo, elas se tornaram amadas e desejadas quando o nível de bem-estar social começou a melhorar depois da Segunda Guerra Mundial. Somente na década de 1960 as marcas próprias realmente se tornaram uma ferramenta de marketing. O primeiro varejista a usá-las foi o hipermercado francês Carrefour, que introduziu

---

[2] LAMEY, L.; DELEERSNYDER, B.; DEKIMPE, M.; STEENKAMP, J. The Impact of Business-cycle Fluctuations on Private-label Share, ERIM Report Series, Research in Management. *Erasmus Research Institute of Management,* 2005. Disponível em: <http://papers.ssrn.com/sol3/papers.cfm?abstract_id=830286>. Acesso em: 22 jul. 2015.

as chamadas *white labels* – produtos sem marca, em embalagens simples, que mostram apenas o nome do produto. Esses produtos baratos foram uma opção para *shoppers* com consciência de preço. Nesse caso, barato também significava de má qualidade. Essa má reputação persistiu nas marcas próprias durante muitos anos. As marcas próprias se tornaram uma arma estratégica quando os varejistas associaram seu nome ao produto. Ligar o próprio nome ao produto demonstrava que o varejista queria que o produto fosse realmente bom. Assim, os varejistas iniciaram programas para melhorar a qualidade das marcas próprias. Isso não significa que todos os varejistas viam a marca própria como uma verdadeira ferramenta de marketing. Lembro-me de que, quando eu trabalhava como pesquisador de marketing na De Boer Supermarkten, em 1995, deparei com o lançamento de pizzas congeladas de marca própria. Perguntei à gerente de categoria como ela selecionava os sabores e as cores das embalagens. E ela descreveu o principal critério adotado: escolha os três principais sabores que o líder de mercado, a Albert Heijn, tinha escolhido. De fato, quando trabalhei na Albert Heijn, poucos anos depois, descobri que eles testavam cuidadosamente cada marca própria com painéis de *shoppers*, para garantir que os produtos correspondiam às mesmas expectativas de qualidade dos *shoppers* em relação às principais grandes marcas. Finalmente, o crescimento das marcas próprias também foi empurrado pelo surgimento das redes de preços baixos, como Aldi e Lidl, com seus nomes estranhos, sobretudo na década de 1970. Apesar de todos os esforços e custos adicionais com embalagem, desenvolvimento de produtos e gestão de marca, os varejistas acharam que valia a pena o esforço, e essa atitude em relação às marcas próprias perdurou desde então.

◢ Por que investir em marcas próprias?

Para compreender por que as marcas próprias crescem de maneira estrutural, examino a seguir o que os varejistas esperam alcançar com elas.

Lealdade do shopper

A principal razão para adotar marcas próprias agora é o desenvolvimento da lealdade do *shopper*. Para os varejistas, as grandes marcas são *commodities* que não podem faltar em seu mix de produtos. Contudo, a marca própria ajuda a construir uma imagem, uma identidade, e, se tudo correr bem, as marcas próprias são uma razão para os *shoppers* escolherem exatamente aquela loja. Por isso, as marcas próprias são mais comuns em países como França e Reino Unido, do que em países emergentes, como Polônia e Rússia. Varejistas da Europa Ocidental tentam aumentar o *share of wallet* que obtêm dos *shoppers* atuais, enquanto, nos mercados emergentes, os varejistas podem crescer expandindo o número de lojas ou conquistando *shoppers* dos concorrentes. Os varejistas criam *discount labels*, ou marcas com desconto, para evitar a evasão de *shoppers* para as redes de preços baixos. Exemplos são AH Basic, da Albert Heijn; EveryDay Value, da Tesco; Great Value, do Walmart; e Tous les Jours, do Casino. Essas marcas com desconto também divulgam a competitividade dos preços on-line e em anúncios em revistas semanais, porque o varejista espera que os *shoppers*, uma vez na loja, esqueçam as *value labels* e comprem produtos com margens mais altas. Na outra ponta do espectro, estão as marcas premium, como AH Excellent, da Albert Heijn, e Finest, da Tesco, que competem com marcas de lojas especializadas.

Poder do canal

Outro motivo para adotar marcas próprias é o reforço da posição contra fornecedores de grandes marcas. Se o espaço de prateleira continuar o mesmo, o lançamento de marcas próprias reduz o espaço disponível para grandes marcas, que passam a competir por um espaço na prateleira que até então era cativo. O varejista cobra um preço por essa disponibilidade, exigindo pagamentos mais altos e margens mais amplas por destaques e *displays*.

Em outras palavras, o varejista usa marcas próprias não só para obter diretamente uma margem relativa mais alta na categoria, mas também como meio de exercer pressão sobre os fornecedores que querem manter seus produtos na prateleira.

Lucratividade

Uma terceira razão importante para se lançar uma marca própria é aumentar a lucratividade da categoria. Embora eu trabalhe com varejistas nos quais as marcas próprias têm a mesma margem relativa das grandes marcas, de um modo geral, a marca própria "padrão", que compete diretamente com as grandes marcas, gera margem mais alta para o varejista do que as grandes marcas em si. As razões para a margem mais alta são claras. O varejista geralmente não investe em propaganda ou inovação para estimular a demanda e, assim, não existem custos de lançamento (*displays*, taxas de destaque, taxas de listagem, etc.).

Os motivos dos varejistas para lançar marcas próprias fazem muito sentido: intensificam a lealdade do *shopper*, conferem mais poder no canal de fornecimento e aumentam a lucratividade. Todavia, isso não significa dizer que as marcas próprias sejam vitoriosas em qualquer situação:

- ▶ Em categorias como queijo e toalhas de papel para cozinha, por exemplo, a participação de marcas próprias é alta, mas, em desodorantes e lâminas para barbear, a fatia das marcas próprias é baixa.
- ▶ Na Alemanha, a participação de marcas próprias em cadeias de varejo é alta, mas a participação de marcas próprias em supermercados de serviços é baixa.
- ▶ Os pais de recém-nascidos não querem correr nenhum risco e, de início, comprarão fraldas e alimentos para bebês de grandes marcas. Contudo, depois de alguns meses, a situação muda.

► As ações dos concorrentes devem ser levadas em consideração. Em 2009, a Mercadona, na Espanha, eliminou 25% das grandes marcas, enquanto, ao mesmo tempo, outros varejistas, como Lidl, aumentaram a participação de grandes marcas em muitos países.

Portanto, muitas são as diferenças entre países, categorias, *shoppers* e varejistas. Sob a perspectiva do fornecedor, essas diferenças podem ser exploradas para garantir que as marcas próprias não saturem as categorias. De fato, o fornecedor que não ajustar sua posição na guerra das grandes marcas será, provavelmente, o primeiro a levar um tiro.

◢ A reação das grandes marcas às marcas próprias dos varejistas

O que os fornecedores de grandes marcas podem fazer para combater o avanço das marcas próprias dos varejistas?

Ponto de inflexão: faturamento/lealdade

Um estudo de Kumar e Steenkamp mostra que há limites para a lealdade do *shopper*.[3] Quando um varejista amplia a participação de marcas próprias, a lealdade do *shopper* de início cresce. Uma boa experiência com marca própria numa categoria leva a compras experimentais de marca própria em outra categoria. Esse processo acaba criando valor da marca para o varejista. Todavia, há um ponto de inflexão, em que o *shopper* se interessa mais em caçar pechinchas do que em apreciar a marca própria. Em consequência, o valor total da categoria diminui, pois a marca própria, agora comprada com regularidade, tem preços mais baixos do que as grandes marcas

---

[3] KUMAR, N.; STEENKAMP, J. *Private Label Strategy*: How to meet the store brand challenge. Boston: Harvard Business School Press, 2007.

compradas anteriormente. No fim das contas, o *shopper* também foca as marcas próprias de outros varejistas. O *shopper*, agora, entra na loja de um varejista, até então adorado, só quando há promoções fantásticas em oferta. Kumar e Steenkamp calcularam os pontos de inflexão de vários varejistas de alimentos, bebidas e produtos de limpeza. Na Albert Heijn, o ponto de inflexão se situa na média de 37% de marcas próprias na linha de produtos secos. Evidentemente, essa média ainda admite diferenças por categoria. Digamos que o varejista melhore a lealdade do *shopper* com uma ampliação da marca própria em molhos para carne, mas que também gere evasão na categoria de cafés, por exemplo. Quando o varejista amplia continuamente a participação de marcas próprias, o *shopper* sentirá falta de produtos essenciais. A redução rigorosa do mix e a expansão das marcas próprias pela Mercadona, em 2008, levaram-no a se posicionar com mais clareza como marca de varejo, mas também acarretaram redução da lealdade. Os *shoppers* não conseguiam mais encontrar tudo o que queriam comprar. Até o Walmart, um dos mais avançados varejistas do mundo, errou ao racionar 1.000 produtos nos Estados Unidos. Os *shoppers* passaram a comprar os produtos eliminados nos varejistas concorrentes, e o Walmart teve de relançar 300 dos 1.000 itens originais.

O outro lado do poder do canal

A extensão das marcas próprias pode conferir mais poder ao varejista, mas nem sempre resulta em mais faturamento para a categoria. Ao comparar lojas com quantidades de marcas próprias, os varejistas podem aprender se essas marcas levaram à estabilização ou até à redução do faturamento da categoria. O gerente de categoria pode até não perceber essas mudanças, se observar apenas o faturamento total das marcas próprias. Ou, pior ainda, alguns varejistas avaliam seus gerentes com base no número total de produtos com marca própria lançados no mercado, sem considerar, em absoluto, o faturamento gerado. O ponto de saturação das marcas próprias depende da categoria e do varejista, mas o máximo para supermercadistas geralmente fica em torno de 40% para produtos secos. Se a marca própria substituir uma grande marca atual, de alto preço, o gerente de categoria deve estimar antecipadamente a elasticidade-preço: o giro da marca própria de preço mais baixo deve ser superior ao volume da grande marca, para compensar a perda de valor resultante da diferença de preço.

O objetivo do aumento do poder do canal é muito relevante em países emergentes, como Polônia e Rússia. Na França, por exemplo, o nível já é alto. O argumento do poder do canal não é relevante para todas as categorias, e cada fornecedor deve decidir por si próprio se os três principais varejistas do país efetivamente aumentaram sua participação nas categorias importantes para o fornecedor. Além disso, a situação de cada fornecedor dentro da categoria pode ser diferente. Quando o varejista expande sua marca própria, a principal grande marca consegue manter a sua participação intacta; em outras vezes, um fornecedor sem grandes marcas fortes se renderá aos entrantes com marcas próprias.

Lucratividade limitada

Outro argumento que os varejistas usam para a expansão de suas marcas próprias é a lucratividade. Esse termo carece de uma explicação mais exata. Os varejistas podem considerar tanto a margem percentual, como a Albert Heijn e a Tesco, quanto a margem em valor monetário, em valores absolutos, usada por muitos varejistas franceses, que a denominam *masse de marge*. Acho que os franceses adotaram a abordagem certa, por numerosas razões:

1) A comparação direta entre marcas de fornecedor e marcas próprias, com base na margem relativa, é impossível, por não considerar

os descontos fora da fatura e os pagamentos por características e *merchandising*.

2) Além disso, os varejistas pagam o pessoal não em porcentagem, mas em dinheiro.

3) Finalmente, a margem relativa alta pode sinalizar papel decrescente para as marcas próprias e funcionar contra as estratégias. Ao pesquisarem para um varejista dos Estados Unidos, Ailawadi e Harlam compararam grupos de *shoppers* que compraram quantidades variadas de marcas próprias.[4] O estudo mostrou que os *shoppers* cujas jornadas de compra de alimentos, bebidas e produtos de limpeza consistiam em mais de 35% de marcas próprias geraram para o varejista a mais alta margem relativa, mas também entregaram a margem absoluta e os gastos totais mais baixos. Contudo, os *shoppers* com nível de compras de marcas próprias reduzido (10% a 20% dos produtos adquiridos) foram mais lucrativos e deixaram mais dinheiro no caixa do varejista. Se os fornecedores quiserem impedir novos lançamentos de marcas próprias por determinado varejista, eles devem investigar se esses mesmos argumentos sobre lucratividade se aplicam às suas categorias.

◢ Discussões entre os varejistas e as grandes marcas

Se o próprio fornecedor não estiver vendendo produtos de marca própria, geralmente é difícil para ele discutir com o varejista sobre o papel dessas marcas. Nem todo varejista está aberto a discussões sobre isso, ou talvez o varejista queira limitar rigorosamente os termos da conversa, ou se disponha

---

[4] AILAWADI, K.; HARLAM, B. An empirical analysis of the determinants of retail margins: the role of store-brand share. *Journal of Marketing*, 2004. Disponível em: <http://www.jstor.org/stable/30161980?seq=1#page_scan_tab_contents>. Acesso em: 22 jul. 2015

a negociar apenas com um pequeno número de fornecedores. No começo da recessão de 2008, os varejistas se sentiram compelidos a oferecer mais espaço a marcas próprias, mais do que de fato se justificava, com base no faturamento ou no giro. Os primeiros números sobre vendas foram encorajadores. No entanto, muitas marcas próprias simplesmente vendiam mais porque dispunham de mais espaço e porque recebiam participação desproporcional de publicidade na mídia. No lançamento pela Tesco de suas Discount Brands, em 2008, a empresa chegou ao extremo de criar um espaço mental na cabeça do *shopper*: anúncios em outdoors proclamavam que a Tesco se tornaria o maior varejista de descontos do Reino Unido; corredores inteiros foram pintados de "amarelo"; e todos os novos produtos com desconto, ostentando nomes extravagantes para antepastos ou entradas, como Trattoria Verdi, eram exibidos na frente da loja. A Tesco até dispensou o nome Tesco, para competir diretamente com Aldi e Lidl, que também usavam marcas próprias, com nomes extravagantes. Infelizmente, a estratégia não deu certo. Varejistas de descontos, como Aldi, continuaram crescendo, e numerosos produtos com desconto há muito desapareceram das prateleiras.

O que os fornecedores podem fazer?

Estou convencido de que todos os fornecedores podem manter discussões produtivas sobre marcas próprias com os varejistas, desde que se fundamentem em fatos. Os fornecedores podem construir sua história baseados no que veem na loja ou respaldados em fontes de dados, como cartões fidelidade ou *feedback* de painéis de varejo. Além disso, fornecedores internacionais têm o potencial de trocar melhores práticas entre países. Finalmente, o mundo acadêmico oferece um aparato de pesquisas que talvez nem sempre sejam atuais, mas, mesmo assim, são robustas e estimulam perspectivas abrangentes.

Figura 10.1 – Armadilhas para as marcas próprias

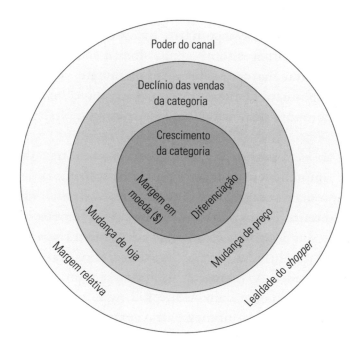

No círculo externo da Fig. 10.1, você encontra os objetivos que os varejistas perseguem com as marcas próprias: mais lealdade do *shopper*, poder e lucratividade. Cada um desses objetivos tem suas limitações e até armadilhas, e estas são apresentadas no segundo círculo:

- Os varejistas que acham mais importante mostrar que estão à frente geralmente carecem de visão de futuro, e talvez acabem experimentando a queda do faturamento total da categoria. Eles cometem o erro de ignorar os investimentos diretos dos fornecedores em inovação, para garantir o crescimento da categoria no futuro.

- Os varejistas que forçam demais a venda das marcas próprias tornam os *shoppers* mais focados e conscientes do preço – assim eles passam a pular de um preço para o outro, tornando-se "caçadores de ofertas". Por fim, o preço se converte em fator crítico nas decisões, até para o *shopper* mais leal, e eles acabam comprando mais em outros concorrentes, focados no preço, ou só compram durante promoções.

▸ Os varejistas que sempre oferecem tratamento preferencial a marcas próprias e, consistentemente, atribuem-lhes as melhores posições nas prateleiras, descobrem que seus *shoppers* estão procurando grandes marcas – e, nessa busca, passam a alternar entre as lojas e, agora, se tornam "caçadores de lojas".

O círculo do centro mostra os desejos mais profundos dos varejistas: diferenciação, crescimento da categoria e margem em moeda. Ao perceberem que a lealdade dos *shoppers* consolida-se com a oferta de atributos exclusivos, abre-se para eles um espectro muito mais amplo de soluções. Os varejistas não podem diferenciar-se apenas com marcas próprias, mas podem combinar esse recurso com uma experiência de compra agradável ou um mix de produtos orgânicos. Para fornecedores que veem seu *market share* sufocado pelas marcas próprias, essa solução oferece a oportunidade de dar novos rumos à discussão. Os fornecedores podem contribuir para a diferenciação dos varejistas de várias maneiras. Uma é apoiar o posicionamento do varejista, por meio de promoções ou mix, ajustados sob medida ao varejista. Para ajudar os gerentes de categoria a tomar decisões eficazes, os fornecedores podem analisar e identificar o nível em que a participação das marcas próprias no faturamento provocou redução no faturamento de toda a categoria. Esse é um trabalho hercúleo para o departamento de *trade marketing*, já que cada recomendação deve ser feita pelo varejista (marca) e deve ser específica para cada categoria.

Acredito que a marca própria continuará a crescer continuamente em todo o mundo. Contudo, isso não significa dizer que os fornecedores de grandes marcas perderam a chance de crescer:

- Primeiro, os varejistas em si cometem uma gafe. Quando varejistas como a Metro e a Tesco adotaram marcas próprias na Europa Oriental, elas primeiro lançaram suas *value private labels*, ou marcas próprias baratas. A ideia parece razoável quando se considera o grande número de *shoppers* de baixa renda nesses territórios. Todavia, os *shoppers* em países como Polônia e Romênia ficaram decepcionados com a qualidade das marcas próprias, e voltaram para as grandes marcas de confiança. A imagem de má qualidade colou na Tesco durante muitos anos, depois que ampliaram a faixa de marcas próprias padrão.

- Além disso, o fornecedor pode optar por aliar-se ao vendedor e produzir suas marcas próprias. Por conta do volume de produção incremental, o fornecedor usa sua capacidade de produção com mais eficácia e o gerente de categoria tende a recompensá-lo com alguns extras para as suas grandes marcas, como destaque ou *display* "gratuitos". O fornecedor também deve considerar as consequências de sua decisão no longo prazo. O preço que o varejista paga deve cobrir o custo total, em vez de somente os custos variáveis do produto. Para tanto, o fornecedor deve alocar os custos de maneira completa e correta. O fornecedor não deve se surpreender caso o varejista aumente as pressões, depois de algum tempo, para a redução contínua de seus custos. E por qual motivo o fornecedor culparia um gerente de categoria por fazer exatamente aquilo para o qual é remunerado? Para fornecedores exclusivos de marcas próprias, esse aspecto se tornou um importante motivo de preocupação. Em muitos mercados, nem os fornecedores de marcas próprias nem os varejistas ganham dinheiro com marcas de desconto. O fornecedor de marcas próprias apenas produz as marcas baratas para conseguir o contrato na faixa de marcas próprias padrão. As marcas próprias padrão, porém, não são a solução extrema, porque também esse mercado também não parece promissor. Para o varejista, as margens são boas, mas o fornecedor de marcas próprias precisa lutar por seu contrato em leilões de internet, que apenas comparam preços com base em requisitos de qualidade fixos. Empresas familiares de marcas próprias saem-se mal nessa disputa, e as empresas de *private equity* começaram a adquiri-las para construir grandes casas de marcas próprias, capazes de suportar a pressão de cadeias de varejo. A Europa assistiu à ascensão de potências na produção de marcas próprias, como United Coffee e Continental Bakeries. Acho que, com o passar do tempo, serão os verdadeiros concorrentes de multinacionais, como Unilever, Procter & Gamble e PepsiCo. Finalmente, sob a perspectiva do *shopper*, é questionável se um fornecedor de grandes marcas deve produzir grandes marcas e marcas próprias. O *shopper* que sabe – ou apenas assume que sabe – que o fornecedor produz marca própria ao lado de grandes marcas, começa a ter dúvida sobre a qualidade das grandes marcas e não mais se dispõe a pagar a quantia extra por elas.

▶ Finalmente, as chances de sobrevivência de pequenas empresas de marca própria melhoram se elas oferecerem aos varejistas um produto diferenciado a um preço *premium*. Pense nos produtos orgânicos ou nos produtos regionais que o Carrefour oferece sob o rótulo "Reflets de France", e que a Leclerc comercializa sob o nome "Nos Régions ont du Talent".

Para mim, o avanço das marcas próprias não significa que as grandes marcas foram descartadas. Se alguma coisa ficou clara com base no passado, é que as grandes marcas devem aumentar, em vez de diminuir, seus investimentos em publicidade e inovação, em épocas de maior pressão das marcas próprias. Frequentemente, a principal grande marca consegue manter seu *market share*. A Fig. 10.2 mostra que muitas são as oportunidades para que as equipes de vendas e marketing deixem coexistir em equilíbrio as grandes marcas e as marcas próprias. A figura mostra que os fornecedores podem escolher entre os seguintes modelos para promover a coexistência com marcas próprias:

- **Faça a lição de casa:** analise as marcas próprias e seus efeitos na categoria e nas grandes marcas. Se necessário, os fornecedores devem tomar a iniciativa, mas não discuta isso abertamente com os varejistas.
- **Influência tática:** com algumas análises, mas, sobretudo, com uma profunda determinação, o fornecedor demonstra a força e o papel de seus produtos de grandes marcas e compartilha suas comparações de maneira justa e transparente com o varejista.
- **Foco no cliente:** o fornecedor apoia os varejistas que promovem suas marcas e se afasta deliberadamente dos varejistas que não contribuem com os contrapontos certos.
- **Marketing estratégico:** esforço integrado das equipes de marketing e vendas do fornecedor, para reduzir a participação das marcas próprias, aumentando seus esforços de inovação e publicidade com a ajuda de manobras táticas, como o lançamento de marcas de segunda linha, de preços mais baixos.

A Fig. 10.2 mostra que os fornecedores podem variar a extensão em que envolvem o varejista na sua abordagem. Eles também diferem em encontrar soluções para o curto e o longo prazo. Desta forma, muitas vezes a combinação de abordagens é a melhor alternativa. Não há apenas uma estratégia que impeça o crescimento das marcas próprias na categoria do fornecedor, porque as situações são muito diferentes entre países, categorias, segmento de *shoppers* e varejistas. Os fornecedores devem aceitar o fato de que os varejistas querem aumentar a participação de marcas próprias, de maneira estruturada. Contudo, isso não deve impedi-los de identificar as oportunidades por categoria e por varejista.

Figura 10.2 – Modelos de resposta sob a perspectiva do fornecedor

Lição de Casa

- Racionalize o mix por iniciativa própria
- Calcule o retorno do investimento em espaço das grandes marcas e das marcas próprias mais importantes, em termos de lucro por metro
- Calcule o valor agregado à categoria por cada item
- Identifique a elasticidade do preço e ajuste a estrutura do mix

Influência Tática

- Mostre o giro das marcas próprias introduzidas recentemente *versus* as alternativas dos fornecedores
- Associe cada iniciativa ao crescimento da categoria
- Mostre o valor das grandes marcas em termos de geração de caixa e de margem absoluta
- Mantenha a dinâmica da marca do fornecedor, com a ajuda de campanhas para o consumidor e o *shopper* e de mensagens na embalagem

Foco no Cliente

- Invista mais nos varejistas que apoiam as marcas de fornecedores
- Ajuste as condições comerciais, com base no espaço de prateleira ocupado
- Aumente a competitividade no chão de loja, com campanhas específicas do varejista
- Lance produtos específicos, com a marca do varejista

Marketing Estratégico

- Aumente a pressão de promoções para *shoppers* que questionam a diferença entre as marcas próprias e as grandes marcas
- Reforce a confiança nas grandes marcas, mantendo o investimento em publicidade
- Lance inovações que explorem novas necessidades dos consumidores
- Reduza o preço por item diminuindo o tamanho da embalagem
- Atraia novos segmentos de clientes com marcas de segunda linha (mais baratas)

O QUE FAZER PARA DEIXAR OS *SHOPPERS* FELIZES?

Os *shoppers* esperam que a qualidade da marca própria padrão seja tão boa quanto a qualidade das grandes marcas. Todas as marcas próprias deveriam ser comparadas com o principal concorrente de uma grande marca conhecida, em testes de consumo, de maneira regular.

Os *shoppers* percebem as marcas próprias como marcas de verdade. Eles compreendem que os varejistas aloquem mais tempo para as marcas próprias, mas não apreciam táticas como excesso de espaço na prateleira, depois do período de lançamento inicial.

QUAIS ESTRATÉGIAS DE MARKETING OS VAREJISTAS PODEM USAR?

As marcas próprias desempenham um papel importante ao criarem uma imagem de preço positiva para o varejista, sobretudo quando a marca própria tem o nome da loja.

No curto prazo, a expansão das marcas próprias pode ser um objetivo em si, como, por exemplo, se a lucratividade da empresa for inferior ao padrão, ou se um fornecedor se tornar dominante demais em determinada categoria. No entanto, vale a pena ter em mente que talvez outras ferramentas estejam disponíveis para alcançar os mesmos objetivos.

CAPÍTULO

11

O EFEITO INEXPLICÁVEL
DA MÚSICA

AS FERRAMENTAS tradicionais do mix de marketing no varejo, como promoções e layout da loja exploram o sistema sensorial visual. No entanto, os varejistas percebem, cada vez mais, que os *shoppers* também usam os outros sentidos, e, portanto, o varejo tem visto uma explosão de lojas com aromas ambientais. A motivação é, geralmente, simples: os varejistas querem melhorar a "experiência de compra" e esperam conectar-se de maneira mais ampla e integrada com os *shoppers* para estimular outras emoções mais profundas. Acredita-se, frequentemente, que os aromas oferecem acesso não filtrado ao cérebro: a impressão que os varejistas talvez tenham é que as ferramentas de marketing sensorial são fáceis de controlar e exercem impacto direto e imediato sobre o *shopper* e, portanto, sobre as vendas. Considerando tudo o que se publica na grande imprensa sobre o impacto da música e dos aromas, decidi investigar sua eficácia em experimentos de varejo controlados. Neste capítulo, analiso a música tocada nas lojas.

O efeito da música nas pessoas parece inexplicável. Evoca emoções poderosas. Faz as pessoas se sentirem relaxadas e excitadas, e leva os ouvintes a retomar na imaginação, a um momento ou lugar especial. Música é uma forma de comunicação, uma arte que faz aflorar sentimentos profundos. Portanto, não admira que

271

os varejistas incluam música no ambiente das lojas para despertar nos *shoppers* certa sensação de bem-estar. Pesquisas acadêmicas provam que os varejistas estão certos ao usar música: nos supermercados, por exemplo, a música propicia mais faturamento. Os varejistas tocam música por três razões principais: 1) a crença em varejo segundo a qual os *shoppers* que se sentem bem tendem a gastar mais; 2) em comparação com outras ferramentas de marketing, a música não tem custos e pode ser ajustada com facilidade; 3) os *shoppers* se acostumaram a ter sempre música ao seu redor. No entanto, o estilo de música adotado pelos varejistas parece ser escolhido ao acaso.

◢ Os efeitos da música

O primeiro estudo sobre os efeitos da música no ambiente de varejo é de Smith e Curnow, em 1966.[1] Eles concluíram que música alta em supermercados resulta em jornadas de compra mais curtas. Os gestores de marketing só passaram a atentar para esse detalhe em 1973, quando Kotler definiu música como uma ferramenta de marketing, e descreveu seu impacto como sendo o de ampliar as intenções de compra.[2]

Nos últimos 50 anos, os efeitos da música no ambiente de varejo, surpreendentemente, foram muito pouco investigados, talvez porque a análise do impacto da música é muito complexa. Os efeitos exercidos pela música sobre os *shoppers* são provocados pela fisiologia do corpo humano e pelas operações do cérebro. Além dos aspectos físicos, os efeitos também se relacionam com os antecedentes e a formação do *shopper*, sua geração, cultura, religião e, ainda mais difícil de controlar, as preferências musicais dos indivíduos. Estudos acadêmicos levaram a várias conclusões perspicazes sobre gênero,

---

[1] SMITH, P.; CURNOW, R. Arousal hypothesis and the effects of music on purchasing behaviour. *Journal of Applied Psychology*, 1966. Disponível em: <http://psycnet.apa.org/journals/apl/50/3/255/>. Acesso em: 22 jul. 2015.

[2] KOTLER, P. Atmospherics as a marketing tool. *Journal of Marketing*, v. 4, n. 49, p. 48-64, 1973.

velocidade, complexidade e volume; entretanto, as pesquisas não mostram uma relação consistente entre música ambiente e faturamento da loja. Os trabalhos de pesquisa geralmente investigam três tipos de efeitos da música: faturamento e intenção de compra, comportamento de compra e imagem de compra.

Faturamento e intenção de compra

O primeiro estudo que encontrou correlação entre música e faturamento é de 1982. Milliman afirmou que um supermercado que escolheu músicas de batidas lentas gerou faturamento 38% superior ao de outro supermercado que optou por música com batidas rápidas.[3] A música mais lenta resultou em uma jornada de compra 17% mais longa. Quatro anos depois, Milliman chegou a uma descoberta semelhante em restaurantes.[4] No caso de música lenta, os frequentadores do restaurante ficaram mais tempo na mesa e passaram 40% mais tempo com aperitivos e entradas do que no caso de música mais rápida. Também se constataram diferenças quanto aos gastos com o prato principal. Depois de reexaminar estudos científicos da década de 1970, Garlin e Owen concluíram que a música nem sempre se associava a maior intenção de compra e a vendas mais altas.[5]

Comportamento de compra

Os *shoppers* ficam mais tempo em lojas com música do que em lojas sem música. A visita é mais longa se os *shoppers* gostam da música, se o volume do som é baixo, se as batidas são lentas e se os *shoppers* conhecem ou reconhecem a música. Contudo, é

---

[3] MILLIMAN, R. Using background music to affect the behaviour of supermarket shoppers. *Journal of Marketing*, v. 3, n. 46, p. 86-91, 1982.
[4] MILLIMAN, R. The influence of background music on the behavior of restaurant patrons. *Journal of Consumer Research*, v. 2, n. 13, p. 286-89, 1986.
[5] GARLIN, F.; OWEN, K. Setting the tone with the tune: a meta-analytic review of the effects of background music in retail settings. *Journal of Business Research*, v. 6, n. 59, p. 755-64, 2006.

importante frisar que a duração atual da permanência pode não coincidir com a duração percebida da permanência. Por exemplo, música com batidas rápidas, em volume alto, que não corresponde ao gosto do *shopper*, desperta no *shopper* a sensação de que a visita à loja foi mais longa do que realmente foi.

Imagem

O varejista precisa saber que o *shopper* é influenciado pelo estilo da música ambiente, de maneira consciente ou inconsciente, na avaliação das marcas de varejo. Em outros termos, considerando lojas com as mesmas características, exceto pela música que está sendo tocada, o *shopper* ainda as percebe de maneira diferente, por causa da música. Hargreaves, McKendrick, North e Shilcock encontraram evidências dos efeitos da música sobre a imagem do varejo em vários ambientes:

> ▸ Em um restaurante inglês, música popular não afetou o faturamento, mas música clássica sim. Música clássica aumentou em 10% as despesas com alimentos, em comparação com música popular, e em 11% em comparação com restaurante sem música. Essas associações foram explicadas pelo fato de que música clássica era compatível com o posicionamento do restaurante, cujos preços se situavam acima da média. Outras razões para essas conclusões foram que a música tinha efeito significativo no começo, durante aperitivos e entradas, e no final, durante o café, depois da sobremesa. Portanto, o efeito da música nas vendas depende muito do tipo de música e do contexto.[6]
>
> ▸ Um bar também despertou a percepção de luxo e riqueza quando tocava música clássica. Quando tocava música

---

[6] NORTH, A.; SHILCOCK, A.; HARGREAVES, D. The effect of musical style on restaurant customers' spending. *Environment and Behaviour*, v. 5, n. 35, p. 712-18, 2003.

popular, os visitantes percebiam o lugar como mais "alto astral" do que sem música. A associação com luxo e riqueza estimulava a intenção de compra dos visitantes, tanto no caso de música clássica quanto no de música popular, em comparação com lojas sem música. Com música clássica, a intenção de compra era 21% mais alta do que sem música; 19% mais alta do que com música tranquila; e 4% mais alta do que com música popular.[7]

▶ Na área de recepção de um banco, os visitantes ouviram, alternadamente, nenhuma música, música clássica e música calma. Quando se tocava música, os visitantes achavam o banco mais dinâmico. Com música clássica, os visitantes percebiam o banco como mais inspirador do que sem música ou com música calma.[8]

▶ Quando se tocava rock com batidas lentas, os *shoppers* achavam uma cadeia de varejo de esportes monótona e cansativa, ao passo que a mesma loja era percebida como legal e moderna, quando se tocava rock animado e rápido.[9]

Essas pesquisas são muito significativas. Como eu disse, os *shoppers* associam a música à percepção da marca de varejo. Por exemplo, o *shopper* que considerar ruim a música de Justin Bieber também perceberá a loja da mesma maneira. Os *shoppers* que não conhecerem determinada loja usam a música como sinal da qualidade do mix de produtos e do tipo de público que a loja pretende atrair. Nesse cenário, a música serve para atrair ou repelir os *shoppers*.

---

[7] NORTH, A.; HARGREAVES, D. The effect of music on atmosphere and purchase intentions in a cafeteria. *Journal of Applied Psychology*, v. 24, n. 28, p. 2254-73, 1998.

[8] NORTH, A.; HARGREAVES, D.; MCKENDRICK, J. The effects of music on atmosphere in a bank and a bar. *Journal of Applied Social Psychology*, v. 7, n. 30, p. 1507-22, 2000.

[9] NORTH, A.; HARGREAVES, D.; MCKENDRICK, J. The perceived importance of in-store music and its effects on store atmosphere. *Journal of applied social psycholog*, 1997.

◢ As emoções que a música desperta

Os pesquisadores Donovan e Rossiter aplicaram o modelo pleasure-arousal-dominance (PAD), de Mehrabian e Russell, ao ambiente de varejo.[10] Esse é um bom ponto de partida para compreender como a música funciona nas lojas. De acordo com esse modelo, fatores ambientais, como layout da loja e música ambiente, acarretam três tipos de respostas emocionais básicas: prazer, excitação e dominância. Essas respostas emocionais influenciam a decisão do *shopper* de entrar ou não na loja. O modelo é aplicável a todos os tipos de estímulos na loja, não só música. Muitos estudos descobriram que as respostas de excitação e prazer são úteis para explicar emoções em contextos de marketing; todavia, o grau de dominância ou submissão das emoções do *shopper* parecem menos aplicáveis. Como dito anteriormente, os acadêmicos ainda terão muito trabalho pela frente para compreender nossas respostas físicas e psicológicas à música. Com base em muitos estudos, Garlin e Owen concluíram que a música desperta mais prazer, e quanto mais rápidas forem as batidas, mais intensa será a excitação.[11] As explicações mais bem demonstradas e claras sobre a maneira como a música atua envolve fatores essenciais, como tempo, tom e volume. Essas explicações parecem muito intuitivas:

···➔ Tempo

Quando se toca música com tempo rápido numa loja, o estado físico e/ou emocional do *shopper* se movimenta em consonância com a música. Essa reação não é tão estranha, uma vez que número de batidas por minuto (ritmo) da

---

[10] DONOVAN, R.; ROSSITER, J. Store atmosphere: an environmental psychology approach. *Journal of Retailing*, v. 1, n. 58, p. 34-57, 1982.

[11] GARLIN, F.; OWEN, K. Setting the tone with the tune: a meta-analytic review of the effects of background music in retail settings. *Journal of Business Research*, v. 6, n. 59, p. 755-64, 2006.

música se relaciona com os batimentos ou ritmo do coração humano. No intervalo entre 60 a 80 batidas musicais por minuto, os batimentos cardíacos do *shopper* estão tranquilos – com esse tempo, a música parece calma e relaxante.

⤍ Tom

Os instrumentos grandes movimentam mais ar e geram sons mais profundos que os instrumentos menores. Por força da evolução da espécie humana, as pessoas geralmente têm mais medo de coisas grandes do que de coisas pequenas; do mesmo modo, associamos sons em tom baixo ou grave com ameaças, perigo e tristeza. Por outro lado, os *shoppers* relacionam sons em tom alto ou agudo com leveza, alegria e atitudes espontâneas. Evidentemente, contudo, há exceções.

⤍ Volume

Volumes altos deixam os *shoppers* em estado de excitação, mas também podem levar o *shopper* a deixar o ambiente. Portanto, no varejo, os *shoppers* geralmente ouvem música ambiente: há música, mas ela não é o principal ponto de atenção. Música em primeiro plano exige esforço do *shopper*, como concentração.

Juntos, tempo, tom e volume formam uma lista de critérios iniciais em que os varejistas devem basear-se, ao decidir se determinada música é compatível com o ambiente e os propósitos da loja. Não há dúvida, porém, que a música pode ser classificada de muitas outras maneiras: gênero, estilo, instrumental ou vocal, simplicidade, complexidade, harmonia, melodia, ritmo, etc. Com a ajuda dessas tipologias, o varejista pode identificar a música que melhor se encaixa na loja. Acho útil para o varejista absorver *insights* de estudos acadêmicos referentes aos efeitos mais importantes. Assim, o varejista tem um ponto de partida para realizar experimentos no contexto de suas próprias lojas. No caso de *insights* acadêmicos de lojas de varejo (p. ex., supermercados, lojas de departamento), acrescentarei exemplos de negócios "fora de casa" (p. ex., restaurantes), pois os impactos são comparáveis. Apresento, a seguir, breves análises de seis estudos.

Restaurante cheio ou vazio

Caldwell e Hibbert investigaram o efeito da música em um restaurante italiano, numa área próspera de Glasgow.[12] Eles compararam o tempo da música com 72 ou menos batidas por minuto (definida como música lenta) e 94 ou mais batidas por minuto (música rápida). Sob a influência de música lenta, o jantar durou 17% a mais, os clientes gastaram 51% a mais em bebidas e 12% a mais em comida. A recomendação prática de Caldwell e Hibbert foi que os restaurantes obtêm melhores resultados tocando música lenta, se houver poucas mesas ocupadas. Dessa maneira, criarão uma atmosfera prazerosa e aconchegante. Contudo, se o restaurante já estiver muito cheio, com a expectativa de chegada de mais clientes, música mais rápida resultará em uma rotatividade maior dos clientes, com a liberação de mais mesas, em menos tempo.

Loja de bebidas e escolha de vinho

Areni e Kim descobriram que, numa loja de vinhos, os *shoppers* selecionam vinhos mais caros ao ouvirem música clássica como som ambiente, em vez de músicas mais populares.[13]

---

[12] CALDWELL, C.; HIBBERT, S. Play That One Again: The Effect of Music Tempo on Consumer Behaviour in A Restaurant. *European Advances in Consumer Research*, 1999. Disponível em: <https://www.acrwebsite.org/volumes/11116>. Acesso em: 22 jul. 2015.

[13] ARENI, C.; KIM, D. The Influence of Background Music on Shopping Behavior: Classical Versus Top-Forty Music in a Wine Store. *Advances in Consumer Research*,

O gênero não impactou outros tipos de comportamento de compra, como a quantidade de garrafas compradas, o número de produtos observados na prateleira e o número de garrafas apanhadas. Areni e Kim explicaram que, nos Estados Unidos, vinho e música clássica se associam a prestígio, bom gosto e alto status socioeconômico. No caso de música clássica, os *shoppers* esperam qualidade mais alta e se sentem estimulados a escolher vinhos mais caros.

Bens de luxo e música clássica

Música clássica também parece encaixar-se bem com itens de luxo. De acordo com Grewal e outros, música clássica numa joalheria dos Estados Unidos se associou a avaliação mais positiva da atmosfera do ambiente do que a falta de música.[14] Além disso, a atmosfera correlacionou-se positivamente com a intenção de compra. A cadeia de lingerie Victoria's Secret também toca música clássica, pois se empenha em criar uma atmosfera de prestígio e espera que os *shoppers*, nesse ambiente, atribuam uma avaliação mais positiva ao serviço e ao produto.

Vinho em supermercados

North, Hargreaves e McKendrick demonstraram que a música que se reconhece rapidamente como originária de determinado país influencia o comportamento dos *shoppers*.[15] Por exemplo, um supermercado inglês tocou alternadamente música tradicional francesa e alemã, num corredor que oferecia

---

1993. Disponível em: <https://www.acrwebsite.org/volumes/7467/volumes/v20/NA-20>. Acesso em: 22 jul. 2015.

[14] GREWAL, D.; BAKER, J.; LEVY, M.; VOSS, G. The effects of wait expectations and store atmosphere evaluations on patronage intentions in service-intensive retail stores. *Journal of Retailing*, v. 4, n. 79, p. 259-68, 2003.

[15] NORTH, A.; HARGREAVES, D.; MCKENDRICK, J. The influence of in-store music on wine selections. *Journal of Applied Psychology*, v. 2, n. 84, p. 271-76, 1999.

quatro vinhos alemães e quatro vinhos franceses. Os preços e os sabores (doce e seco) dos vinhos eram idênticos. Quando tocava música francesa, o supermercado vendia três vezes mais vinho francês que vinho alemão. Quando tocava música alemã, o supermercado vendia duas vezes mais vinho alemão que vinho francês. Ainda mais notável foi o fato de apenas 7% dos compradores de vinho efetivamente admitirem que foram influenciados pela música.

Restaurante e gênero musical

Wilson tocou quatro tipos diferentes de gênero musical em um restaurante popular, em Sydney: clássico, jazz, pop e *easy listening*.[16] Cada um dos gêneros diferentes provocou percepções diferentes do restaurante pelos clientes:

- Música clássica: prestígio e sofisticação.
- Popular: "alto astral".
- Jazz: revigorante e estimulante e menos pacífico/passivo.
- Calma (*easy listening*): mau gosto.

O gênero também impactou a intenção de compra. Sem música, os clientes se mostravam menos dispostos a gastar dinheiro; por exemplo, 12% a menos em relação a um restaurante com música calma. O jazz inspirava os clientes a gastar mais. Quando se tocava música clássica, os clientes pediam menos bebidas do que quando se tocava outros gêneros; contudo, as diferenças de gênero musical influenciavam menos do que a ausência de música. Os clientes indicaram que música clássica era, até certo ponto, mais compatível com a atmosfera de um restaurante.

---

[16] WILSON, S. The effect of music on perceived atmosphere and purchase intentions in a restaurant. *Psychology of Music*, v. 1, n. 31, p. 93-112, 2003.

Lojas de departamento

Grandes varejistas, como lojas de departamento, atraem mais segmentos diferentes. Yalch e Spangenberg indagaram como os varejistas poderiam adaptar a música ambiente a tamanha variedade de contextos, no mesmo lugar.[17] Em dois departamentos (artigos esportivos para homens e casacos e vestidos para mulheres) de uma loja de departamento, nos Estados Unidos, eles tocaram três tipos de música: 1) ambiente/instrumental/lenta; 2) ambiente/instrumental/rápida; 3) em primeiro plano/vocal/lenta. As principais descobertas deles foi que o efeito da música depende principalmente da idade, e pouco depende do gênero. Os *shoppers* com menos de 50 anos preferem música em primeiro plano, enquanto os *shoppers* com mais de 50 anos preferem música ambiente. Essa preferência se manifestava no faturamento: este último grupo (> 50 anos) gasta mais dinheiro (+58%!) e tempo (+18%) ao ouvir música ambiente. Por outro lado, a faixa etária de 25 a 50 gasta mais dinheiro (+ 32%) e tempo (+ 8%) ao ouvir música em primeiro plano. Os *shoppers* abaixo de 25 anos gastam mais tempo quando há música ambiente, como o grupo da faixa etária seguinte (+33%), mas acaba gastando menos (-69%).

Além disso, a percepção de tempo diferia entre os grupos etários. Os *shoppers* jovens achavam que estavam gastando mais tempo nas compras quando havia música ambiente, e os *shoppers* mais velhos tinham a mesma sensação ao som de música em primeiro plano.

Ao serem questionados sobre suas percepções de música, os *shoppers* homens e mulheres deram respostas diferentes. No caso de música ambiente, as mulheres perceberam o departamento de casacos e vestidos como mais amigável e sofisticado; 57%

---

[17] YALCH, R.; SPANGENBERG, E. Using Store Music For Retail Zoning: A Field Experiment. *Advances in Consumer Research*, 1993. Disponível em: <http://acrwebsite.org/volumes/7531/volumes/v20/NA-20>. Acesso em: 22 jul. 2015.

das mulheres disseram que se sentiam mais propensas a gastar dinheiro ao som de música ambiente, em comparação com 26% que expressavam a mesma disposição quando ouviam música em primeiro plano – e, de fato, na pesquisa, gastaram o equivalente a uma vez e meia o termo de comparação. A intenção de compra de *shoppers* homens, no departamento masculino, era mais alta quando tocava música em primeiro plano: 76% *versus* 57% sob música ambiente. A intenção apresentou grande diferença, expressa em gastos duas vezes mais altos. Finalmente, os homens perceberam o departamento como mais espaçoso, com música em primeiro plano. Homens e mulheres perceberam os departamentos com mercadorias menos caras e mais práticas ao som de música em primeiro plano.

◢ O efeito da música sobre os funcionários da loja

Há provas dos muitos efeitos da música sobre os *shoppers*. Por exemplo, diz-se que a música diminui o estresse. Os varejistas devem ser cuidadosos, porém, com essas conclusões, porque elas se baseiam em estudos com pacientes em hospital – situação de pesquisa completamente diferente. Uma pergunta importante para varejistas é: qual efeito a música exerce sobre os funcionários da loja? A maioria das pesquisas a esse respeito foca músicas usadas como meio para manter o moral alto (essa era uma prática adotada pela BBC durante a Segunda Guerra Mundial). Vários estudos mostram que a música aumenta a produtividade dos funcionários, em comparação com a ausência de música, e que músicas mais rápidas contribuem para níveis mais altos de produtividade do que músicas mais lentas. No entanto, o outro lado da moeda é que músicas otimistas deixam os funcionários tão animados, que eles tendem a assumir mais riscos do que se estivessem ouvindo uma música neutra ou menos estimulante. Além disso, talvez os varejistas devam perguntar qual tipo de música os funcionários da loja querem ouvir. De acordo com uma pesquisa da UK Noise Association, 40% das pessoas que trabalham em local com música ambiente contínua querem desligá-la, e 28% se esforça para não ouvi-la; somente 7% dos funcionários realmente gostam da música.[18]

◢ Desligue a música

Há um movimento social conhecido como Pipedown, que reúne defensores entusiásticos de mais silêncio e da escolha pessoal de não ouvir música. No Reino Unido, o Pipedown trabalha duro em prol de zonas de silêncio. De acordo com a entidade, ser forçado a ouvir música aumenta a pressão arterial e reduz a eficiência do sistema imunológico. O Pipedown tenta convencer supermercados, como a Tesco, a desligar a música nas lojas, e mencionam cadeias, tipo Waitrose e Lidl, como exemplos que estão desbravando novas tendências. Outros países também contam com organizações equivalentes, como Bescherming Akoestisch Milieu (BAM), nos Países Baixos; Lautsprecheraus, na Alemanha; e The Right to Quiet Society, no Canadá. A BAM mantém a chamada "silence list" de lojas e cadeias de varejo (supermercados, restaurantes, livrarias, *garden centers* e *pet shops*) que não tocam música nas lojas, uma tendência que se impõe em toda a cidade. O que os varejistas têm a aprender com esses movimentos sociais é que, no mínimo, a música das lojas não deve irritar os *shoppers* nem os funcionários. Isso é realmente muito difícil, porque preferências de estilo e volume são muito pessoais. Veja, por exemplo, pessoas com personalidade introvertida que, de acordo com Staum e Brotons, preferem música tranquila.[19]

---

[18] HALLAM, S. The effects of background music on health and well-being. *In*: MACDONALD, R.; KREUTZ, G.; MITCHELL, L. *Music, Health and Wellbeing*. Oxford: Oxford University Press, 2012, p. 491. (This is referring to a survey by UK Noise Association in 2007.)

[19] STAUM, M.; BROTONS, M. The effect of music amplitude on the relaxation response. *Journal of Music Therapy*, v. 1, n. 37, p. 22-39, 2000.

◢ Escolhendo a música adequada

Os supermercados competem intensamente em mix de produtos e preços, mas música pode ser uma boa alternativa, pois exerce um impacto direto sobre faturamento, comportamento de compra, moral das equipes e imagem da marca. É possível usar música como meio de diferenciação. A escolha de músicas pelos varejistas, como a Starbucks e a Abercombie & Fitch, por exemplo, tornou-se tão importante para os *shoppers* que, agora, é possível comprar essas músicas on-line. A maioria dos varejistas presta pouca atenção à escolha de músicas em suas lojas – e, frequentemente, as músicas não se mantêm consistentes no tempo. Isso não é surpresa, pois os varejistas geralmente têm tipos diferentes de apelos e querem atrair segmentos tão amplos quanto possível. Entretanto, a falta de interesse dos varejistas em um tipo específico de música nas lojas é compreensível, porque, em geral, é difícil selecionar o tipo certo de música e moldar o contexto de varejo de maneira que os efeitos sobre o faturamento, sobre o *shopper* e sobre a equipe sejam previsíveis. Por isso, escolher a música *certa* para a loja é uma arte. Portanto, ofereço a seguir algumas sugestões para ajudá-lo na seleção:

- ▶ As características fundamentais da música, como tempo e volume, impactam diretamente nosso ritmo de caminhada. Ao escolher o tempo de música certo, o varejista encoraja o *shopper* a prolongar a visita: gerando a percepção de uma loja completa, encorajando ainda mais os *shoppers* a escolher conforme sua própria conveniência e persuadindo-os a visitar uma extensão maior da loja.

- ▶ Se os *shoppers* transmitem as associações geradas pela música à imagem da marca, a primeira pergunta para o varejista é que personalidade se encaixa bem com a marca e, então descobrir músicas adequadas. A Marks & Spencer, no Reino Unido, foca *shoppers* mais jovens, mas não quer descartar os *shoppers* mais velhos. Portanto, as lojas tocam músicas diferentes nos dias de semana, quando maior quantidade de *shoppers* mais velhos visitam a loja, do que tocam no fim de semana, período preferido pelos *shoppers* mais jovens.

▶ A música deixa uma impressão no *shopper* que se combina com todas as outras geradas na loja, como mensagens, iluminação, espaço e estoques. Todos esses fatores se misturam em constante interação.

▶ Não se fixe no gênero musical. A preferência de gênero tem a ver não só com a música em si, mas também com fortes influências culturais. Os gêneros são dinâmicos, evoluem em novas formas, dividem-se em subgêneros, e são ainda muito efêmeros, mudando com enorme rapidez. Finalmente, o gosto por certo gênero musical é muito pessoal, de modo que, nas lojas que atraem amplo público, um gênero divergente provavelmente acarretará poucas mudanças nos grupos de *shoppers*.

▶ É possível ser mais empático com os *shoppers* e integrar-se na sua jornada de compras. Como está o humor dos *shoppers* hoje e o que eles farão depois das compras? Digamos, por exemplo, que o varejista pode tocar uma música relaxante, nas tardes de quinta-feira, para pais estressados que logo terão de pegar os filhos na escola; numa segunda-feira chuvosa, o supermercado pode escolher uma música animada, para melhorar o estado de espírito dos *shoppers*.

▶ Considere o zoneamento – trata-se da escolha da música em diferentes partes da loja, para lidar melhor com certos grupos de *shoppers* ou com certas situações. Por exemplo, *shoppers* podem gostar de música especialmente no departamento de serviços, o que reduz a ansiedade com o tempo de espera.

▶ A música molda a identidade pessoal, e isso também pode acontecer com as marcas de varejo. Pouco já se sabe sobre o poder da música, mas o que sabemos pode ser aplicado pelos varejistas com mais eficácia.

O QUE FAZER PARA DEIXAR OS *SHOPPERS* FELIZES?

A música evoca emoções profundas, e isso impacta as pessoas em compras nas lojas. Pode, ainda, evocar momentos e lugares especiais, ajudando a criar uma atmosfera de compra positiva.

Porém, os *shoppers* podem sentir-se oprimidos se a música ambiente for excessiva e inevitável. A música é um meio para reforçar a satisfação do *shopper*, e isso também significa saber quando fazer silêncio.

 ## QUAIS ESTRATÉGIAS DE MARKETING OS VAREJISTAS PODEM USAR?

Ao escolher as músicas certas para as lojas, os varejistas devem considerar primeiro o tempo, o tom e o volume da música, uma vez que esses fatores influenciam diretamente o comportamento de compra. Em seguida, eles precisam descobrir quais associações o *shopper* transfere da música para a marca de varejo.

O *shopper* integra a imagem da música ambiente com outros instrumentos de varejo para fazer uma avaliação completa do contexto de compra. Os varejistas podem mudar a percepção da loja e da marca de varejo pelo *shopper*, sem quaisquer mudanças no ambiente físico.

CAPÍTULO 12

OS AROMAS PODEM FAZER MARAVILHAS?

NO CAPÍTULO 11, analisei a relevância da música como ferramenta de marketing na loja. Quando se trata de instrumentos de varejo, precisamos contar com uma execução impecável. Evidentemente, o mix de marketing de varejo deve basear-se na compreensão das necessidades emocionais do *shopper*, e todas as decisões devem ser respaldadas por pesquisas e fatos. Assim é possível que o varejista atenda às necessidades dos *shoppers* e atue com base numa estratégia. No caso de aromas, os varejistas devem indagar se eles realmente servem ao propósito de deixar os *shoppers* felizes.

Os varejistas gostam de acreditar que os aromas trabalham em favor deles. Parece muito lógico. Quando o cheiro de pão que acaba de sair do forno se espalha pela loja, o pão se vende sozinho; do mesmo modo, em cafeterias como a Starbucks, o aroma de café sempre foi muito importante para atrair quem passa pela rua. Além do uso de aromas em grupos de produtos específicos, os varejistas podem borrifar essências nas lojas. O propósito dessas essências é criar um ambiente agradável, tornar os *shoppers* mais dispostos a prolongar a visita, levá-los a comportar-se de maneira mais impulsiva e induzi-los a abrir a carteira com mais facilidade.

O mercado de essências explodiu em muitas direções. Por exemplo, os fornecedores adicionam aromas a produtos, como materiais de limpeza, embora a essência não faça nenhuma diferença no desempenho do produto. Exemplos extremos são cremes que incluem ingredientes aromaterápicos e papel higiênico aromatizado. Além disso, o número de lojas que fazem experimentos com essências, como meio de criar uma atmosfera mais agradável e aumentar as vendas, está aumentando. As essências estão conquistando espaço em vários setores, como supermercados, hotéis e cassinos.

◢ Os aromas são realmente eficazes?

Será que os aromas realmente funcionam no varejo? Poucos são os fatos objetivos disponíveis sobre o efeito dos aromas no comportamento de compra e no faturamento das lojas. E muitas são as razões dessa lacuna. Geralmente, os varejistas não divulgam os resultados de seus experimentos. Além disso, em testes práticos de lojas, em regra é muito difícil atribuir os efeitos exclusivamente aos aromas. No entanto, estudos científicos estão desenvolvendo experimentos em ambientes de varejo controlados. Neste capítulo, analiso os trabalhos mais relevantes para os varejistas. Um ótimo ponto de partida é uma metanálise de Bone e Ellen.[1] Com base em 143 estudos científicos sobre o uso de aromas em contextos de varejo, eles chegam à conclusão de que a maioria das pesquisas conclui que os aromas não surtem nenhum efeito (63% dos casos). Essa taxa de sucesso decepcionante motiva os varejistas a fazer uma avaliação crítica de quando o uso de aromas na loja se associa a resultados positivos. As equipes de marketing devem esforçar-se para compreender melhor como os aromas influenciam o comportamento de compra.

---

[1] SMITH, P.; CURNOW, R. Arousal hypothesis and the effects of music on purchasing behaviour. *Journal of Applied Psychology*, 1966. Disponível em: <http://psycnet.apa.org/journals/apl/50/3/255/>. Acesso em: 22 jul. 2015.

◢ Os efeitos indiretos dos aromas sobre o estado de humor

O modelo mais antigo e mais bem conhecido para compreender como se melhora a atmosfera da loja, foi desenvolvido por Donovan e Rossiter,[2] partindo de um trabalho anterior de Mehrabian e Russel.[3] Donovan e Rossiter entendem que o *shopper* melhora seu estado de humor com a combinação certa de prazer e excitação. Os *shoppers* percebem os aromas principalmente em termos de serem agradáveis ou desagradáveis. Além disso, os aromas podem causar excitação. Entre as duas dimensões, há um relacionamento na forma de curva em U: os *shoppers* experimentam menos prazer com aromas pouco excitantes ou com aromas muito intensos. Entre esses dois picos, há um nível ótimo. O modelo assume que estímulos como aromas levam os *shoppers* a determinado estado de humor. Em seguida, esse estado de humor acarreta certo tipo de comportamento, como olhar mais ao redor ou gastar por impulso. Esses efeitos são perfeitamente compatíveis com a intuição de que os aromas influenciam, primeiro as emoções do *shopper* e, depois, impelem o *shopper* à ação. Chebat e Michon forneceram evidências, em 1998, de que essa ordem de respostas não está correta: a cognição ocorre *antes* da emoção.[4] Em um experimento, eles borrifaram essência cítrica suave e agradável nos corredores de um shopping center canadense. Essa essência era uma combinação de laranja, limão e toranja, e os *shoppers* a percebiam sem se irritarem. Com esse experimento, eles descobriram que o aroma, de início, influencia o ambiente físico. As relações são visualizadas na Fig. 12.1, e explicadas a seguir.

Primeiro, o aroma afetou o ambiente físico. Aí se incluem a maneira como o *shopper* percebe a loja (animada, estimulante,

---

[2] KOTLER, P. Atmospherics as a marketing tool. *Journal of Marketing*, v. 4, n. 49, p. 48-64, 1973.

[3] MILLIMAN, R. Using background music to affect the behaviour of supermarket shoppers. *Journal of Marketing*, v. 3, n. 46, p. 86-91, 1982.

[4] MILLIMAN, R. The influence of background music on the behavior of restaurant patrons. *Journal of Consumer Research*, v. 2, n. 13, p. 286-89, 1986.

interessante) e os produtos específicos na loja (alta qualidade, modernos). O aroma influencia a percepção da qualidade do produto de maneira direta, mas a percepção da qualidade do produto depende mais da imagem total da loja do que de um aroma específico.

Figura 12.1 – Os aromas funcionam pela percepção do ambiente físico, despertando emoções

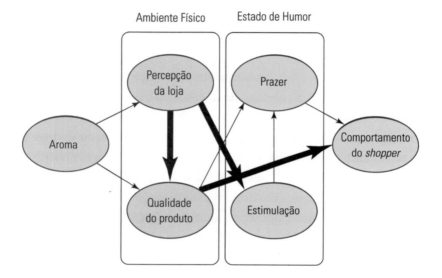

Nota: As linhas mais grossas indicam uma relação mais forte entre os termos por elas interligados do que a das linhas mais finas.
Fonte: Modelo adaptado por Constant Berkhout, baseado em Chebat e Michon, 2003.

Chebat e Michon descobriram que a qualidade do produto era a principal variável que explica os gastos do *shopper*. A percepção da qualidade do produto aumenta o gasto, de maneira direta e indireta. A melhoria da percepção da qualidade do produto intensifica o prazer da compra, o que, por sua vez, acarreta mais gastos. As implicações dessas descobertas são significativas. O *shopper* percebe o aroma, no primeiro instante, sem mudança do estado de humor. O aroma é um fator que influencia a percepção do contexto e a avaliação do produto. Isso significa que o aroma evoca uma emoção, por meio de um processo cognitivo, em conjunto com muitos outros estímulos, como layout da loja e música ambiente. Outra implicação é que, embora a qualidade do produto seja essencial, esse atributo em si não é uma explicação completa para os gastos dos *shoppers*.

◢ Processamento rápido pelo subconsciente

Às vezes, os aromas são processados com mais rapidez. No Capítulo 3, sobre comportamentos de compra irracionais, citei um estudo de Holland, Hendricks e Aarts, de 2005.[5] Convém enfatizar, com detalhes, os três experimentos desse estudo, uma vez que eles demonstram com clareza o fato de que os aromas são processados no subconsciente – e a maneira como são interpretados pode levar a mudanças diretas no comportamento. No primeiro experimento, alguns dos participantes executaram o teste numa sala com essência cítrica: os resultados mostraram que os participantes sob o efeito de aromas cítricos responderam mais rapidamente a palavras associadas à limpeza. No segundo experimento, pediu-se aos participantes para listar cinco atividades que eles pretendiam executar durante o restante do dia: 36% dos indivíduos em ambiente com aroma cítrico declararam que pretendiam fazer algum tipo de limpeza, mais tarde, em comparação com 11% daqueles no grupo de controle. Isso implica que o aroma cítrico acentua as associações com limpeza. No terceiro experimento, os participantes preencheram um questionário – alguns numa sala com essência cítrica e outros numa sala neutra. Depois de preencherem o questionário, eles foram para outra sala, onde receberam um pacote de biscoitos holandeses, tipo *cream cracker*, muito quebradiços, impossíveis de comer sem esfarelar. Os pesquisadores observaram que os participantes que vieram da

---

[5] HOLLAND, R.; HENDRIKS, M.; AARTS, H. Smells like clean spirit nonconscious effects of scent on cognition and behavior. *Psychological Science*, 2005. Disponível em: <http://goallab.nl/publications/documents/Holland,%20 Hendriks,%20Aarts%20(2005)%20-%20noncsious%20effects%20of%20 scent%20on%20behavior.pdf>. Acesso em: 22 jul. 2015.

sala com aroma cítrico se mostraram mais propensos a limpar as migalhas que caíram dos biscoitos, em comparação com os participantes do grupo de controle. Isso significa que a ativação do subconsciente por aroma cítrico pode mudar o comportamento, sem a percepção consciente pelos *shoppers*.

 O OLFATO HUMANO

Nosso órgão olfativo (ou nariz) é muito especial por numerosas razões. Para os demais sentidos, uma área do cérebro, denominada tálamo, primeiro analisa o estímulo para decidir se ele realmente merece atenção. No entanto, ao cheirarmos alguma coisa, as células receptoras, no fundo da narina, no epitélio olfativo, levam o estímulo diretamente à área do cérebro associada à memória duradoura, de longo prazo, relacionada com o aprendizado (hipocampo) e à parte do cérebro que processa agressão e medo (amígdala). Isso explica por que os aromas instigam associações tão intensas e desencadeiam memórias tão vívidas. Ao perceber um aroma pela primeira vez, a pessoa o relaciona às circunstâncias do momento, abrangendo pessoas presentes e quaisquer outros estímulos sensoriais. Essas características ajudam a explicar duas tendências. Como os humanos experimentam a maioria dos aromas pela primeira vez quando são jovens, alguns cheiros instigam-nos lembranças da infância. Para ser ainda mais específico, o órgão olfativo amadurece mais ou menos aos cinco anos de idade; portanto, nossas experiências olfativas mais poderosas ocorrem entre os cinco e dez anos de idade. A segunda implicação é que as associações a aromas são, geralmente, muito pessoais: alguém relaciona um aroma floral à primavera; outrem talvez se lembre de um funeral.

O sistema imunológico é o único sistema fisiológico humano capaz de identificar, interpretar e relembrar ocorrências com a mesma rapidez do olfato.

O sistema olfativo humano é muito refinado, em comparação com os outros sentidos. Os humanos podem distinguir cerca de 10.000 aromas, e há quem afirme que o número total pode chegar a 1,5 bilhão. De acordo com pesquisas da Universidade de Pittsburgh, os aromas podem ser reduzidos a 10 odores básicos que, juntos, compõem toda a variedade da experiência olfativa humana:

- Perfumado;
- Amadeirado/resinado;
- Frutado (não cítrico);
- Químico;
- Mentolado/aroma de hortelã;
- Adocicado;
- Aroma de pipoca;
- Aroma de limão;
- Intenso;
- Pútrido.[6]

No caso de cores e sabores, o número de variações básicas é menor (vermelho, azul, amarelo e doce, salgado, ácido, amargo, umâmi). Depois de ler todas as características exclusivas da capacidade olfativa humana, é importante lembrar que as pessoas absorvem mais informações do ambiente por meio da visão. Como resultado da evolução, mais de 25% das células do cérebro participam do processamento visual, mais do que em qualquer outro processo sensorial, e 70% das células receptoras sensoriais estão nos olhos.

---

[6] ROBERTS, M. Humans Sense 10 Basic Types of Smell, scientists say. *BBC*, 19 set. 2013. Disponível em: <http://www.bbc.co.uk/news/health-24123676>. Acesso em: 22 jul. 2015.

◢ Coerência com todas as variáveis do marketing de varejo

Com base nos estudos mencionados anteriormente, fica claro que o uso de aromas no contexto do varejo exige precisão. O resultado mais comum é a ausência de efeitos, em vez do impacto positivo almejado. Além disso, estudos mostram que os aromas podem influenciar de maneira direta e subconsciente o comportamento dos *shoppers*. A crença popular é que os aromas envolvem os *shoppers* numa onda de refinamento de necessidades emocionais. Chebat e Michon demonstram que o aroma primeiro afeta a percepção do ambiente de varejo total e, então, a percepção resultante muda o estado de humor e os hábitos de gastos dos *shoppers*. Portanto, os varejistas precisam perceber que os aromas são apenas uma das muitas variáveis úteis para a criação da atmosfera certa. Para apreciar a ampla diversidade de variáveis de loja a serem usadas pelos varejistas, o seguinte *checklist* foi desenvolvido por Turley e Milliman[7]:

- ▶ Variáveis externas, como cor e altura da loja, e uso de vitrines exteriores.
- ▶ Variáveis interiores gerais, como piso, temperatura, aromas e música.
- ▶ Variáveis de design e layout, como tipo e localização de móveis e paletes.
- ▶ Variáveis de ponto de venda e decoração, como *displays*, certificados e boxes.
- ▶ Variáveis humanas, como aglomeração, características dos clientes e uniformes.

Para aplicá-las com eficácia na loja, os varejistas precisam considerar os aromas como um elemento dos muitos instrumentos

---

[7] TURLEY, L.; MILLIMAN, R. Atmospheric effects on shopping behavior: a review of the experimental evidence. *Journal of Business Research*, v. 2, n. 49, p. 193-211, 2000.

de marketing. Em consequência, é importante selecionar um aroma que seja coerente com o contexto de varejo específico. A necessidade de coerência com o ambiente e com os produtos da loja aparece em vários estudos.

Um estudo de Matilla e Wirtz, de 2001, mostra a importância de alinhar os efeitos dos aromas com os outros instrumentos usados para criar a atmosfera da loja.[8] Numa loja de presentes, foram feitos experimentos com várias combinações de um aroma estimulante de toranja, um aroma relaxante de lavanda e tipos de música com ritmos lentos e rápidos. Os resultados mostram que o uso só de aromas não leva o *shopper* considerar o ambiente da loja significativamente diferente, nem os leva a gastar mais por impulso. O melhor efeito só foi alcançado com a conjugação de aroma e música. Os pesquisadores descobriram que essa interação influenciou as intenções dos *shoppers* de voltar à loja, o gasto planejado de dinheiro e tempo, as compras por impulso, a satisfação com a loja e o prazer de comprar.

Resultados comparáveis foram encontrados por Spangenberg, Grohmann e Sprott.[9] Eles experimentaram várias combinações de aromas (aroma de Natal *versus* nenhum aroma) e música (música de Natal *versus* nenhuma música). Os *shoppers* julgaram de maneira mais positiva a loja com aroma de Natal e com música natalina tocando. Eles gostaram mais do mix, e isso intensificou suas intenções de compra. Sem a combinação de aroma e música, o efeito seria neutro, ou até negativo, caso não houvesse música alguma. Os estudos reafirmam que os *shoppers* respondem mais positivamente ao ambiente se todos os estímulos criarem uma atmosfera consistente.

A coerência ajuda. A avaliação de produtos específicos numa loja é mais rápida quando aromas coerentes ajudam a recuperar informações na memória do *shopper*. Se o aroma for incoerente, o

---

[8] MATTILA, A.; WIRTZ, J. Congruency of scent and music as a driver of in-store evaluations and behaviour. *Journal of Retailing*, v. 2, n. 77, p. 273-89, 2001.

[9] SPANGENBERG, E.; GROHMANN, B.; SPROTT, D. It's beginning to smell (and sound) a lot like Christmas: the interactive effects of ambient scent and music in a retail setting. *Journal of Business Research*, v. 11, n. 58, p. 1583-89, 2005.

shopper percebe menos informações relevantes e a tarefa fica mais difícil. Isso se explica pelo fato de os *shoppers* tenderem a atribuir mais valor a informações negativas e conflitantes. Portanto, a coerência de aromas abrevia o tempo de busca. No entanto, o tempo total de compra ainda pode ser extenso, como ficou evidente em um estudo de Mitchell, Kahn e Knasko.[10] Eles investigaram os efeitos de aromas achocolatados e florais com, respectivamente, um mix de balas e flores. A coerência melhorou o contexto do varejo como um todo, possibilitando uma compreensão mais holística. Os pesquisadores descobriram que as pessoas confiavam mais em informações que já eram de seu conhecimento do que nas fornecidas pela loja. Por outro lado, o tempo total de compra aumentou quando foram usados aromas coerentes, porque os *shoppers* procuravam mais variedades e passavam mais tempo considerando vários produtos. A abordagem tornou-se mais abrangente. Com aromas coerentes, os *shoppers* distribuíam suas preferências entre os produtos de maneira equilibrada, enquanto com aromas incoerentes os *shoppers*, com mais frequência, escolhiam os produtos mais populares. Finalmente, uma descoberta notável foi a diferença significativa dos efeitos entre diferentes tipos de aromas, mas não entre a presença ou ausência de aroma.

O nível de coerência depende não só do tipo de produto, mas também da aparência. Por exemplo, a capacidade do *shopper* de identificar um aroma também depende da cor do produto. As pessoas identificam aroma cítrico com mais facilidade se o objeto for amarelo, em vez de vermelho. O oposto também ocorre. Bone e Jantrania demostraram que a adição de aromas incoerentes a produtos de limpeza e a protetores solares contribui para a avaliação negativa do produto, assim como o acréscimo de, por exemplo, aroma de abacaxi a anúncios de flores.[11]

---

[10] MITCHELL, D.; KAHN, B.; KNASKO, S. There's something in the air: effects of congruent or incongruent ambient odor on consumer decision making. *Journal of Consumer Research*, v. 2, n. 22, p. 229-38, 1995.

[11] BONE, P.; JANTRANIA, S. Olfaction as a cue for product quality. *Marketing Letters*, v. 3, n. 3, p. 289-96, 1992.

OS TRÊS TIPOS DE REAÇÃO DOS *SHOPPERS* AOS AROMAS

Bone e Ellen mencionam três tipos de reação dos *shoppers* aos aromas em ambientes de varejo.[12] Primeiro, os aromas exercem um papel primitivo, que pode ser explicado pelo seu processamento sem a intervenção de processos cognitivos. Por exemplo, o mau cheiro de carne podre atua como advertência, enquanto o aroma de churrasco abre o apetite dos *shoppers*. Quando uma loja é precária (por exemplo, se ocorre um incêndio) ou desagradável, os *shoppers* automaticamente sentem falta de ar e querem sair. Segundo, além dessa resposta autônoma, os aromas podem influenciar os *shoppers* por meio do estado de humor. Os *shoppers* dividem os aromas rapidamente em duas categorias: agradáveis ou desagradáveis. Um aroma agradável deixa automaticamente os *shoppers* bem-humorados. Porém, essas mudanças de estado de humor raramente são significativas.

A terceira resposta ocorre quando os *shoppers* passam a criar associações com certas experiências com aromas. Essas associações podem ser com alimentos (laranja, chocolate), produtos com aroma natural ou artificial, eventos ou épocas festivas (Natal, aniversários, infância). Esses aromas ajudam a recuperar informações armazenadas. Se a associação com o aroma for positiva, é possível que influencie positivamente o estado de humor dos *shoppers*. Por exemplo, uma empresa de laticínios poderia pulverizar essência de capim fresco no corredor de laticínios, para evocar nos *shoppers* vacas pastando num pasto verde. A Johnson & Johnson até experimentou adicionar o aroma de seu talco para bebês na tinta de seus anúncios em jornais, a fim de fortalecer o relacionamento com os pais.

---

[12] BONE, P.; ELLEN, P. Scents in the marketplace: explaining a fraction of olfaction. *Journal of Retailing*, v. 2, n. 75, p. 243-62, 1999.

É bom para os varejistas saber que os aromas podem melhorar a atmosfera das lojas. Contudo, eles prefeririam confirmar que o uso consistente de aromas leva os *shoppers* a se comportar da maneira desejada pelas lojas e que isso resultaria no aumento de seu faturamento.

Para compreender melhor esses efeitos, Spangenberg, Crowley e Henderson criaram sua própria loja, com produtos não alimentícios, como utensílios para cozinha, plantas, livros, roupas e agendas.[13] Eles variaram tanto o tipo do aroma neutro, como lavanda e gengibre, e agradáveis, como hortelã e laranja quanto a intensidade do aroma (baixa, média e alta – dependendo do número de segundos em que o aroma era borrifado no ambiente). As descobertas mais importantes dessa pesquisa foram:

- ▶ Com o uso de aromas, os *shoppers* perceberam a loja como mais atraente, estimulante, animada, motivadora, interessante e moderna. Além disso, os produtos da loja receberam avaliação mais positiva e foram considerados de mais alta qualidade e mais atraentes. É bom notar que as percepções mudaram sem alterações nas características físicas do produto.

- ▶ A loja com aroma reforçou a intenção da visita. A duração efetiva da visita não diferiu, mas os *shoppers* acharam que tinham ficado menos tempo na loja. Aparentemente, os *shoppers* se distraíram, de modo que o aroma ambiente influenciou a percepção de tempo.

- ▶ Não há diferença no comportamento dos *shoppers* em função do tipo e da intensidade do aroma. Os pesquisadores explicam essa constatação com base no fato de que eles não usaram aromas desagradáveis.

◢ Os aromas como diferencial no marketing de varejo

A maneira como os *shoppers* escolhem e julgam um supermercado sempre dependeu muito de fatores como localização,

---

[13] SPANGENBERG, E.; CROWLEY, A.; HENDERSON, P. Improving the store environment: do olfactory cues affect evaluations and behaviours? *Journal of Marketing*, v. 2, n. 60, p. 67-80, 1996.

mix, preço e equipe de serviço. O aumento da competição, entre supermercados e de novos varejistas on-line, torna ainda mais difícil para os supermercados diferenciarem-se com base nesses fatores. Os supermercados poderiam tentar fazer diferença pela atmosfera na loja. Embora pouco se saiba sobre o funcionamento dos cinco sentidos, estudos acadêmicos recentes deram aos varejistas boas indicações sobre como integrar aromas no mix de marketing de varejo:

- ▶ Alinhar o aroma com os outros instrumentos de marketing de varejo. Todos os fatores (música, roupa do pessoal, mobiliário, etc.), não só a essência, são responsáveis por criar a atmosfera.
- ▶ Alguns aromas despertam associações como resultado das mudanças na percepção da loja, sem alteração no layout físico nem nos produtos em si. Lojas com categorias uniformes, como lojas da Nike ou a cadeia de roupas Abercrombie & Fitch, podem até escolher aromas que lhes possibilitem diferenciar-se dos concorrentes: ostensivamente, em termos de conscientização do *shopper* (deixando claro para o *shopper* que a intenção é criar uma atmosfera aromatizada positiva), ou mais sutilmente (sem que o propósito fique tão evidente para o *shopper*).
- ▶ Os aromas mais eficazes são aqueles que são coerentes com a categoria de produto relevante, como o aroma floral numa loja de flores. Para um supermercado ou um shopping center, é difícil identificar o aroma certo. O que os varejistas não podem fazer é pulverizar qualquer essência que seja incoerente com uma das categorias oferecidas.

As revistas sobre varejo e os blogs on-line apresentam inúmeras histórias sobre o sucesso do *scent marketing*, ou marketing de aromas. As evidências anedóticas são excelentes no que se trata de simplicidade e eficácia. Os leitores podem encontrar histórias sobre a marca de refrigerantes Fanta, cujas vendas aumentaram em mais de 60% depois da pulverização de essência de frutas num *display*. Koopmans, marca de produtos de panificação, relatou aumento nas vendas de 50% depois da pulverização de essência de torta de maçã perto das maçãs e dos produtos de panificação em nove supermercados C1000, nos Países Baixos. A agência de marketing de aromas Consumatics publicou histórias positivas depois de uma experiência-piloto num shopping center holandês. O aroma de frescor e o aroma de tangerina aparentemente exerceram efeito positivo sobre o faturamento das 80 lojas do shopping center; mais tarde, porém, ficou claro que o impacto nas vendas só poderia ser atribuído à nova decoração do shopping, com grandes vasos contendo plantas e folhagens. Sempre que se divulgam histórias de sucesso sobre aromas, os varejistas identificam oportunidades rápidas e fáceis de aumentar o faturamento. Intuitivamente, as histórias parecem certas, porque é lógico explorar plenamente as experiências sensoriais dos *shoppers* nos supermercados. Infelizmente, as evidências anedóticas contrastam fortemente com as demonstrações de estudos acadêmicos. Portanto, os aromas não são o candidato mais promissor do mix de marketing de varejo, por várias razões:

► Os aromas devem ser compatíveis com o grupo de produtos para serem eficazes, mas isso é difícil de conseguir na prática. Por exemplo, o cheiro de café fresco vai bem com café e biscoitos, mas não combina com o departamento de carnes. É mais fácil para um varejista especialista, como uma floricultura, uma loja de moda ou uma queijaria, do que para um supermercado, com muitas categorias diferentes.

► A experiência de certos aromas é muito pessoal e pode até retroceder no tempo, quando o *shopper* sentiu o aroma pela primeira vez, quando criança.

► Depois de alguns minutos numa sala, todos os receptores ficam saturados e o *shopper* mal percebe o aroma.

► Para o varejista, em relação aos tipos e à intensidade dos aromas ambientais, é mais fácil falar do que fazer. Numerosas coisas podem ocorrer com os aromas nas lojas: a coifa da cozinha suga o aroma; o tempo influencia a umidade atmosférica; a temperatura externa varia muito; o perfume usado por alguém da equipe da loja interfere no aroma; odores externos podem contaminar a loja; aromas de diferentes áreas se misturam; a densidade de varejo compromete os aromas (como salienta o estudo de caso feito no Canadá, apresentado a seguir). Finalmente, acrescente a tudo isso o tempo necessário para pesquisar e desenvolver uma essência de boa qualidade.

ESTUDO DE CASO | DENSIDADE DE VAREJO

Densidade de varejo é a medida do número de *shoppers* e objetos por metro quadrado do espaço de venda. Um estudo de Michon, Chebat e Turley, em um shopping center canadense, mostrou que o aroma cítrico agradável só resultava em um estado de humor positivo dos *shoppers* se a densidade de varejo estivesse em nível médio.[14] Em densidades de varejo baixa e alta, as relações ficavam negativas, ou seja, é melhor não usar nenhuma essência. Os pesquisadores apresentaram numerosas respostas sobre por que os aromas são ineficazes em altas densidades de varejo. Primeiro, à medida que a loja se enche, a temperatura muda e, em consequência, a experiência olfativa também evolui. Segundo, a alta densidade de varejo gera mais estímulos, reduzindo a percepção de aromas. Em suma, os estímulos já são tantos que a máquina de aromas pode ser desligada. Em casos de baixa densidade de varejo, os pesquisadores assumiram que havia excesso de representação de *shoppers* mais velhos, com intensão mais recreativa, pouco focados em compras e que estavam, na verdade, em busca de atividades estimulantes, abertos a

---

[14] MICHON, R.; CHEBAT, J.; TURLEY, L. Mall atmospherics: the interaction effects of the mall environment on shopping behaviour. *Journal of Business Research*, v. 5, n. 58, p. 576-83, 2005.

experiências sensoriais mais intensas. Esse estudo mostra que a eficácia do aroma depende muito do tipo de jornada de compra e do tipo de *shopper*.

◢ Quando usar os aromas?

Evidentemente, a indústria de marketing de aromas não está parada. Por exemplo, em breve será possível regular os aromas em cada loja a distância. No entanto, as oportunidades para aplicação do marketing de aromas no varejo supermercadista são limitadas. Nos supermercados, os aromas ambientais podem funcionar bem na entrada, para receber bem os *shoppers*, ou na máquina de café, para propiciar uma sensação de relaxamento. É improvável que os *shoppers* queiram entrar numa nova nuvem de aromas a cada minuto. Portanto, é mais provável que o departamento de marketing dos varejistas indique apenas algumas categorias de produtos para aplicação do marketing de aromas, que são provavelmente as mais essenciais, ou categorias de destino da marca de varejo. Talvez o varejista até fique famoso por seu aroma exclusivo, como ocorre com cadeias de hotéis ou de lojas de moda.

Além disso, para integrar aromas na marca de varejo, o supermercado pode optar por eventualmente aplicar aromas em *displays*. Essa solução pode ser muito funcional, como, por exemplo, uma marca de amaciante de tecidos que lança uma nova variedade de aroma, ou para evitar que desodorantes na prateleira sejam usados como *testers*. Se os varejistas lançarem uma nova variedade de barra de cereais com toranja, trabalhar com um *display* com aroma de toranja pode exercer impacto positivo sobre a atenção. Nesses casos, os aromas não devem espalhar-se com muita rapidez e interferir na experiência de compra de outras categorias. Os aromas escolhidos devem ter ampla aceitação e ser compatíveis com o produto. Ao considerar todas essas condições, é claro que os supermercados ainda têm muito a ganhar com outros instrumentos de marketing, como layout, pessoal receptivo e, talvez, música, antes de recorrer ao marketing de aromas.

O QUE FAZER PARA DEIXAR OS *SHOPPERS* FELIZES?

Aplicar os aromas certos para o ambiente de varejo ajuda os *shoppers* a julgar se o contexto de varejo é seguro e propicia um estado de humor positivo nos *shoppers*, em combinação com outros instrumentos de varejo, que podem lembrá-los de experiências pessoais positivas. Esse efeito é forte porque os aromas chegam diretamente ao cérebro dos *shoppers*, sem filtros, como acontece com outras percepções sensoriais. Portanto, os aromas evocam fortes associações. Além disso, a ciência deixa claro que o efeito pode ser totalmente subconsciente.

QUAIS ESTRATÉGIAS DE MARKETING OS VAREJISTAS PODEM USAR?

Os aromas podem criar uma atmosfera positiva e contribuir para expandir as dimensões da marca de varejo. Os varejistas enfrentam muitos obstáculos ao aplicar aromas ao ambiente de varejo, como não saber que emoções pessoais se relacionam com os aromas e com a grande variedade de variáveis incontroláveis na loja. Os varejistas que têm mais condições para se beneficiar com os aromas são os que trabalham com uma única categoria de produtos e com um segmento de clientes homogêneo, definido com clareza, como, por exemplo, floriculturas e padarias.

Ao selecionar um aroma, é importante que ele seja coerente com os outros instrumentos no ambiente, porque os *shoppers* envolvem primeiro uma percepção completa do ambiente de varejo, antes de o aroma influenciar suas decisões.

CAPÍTULO

13

O *SELF-CHECKOUT* É MAIS QUE REDUÇÃO DE CUSTOS

COMO NOS três capítulos anteriores, sobre marcas próprias, música e aromas ambientais, este capítulo sobre *self-checkout* trata da execução no ponto de venda. Com a ajuda desses instrumentos, os varejistas têm o objetivo principal de otimizar a atual organização de varejo. No entanto, enquanto os varejistas usam marcas próprias, música e aromas ambientais com o objetivo de melhorar a experiência nas lojas, as decisões relacionadas ao *self-checkout* geralmente são motivadas pela redução de custos. O *self-checkout*, porém, tem o potencial de fazer muito mais. Pode tornar a jornada de compra mais prazerosa e pode gerar dados que propiciem melhor compreensão das necessidades dos *shoppers*.

O *self-checkout* parece ser uma opção fácil para os supermercados. O varejista reduz os custos do trabalho nos pontos em que são mais altos – na área de *checkout* – e, com isso, libera espaço. A tendência se espalhou rapidamente desde que foi laçada nos Estados Unidos, em meados da década de 1990. A inovação se difundiu também para a Europa, com a Albert Heijn como uma das pioneiras. Varejistas na França, Bélgica, Itália e Espanha logo seguiram o exemplo. Frequentemente, os supermercados têm olhos apenas para o aspecto financeiro, enquanto o *self-checkout* impacta em várias outras áreas, tanto agora quanto no futuro. Os fornecedores de equipamento especializados destacam a ideia de que o *self-checkout* influencia a experiência de serviço e, em última análise, a marca do varejista.

> De acordo com a empresa de pesquisa RBR, a base instalada global contava com cerca de 191.000 terminais de *self-checkout*, em 2013.[1] Aí se incluem também instalações em varejistas de não alimentos. A maioria desses terminais estão instalados nos Estados Unidos. Em 2013, o número de instalações teve crescimento significativo de 24%, graças a uma grande ampliação pelo Walmart, nos Estados Unidos. Espera-se que, nos próximos anos, a quantidade de terminais chegue a 329.000, já que grandes países da Europa Ocidental, como Alemanha, ainda estão por adotar o *self-checkout*. Brasil e China são considerados novos mercados promissores, com instalações-piloto em andamento. Na Europa, cerca de 35% das transações são feitas por meio de *self-checkout*.[2]

◢ Nenhuma mudança nas perdas de mercadorias

Vamos ver primeiro as considerações financeiras sobre *self-checkout* em supermercados e, especificamente o risco de aumento das perdas de estoque. O maior medo é que os *shoppers* abusem do sistema, não escaneando todos os produtos ou escaneando outros produtos com preço inferior. De acordo com um relatório do ECR Europe, de 2011, esse receio é infundado. O estudo "The Impact

---

[1] RBR. *Global EPOS and Self-Checkout 2014*. 7 ago. 2014. Disponível em: <http://www.rbrlondon.com/about/SCO_Press_Release_070814.pdf>. Acesso em: 22 jul. 2015.
[2] KALAŠINSKAS, A. Managing Your Checkout Zone. *New Vision Inco*, 10 nov. 2011. Disponível em: <http://www.ecr-baltic.org/f/docs/52_Managing_your_checkout_zone-New_Vision_Inco.pdf>. Acesso em: 22 jul. 2015.

and control of shrinkage at self-scan checkouts" produziu, pela primeira vez, números detalhados sobre os efeitos do *self-checkout* sobre as perdas com mercadorias[3]: cerca de 66 supermercados ingleses, com terminais de *self-checkout*, sofreram perdas de mercadorias de 0,76%, o que não é muito diferente de 0,79% em 38 supermercados semelhantes, de alto risco, sem *self-checkout*. Esse supermercado inglês não identificado também mediu as perdas de mercadorias em 27 lojas, antes e depois da adoção do *self-checkout*. De fato, a porcentagem de perdas de estoque efetivamente diminuiu, embora também essa redução não tenha sido significativa do ponto de vista estatístico. Esses estudos são de 2009.

Para o mesmo relatório ECR, nos Estados Unidos, um varejista permitiu o compartilhamento de informações sobre a quantidade de produtos que não eram escaneados, em 2010. Para tanto, o varejista conectou câmeras ao sistema de escaneamento, para registrar tanto os pagamentos em caixas convencionais quanto em *self-checkouts*, mostrando os produtos não escaneados. Esse registro dá uma ideia clara das perdas de mercadorias em consequência do não escaneamento; entretanto, infelizmente, não mostra outros tipos deliberados de fraudes que resultam em perdas, como escanear e não pagar ou escanear tipos menos caros de frutas e hortaliças. Surpreendentemente, as perdas de mercadorias decorrentes do sistema de *self-checkout* foram três vezes mais baixas do que as perdas em caixas convencionais. Os pesquisadores explicam essa tendência apontando para o medo de ser flagrado, para a hipótese de os *shoppers* serem mais honestos do que o pessoal da loja e para o fato de os *shoppers* não fazerem isso com tanta frequência quanto os caixas. Os funcionários se tornam negligentes por causa da natureza rotineira do trabalho ou, conscientemente, são ou se tornam desonestos. Finalmente, o mais impressionante é que o não pagamento deliberado raramente foi usado como fraude pelos *shoppers*, se é

---

[3] ECR EUROPE. *The Impact and Control of Shrinkage at Self-scan Checkouts:* An ECR Europe White Paper. 2011. Disponível em: <https://ecr-shrink-group.com/medias/research/ECR%20Self%20Scan%20Report.pdf>. Acesso em: 22 jul. 2015.

que alguma vez eles fizeram isso de maneira consciente. Somente 0,002% dos 23 milhões de itens do estudo não foram escaneados, e isso representa nada mais que US$2.500 no total. O relatório do ECR Europe tem uma importância especial: foi a primeira vez em que se publicaram números de organizações independentes, como ECR Europe e outros varejistas. Até então, os profissionais de varejo tinham de confiar nos equipamentos das lojas e da indústria de *software*. Além disso, o relatório do ECR se baseou em grandes grupos de lojas, que foram rastreadas durante um longo período.

Aos olhos dos transgressores

Os números citados anteriormente deixam a porta escancarada para o *self-checkout*. Uma pesquisa entre seis grandes varejistas ingleses, no mesmo relatório do ECR, mostra que os funcionários da loja podem ter algumas objeções aos terminais de *self-checkout*: 42% da equipe de *checkout* das lojas acha que é mais fácil não escanear produtos sem ser pego e 44% acredita que a adoção do *self-checkout* facilitou o furto por *shoppers*. O nível de perdas de estoque também depende da maneira como o supermercado implementa o *self-checkout*. Ao aplicar medidas de segurança, é útil raciocinar sob a perspectiva do transgressor:

- ▶ Qual é o risco de ser pego?
- ▶ Quão fácil é furtar?
- ▶ Como serei punido?
- ▶ Qual é a recompensa percebida?

A recompensa percebida pode ser reduzida, com a aplicação de medidas de segurança especiais aos produtos altamente suscetíveis a furtos. Por exemplo, pense em etiquetas que liberam tinta permanente se o ladrão a remover. Será difícil para o supermercado exercer mais influência sobre esse risco, e impossível induzir qualquer tipo de sentença ou punição. O supermercado tem melhor chance de dificultar para o ladrão a prática da transgressão e de aumentar a probabilidade de identificar o transgressor. Numerosas abordagens são possíveis:

- ▶ **Princípios de layout.** As chances de furto são menores se a área de *self-checkout* estiver mais afastada da saída, totalmente à vista de todos os pontos de *checkouts*, e se a fuga do transgressor for retardada por um portão ou por cercas em zigue-zague.
- ▶ **Treinamento da equipe.** Além de ter muito cuidado com a manutenção do equipamento, os funcionários da loja devem ser treinados sobre os tipos de perdas de produtos e as maneiras de os *shoppers* furtarem.
- ▶ **Supervisão pessoal.** Os funcionários devem percorrer por entre os *checkouts* tanto quanto possível, em vez de se postarem atrás de um balcão. O número de *self-checkouts* deve ficar entre quatro e seis.
- ▶ **Câmeras de segurança.** Garanta que elas não sejam meras simulações, apenas com luzes vermelhas piscantes, já que os transgressores sabem o que é verdadeiro e o que é falso.
- ▶ **Invista em equipamentos de alta qualidade, bancos de dados e manutenção de códigos.** Se os códigos forem ilegíveis, os funcionários passarão muito tempo resolvendo os problemas de um *shopper*, deixando-lhes pouca disponibilidade para observar e atender outros *shoppers*. A equipe deve ser capaz de operar os equipamentos de maneira intuitiva.

Os varejistas não devem superestimar a capacidade da tecnologia de evitar perdas de mercadorias. Essa é uma das lições mais importantes que aprendi quando era gerente de disponibilidade de produtos da Gillette, agora parte da Procter & Gamble. Nessa função, eu era responsável pelo planejamento e implementação de programas com os varejistas para evitar perdas de mercadorias de qualquer tipo, em toda a cadeia de valor, do depósito da Gillette à loja do varejista. A Gillette havia realizado amplas pesquisas nessa área. Evidentemente, algumas das questões de perdas de mercadorias, desde erros administrativos até furtos por funcionários, eram atribuição da Gillette. Todavia, a maioria das perdas de mercadorias ocorria sob a responsabilidade do varejista. Meu verdadeiro desafio na função era transmitir essa mensagem, com sensibilidade política, aos clientes da Gillette. A empresa tinha de propor numerosas soluções de *merchandising*, como trilhos de prateleira, na forma de pescoço de cisne. Esses trilhos tinham barras inclinadas, para retardar as tentativas e dificultar o furto de muitos produtos. Essa solução ajudou durante algum tempo. Em seguida, vieram os pescoços de ganso duplos, barras de plástico na frente das prateleiras, caixas de plástico trancadas, cobrindo a prateleira e contêineres de proteção mais seguros. Os ladrões, ainda assim, sempre conseguiam contornar os dispositivos antifurto, cada vez em menos tempo. A Gillette gastou uma pequena fortuna para manter os seus produtos expostos e acessíveis. Assim, a empresa deslocou a atenção para a otimização dos processos de loja, melhorando a comunicação com as lojas e o treinamento do pessoal. Essa mensagem também pode ser encontrada em *S(h)elf Help Guide: The Smart Lifter's Handbook*, que se baseia em entrevistas com ladrões de lojas, ainda na ativa e também os "aposentados". Trata-se de ótima leitura para todos que trabalham no varejo: "qualquer que seja a tecnologia, é possível neutralizá-la. Tecnologia nunca será a solução, mas atitude pode ser."[4] Em nota para os varejistas, os autores Gabriel Caime e Gabriel Ghone fazem as seguinte recomendações aos varejistas:

---

[4] CAIME, G.; GHONE, G. *S(h)elf Help Guide:* The smart lifter's handbook. Londres: TriX Publishing, 1996.

- Gaste dinheiro com pessoas, não com engenhocas.
- Tenha mais pessoal de vendas na loja.
- Remunere melhor os funcionários e crie um ambiente de trabalho mais amigável para eles.
- Treine os funcionários para que se tornem mais conscientes das necessidades dos clientes e mais rápidos na execução das vendas.
- Trate os clientes com cortesia. Seja útil, mas não insistente. Nada afastará os ladrões com mais rapidez do que o serviço atencioso e solícito que todos os clientes merecem.

Dois exemplos de meus tempos de Gillette deixam essa recomendação ainda mais clara. Pelo nosso mapeamento de processos, numa cadeia de drogarias, pareceu que a maioria dos furtos ocorre entre 12 e 14 horas, quando muitos *shoppers* vão às lojas no horário de almoço. Nessas condições, os ladrões podiam misturar-se com mais facilidade na multidão. Infelizmente, esse também era o momento em que os funcionários aproveitavam o próprio intervalo de almoço no refeitório. Os furtos diminuíam muito quando as equipes almoçavam em horários diferentes e ficavam andando pela loja. O outro exemplo demostra a importância da administração da loja. Análises de dados das lojas, ao longo do tempo, mostraram que, por alguma razão, as perdas de mercadorias decresciam em uma loja e cresciam em outra. A prevenção de perdas de estoque podia relacionar esse padrão com os gerentes de lojas que prestavam menos atenção aos programas de prevenção de perdas de estoque e mudavam de loja como parte do programa de rodízio regular de gerentes de lojas.

◢ Um *business case* para o *self-checkout*

Em última análise, as perdas de mercadorias são apenas um dos elementos do *business case* a ser considerado pelos supermercados. E, certamente, é um elemento muito importante. Com base no estudo do ECR Europe, assumo que as perdas de mercadorias, no caso de *self-checkout*, são equivalentes às perdas em caixas convencionais. Essas perdas são, frequentemente, o ponto focal da perspectiva de custo do *business case*. E quanto aos benefícios e possível faturamento incremental resultantes da adoção do *self-checkout*?

Business case: *o efeito sobre o faturamento*

A NCR, um fornecedor de equipamento de escaneamento, sugere que o *self-checkout* é um fator diferenciador, que influencia na preferência dos *shoppers* por certas lojas. Diz-se que o *self-checkout* pode aumentar em 2% as visitas de *shoppers* e, em consequência, o faturamento.[5] O fundamento desse argumento é fraco, em minha opinião. NCR cita um estudo que encomendou, em 2008, em que 72% dos *shoppers*, nos Estados Unidos, dizem que

> se sentem um tanto mais propensos, ou muito mais propensos, a comprar num varejista que lhes ofereça a flexibilidade para interagir facilmente por meio de canais on-line, canais mobile e canais de autosserviço em quiosques, em comparação com outros varejistas que não lhes propicie essas conveniências.[6]

O que imagino é que um pequeno grupo de *shoppers* escolhe, conscientemente, um supermercado com *self-checkout* e ignora outro supermercado equivalente, sem *self-checkout*. Essa vantagem competitiva, evidentemente, pode ser copiada com facilidade. Por fim, o aumento das vendas, como consequência de maior frequência de

---

[5] SANDERS, D. Why Self-service is on the Rise. *Kiosk Market Place*, 9 abr. 2012. Disponível em: <https://www.kioskmarketplace.com/blogs/why-self-service-is-on-the-rise/>. Acesso em: 22 jul. 2015.

[6] NCR. Opportunities Emerge for Selfservice in Retail and Hospitality. *Kiosk Marketplace Self-service News, Trends and Commentary*, 2009. Disponível em: <http://www.popai.com/uploads/downloads/WhitePaper-SelfService-Retail-Hospitality-2009.pdf>. Acesso em: 22 jul. 2015.

shoppers com cestas mais recheadas, parece improvável. De fato, até se poderia argumentar que o *self-checkout* reduz as vendas. Certamente é mais fácil para o varejista calcular a perda de vendas atribuível ao *self-checkout*. Muitos varejistas preferem uma área de *self-checkout* que seja percebida como tranquila e espaçosa. Portanto, eles raramente oferecem um mix de produtos de compra por impulso junto aos terminais de *self-checkout*. Esse é um faturamento incremental que os supermercados não podem gerar em nenhum outro lugar da loja. O uso crescente de terminais de *self-checkout* têm consequências muito amplas para os fornecedores de marcas e categorias que são vendidas principalmente nos caixas, como a marca Kinder Bueno, da Ferrero, e a categoria de gomas de mascar.

Vamos assumir que o *self-checkout* gere mais crescimento das vendas, à medida que alguns *shoppers* atribuem alta importância a *checkouts* rápidos e confiáveis e, portanto, começam a preferir determinada loja à de um concorrente. Por outro lado, o varejista perderá as compras por impulso. Assim, para efeitos do *business case*, o varejista pode assumir mais ou menos o mesmo faturamento, em caixas convencionais e em terminais de *self-checkout*.

Business case: *opções para economias de custo*

O varejista, então, deve focar o custo e, nesse caso, calcular o custo da economia é mais simples. Dois caixas com funcionários podem ser substituídos por até seis pontos de *self-checkout*, que ficam sob a supervisão de apenas um funcionário. Como os funcionários do caixa absorvem a maior parte dos custos do trabalho, fica claro que o *self-checkout* tem grandes implicações financeiras. Além disso, o espaço até então destinado aos caixas de pagamento agora podem ser convertidos em efetivos espaços de venda, o que é uma segunda fonte de economia. Se os terminais de *self-checkout* oferecerem apenas dispositivos para cartões de débito e crédito, tem-se, então, outra fonte de corte de custos – uma vez que os pagamentos em dinheiro pelos *shoppers* envolvem mais custos para os varejistas (contagem e guarda do dinheiro, transporte e segurança, etc.). Por fim, depois da introdução da alternativa de *self-checkout*, os varejistas descobrirão que menos *shoppers* com cestas escolhem caixas convencionais. Isso leva à melhoria da eficiência nas transações em caixas convencionais.

Tipos de *self-checkout*

Evidentemente, o *business case* é muito sensível ao tipo de terminal de *self-checkout* escolhido pelo varejista. Há, basicamente, duas modalidades. A primeira permite ao *shopper* escolher os produtos nas prateleiras já com um *scanner* portátil na mão, durante a jornada de compra. Nesse caso, o pagamento é efetuado seja num caixa convencional, onde o *shopper* entrega o *scanner* ao funcionário, seja num terminal de *self-checkout*, onde o *shopper* completa a transação sozinho. Na segunda opção de *self-checkout*, o *shopper* apanha os produtos como de costume, escaneia os produtos no final da jornada de compra e, por fim, paga. Esta opção é muito comum na Alemanha, Estados Unidos, Reino Unido e Bélgica. Um supermercado médio exige aproximadamente 120 *scanners* portáteis e por volta de cinco terminais de *self-checkout*, o que equivale a um investimento de €125.000. Wincor Nixdorf, fornecedor de produtos e serviços para meios de pagamento e outros recursos de infraestrutura de loja, sugere um período de *payback* médio de três anos, embora essa estimativa dependa de muitas variáveis de execução. O retorno do investimento será melhor se o supermercado optar por terminais de *self-checkout* no fim da jornada de compra, em vez de *scanners* portáteis, se a loja não usar cartão de *self-checkout* permanente e se não permitir pagamento em dinheiro. Os fornecedores de equipamentos recomendam o *self-checkout* a supermercados com faturamento semanal médio de €350.000 e área de loja de pelo menos 1.200 metros quadrados. Evidentemente, isso é uma média. O Red Market, na Bélgica, por exemplo, não tem cartão de *self-checkout* permanente e não permite pagamento em dinheiro, tem área média de 1.200 metros quadrados e somente €90.000 de vendas semanais, mas ainda aufere os benefícios. Em cada país e em cada varejista, as circunstâncias mudam o *business case*. Por exemplo, na Bélgica, as empresas fornecem vale-refeição aos funcionários; o vale-refeição, porém, não tem código EAN impresso.

Assim, os *shoppers* com vale-refeição, ao visitarem supermercados belgas que usam *scanner* portátil ou terminal de pagamento, ainda precisam visitar os caixas convencionais para resgatar o vale-refeição.

Business case: *benefícios emocionais*

Além dos números concretos, o *self-checkout* oferece numerosos outros benefícios, de acordo com os fornecedores de equipamentos e *software*. No relatório de 2009, de NCR, a empresa argumenta que o *self-checkout* resulta em mais satisfação e lealdade do *shopper*, com a redução do tempo de espera em 40% e com o aumento da velocidade de registro dos produtos em 20%. No entanto, não está claro se o *self-checkout* resulta em uma jornada de compra total mais curta. O tempo economizado no *checkout* pode ser perdido o começo da jornada de compra. No caso de *scanners* portáteis, selecionar e ligar o *scanner* gasta algum tempo, no começo do percurso. No caso de terminais de *self-checkout*, os supermercados descobrem que, como seria de se esperar, *shoppers* menos experientes são muito mais lentos que caixas treinados. Embora, de fato, a duração da jornada de compra em si possa ser a mesma ou até aumentar, os *shoppers* tendem a perceber que, nos dois casos de *self-checkout*, o tempo total foi menor. A razão dessa diferença de percepção é que os *shoppers* têm a sensação de exercer maior controle sobe a jornada de compra. Não raro os *shoppers* podem visualizar, em tempo real, o valor total de suas compras até o momento. Alguns *shoppers* até se viciam em verificar continuamente, durante o percurso na loja, o valor final de suas compras reforçando, assim, a consciência do preço. O efeito de *scanners* portáteis sobre a consciência do preço pode exercer impacto inesperado sobre os *shoppers*, como ficou evidente em uma pesquisa conduzida por Van Ittersum e outros.[7] Eles descobriram

---

[7] VAN ITTERSUM, K.; WANSINK, B.; PENNINGS, J.; SHEEHAN, D. Smart shopping carts: how real-time feedback influences spending. *Journal of Marketing*, 2014. Disponível em: <http://www.researchgate.net/profile/Joost_M_E_ Pennings/publication/250916533_Smart_Shopping_Carts_How_Real-Time_

que o efeito da informação em tempo real durante as compras na loja depende muito se os *shoppers* estabelecem antecipadamente um limite de gastos. Os chamados *budget shoppers*, ou *shoppers* econômicos, que recebem feedback contínuo, em tempo real, do *scanner* portátil, por exemplo, gastam 35% a mais de tempo na loja do que outros *shoppers* econômicos, que não usam *scanner* portátil e não recebem feedback contínuo, em tempo real, do valor total de seus gastos até o momento. Embora esses *shoppers* gastem mais, eles conseguem manter-se dentro do orçamento que definiram para si mesmos. Também compram mais produtos de grandes marcas e mantêm estável o número de produtos de marca própria. Em contraste, os *non-budget shoppers*, ou *shoppers* não econômicos, que recebem feedback em tempo real, reduzem em 25% os seus gastos, em comparação com outros *shoppers* não econômicos, que não recebem informação em tempo real nem feedback contínuo do valor total de seus gastos até o momento. O número total de produtos na cesta mantém-se mais ou menos estável, mas a composição muda: há menos grandes marcas e mais marcas próprias. Parece que a introdução do *self-checkout* pode gerar alguns efeitos não intencionais. *Shoppers* não econômicos são tipicamente mais leais, e sem feedback em tempo real ficam mais insensíveis ao preço. O comportamento inesperado pode ser explicado pelo fato de os *shoppers* econômicos usarem o orçamento pré-estabelecido como âncora. Qualquer gasto inferior à expectativa é percebido como um ganho imprevisto, e o *shopper* fica inclinado a recompensar-se imediatamente por uma jornada de compra tão inteligente. Eles sabem que já estão comprando bem, porque gostam de monitorar-se por outros meios, como listas de compras ou calculadoras. Portanto, os *shoppers* econômicos também começam a comprar produtos mais hedonistas, como chocolate e sorvete, se usarem *scanners* portáteis, com informação contínua e em tempo real sobre os gastos. Em contraste, os *shoppers* não

---

Feedback_Influences_Spending/links/0deec52b700ccee229000000.pdf>. Acesso em: 22 jul. 2015.

econômicos, que nunca levam os preços em consideração com muita seriedade, ficam mais conscientes de seus comportamentos. Eles, de repente, percebem como a etiqueta de preço gruda em suas decisões no supermercado.

Business case: *serviço*

O *self-checkout* gera consequências inesperadas em outras áreas que não o preço. No outro lado do espectro de valor, o argumento do serviço envolve um equilíbrio delicado. Para alguns *shoppers*, *self-checkout* simboliza falta de serviço, enquanto, para outros, oferece uma oportunidade fantástica para ocultar do caixa o que compraram, como marcas próprias de baixo preço e contraceptivos. Isso me traz ao ponto de vista de que, no business case, não é suficiente considerar apenas o argumento financeiro do *self-checkout* – a percepção do serviço também é muito importante. Desde os anos 1950, o contato pessoal tem sido eliminado cada vez mais do chão da loja. Primeiro, essa tendência foi bem recebida pelos *shoppers*, que querem usar o tempo com mais eficiência e se mostram sempre abertos às novas tecnologias. Em outros termos, a sociedade estava pronta para isso. O resultado tem sido a redução do tempo que os *shoppers* passam na loja, e o tratamento mais impessoal. Alguns *shoppers* têm o sentimento de que o *self-checkout* substitui a pessoa simpática, que eles conhecem no caixa de pagamento, pelo segurança desconfiado, que quer olhar dentro das sacolas. Essa situação poderia ser evitada se o supermercado informasse aos *shoppers* que o pessoal que antes trabalhava nos caixas de pagamento agora os ajudará a ensacar os produtos comprados. Dessa maneira, o valor da marca do varejista não é prejudicado, se ele se destacar pelo serviço. Tudo isso requer que os *shoppers* e a equipe sejam apresentados ao sistema de maneira cuidadosa. À época das primeiras instalações, a Albert Heijn fez questão que as recepcionistas explicassem aos *shoppers*, durante seis semanas, o funcionamento do equipamento, as regras de verificação das sacolas e as razões de fazê-lo. A equipe precisava ser treinada para identificar perdas de mercadorias, para abordar os *shoppers*, em caso de algum comportamento impróprio, e para verificar as sacolas da maneira certa.

O argumento menos usado para justificar o *self-checkout* é a oportunidade de personalizar e melhorar a experiência do *shopper*. No caso de *scanners* portáteis, é inteligente, embora não essencial, deixar o *shopper* registrar-se com um cartão fidelidade personalizado, talvez apenas para fins de *self-checkout*. Dessa maneira, o supermercado pode mostrar a lista de compras da visita anterior do *shopper* ou oferecer promoções personalizadas. Outro benefício que nem sempre é considerado é a oportunidade de observar e compreender melhor o *shopper*. O *scanner* armazena todos os tipos de informação, como a ordem em que os produtos são comprados, a velocidade das compras e a lealdade à loja e às marcas, durante um período mais longo. Usando esses recursos, o supermercado pode ajustar o layout da loja ou mudar o aspecto das prateleiras. Os *scanners* têm a possibilidade de prestar outros serviços, como um alarme personalizado para alergênicos ou sugestões sobre como preparar os alimentos comprados. Finalmente, o cartão do cliente registra os *shoppers* que tiveram problemas, quando as sacolas são verificadas. Isso permite que os supermercados só executem a checagem das sacolas quando a medida for de fato necessária, em vez de processar checagens aleatórias. A aplicação do cartão do cliente e a análise de dados poderiam ser ótimas maneiras de aumentar a lealdade dos *shoppers*. Talvez até torne o *business case* mais convincente. O *self-checkout* não só oferece oportunidades para aumentar a eficiência do supermercado; a aplicação de novas tecnologias também aumenta as chances de vender mais.

O Quadro 13.1 resume as vantagens e desvantagens do *self-checkout*. Portanto, os varejistas estão sendo encorajados a calcular o retorno do investimento em *self-checkout*, em seu contexto específico. Ao olhar para o lado do faturamento, os varejistas só podem esperar que o *self-checkout* aumente as vendas, enquanto eles forem os únicos a prestar esse serviço na respectiva área de abrangência. A redução do trabalho humano pode resultar em economias de custo decorrentes de menos trabalho, mas os investimentos em equipamento e treinamento são altos. Finalmente, os varejistas precisam descrever no *business case* as prováveis inconveniências para os *shopper*, em termos de percepção de tempo de espera e de qualidade do serviço.

Quadro 13.1 – Vantagens e desvantagens do *self-checkout*

Para quem?	Vantagens	Desvantagens
Supermercado	• Redução de custos do trabalho • Solução para a falta de funcionários • Promoções mais ajustadas, com base no cartão fidelidade	• Risco de mais perdas de estoque • Redução da percepção de qualidade: menos serviços, mais foco em preços
Shopper	• (Percepção de) menos tempo de espera e de transação • Senso de controle sobre os gastos • Melhoria da experiência de compra, pela personalização	• Menos atenção pessoal • Tecnologia e sistemas complicam a jornada de compra

O QUE FAZER PARA DEIXAR OS *SHOPPERS* FELIZES?

O *self-checkout* dá aos *shoppers* a sensação prazerosa de exercer maior controle e de comprar com mais eficiência.

Os varejistas são encorajados não só a incluir números financeiros no *business case* do *self-checkout*, mas a considerar também a experiência do *shopper*, pois a implementação de autosserviço tem consequências de longo alcance, referentes à percepção de serviço e à sensação de tempo.

QUAIS ESTRATÉGIAS DE MARKETING OS VAREJISTAS PODEM USAR?

Com uma combinação de layout da loja, instalação de equipamentos e procedimentos da equipe, os varejistas podem evitar aumento das perdas de mercadorias, ao mesmo tempo que usufruem os benefícios do *self-checkout*.

Se o objetivo básico do *self-checkout* for a redução de custos, esse método deve ser comparado a outras medidas de redução de custos. Se os varejistas virem o *self-checkout* como estratégia para aumentar a diferenciação e satisfação dos *shoppers*, então o método deve ser comparado com outras opções, como treinamento da equipe de *checkout*.

August_0802/Shutterstock

PARTE SEIS
DESENVOLVIMENTO ORGANIZACIONAL

323   Capítulo 14 – O nascimento da gestão de categorias

347   Capítulo 15 – A verdadeira compreensão do cliente

366   Capítulo 16 – *Shopper marketing*: a nova fase do *trade marketing*

CAPÍTULO 14

O NASCIMENTO DA GESTÃO DE CATEGORIAS

A EFICÁCIA de instrumentos e conceitos, como análise de *big data* e comportamento irracional do *shopper*, depende da maneira como as organizações são moldadas. Não se trata apenas de estrutura da organização, mas também de sua cultura, valores e processos. No centro, está a questão principal: o que o varejista quer ser. O ambiente continuará a mudar, a velocidade crescente, e as organizações precisam definir o que são, ao abraçar (e talvez liderar) novos desenvolvimentos, em áreas como preferências dos *shoppers* e tecnologia de varejo. A Parte Seis deste livro aborda como fornecedores e varejistas podem adaptar suas organizações, nas áreas de marketing, vendas e compras. Neste capítulo, analiso a gestão de categorias, conceito relativamente novo, que mudou significativamente a organização de compras de varejo e a maneira como os varejistas trabalham juntos com os fornecedores. Nos Capítulos 15 e 16, considero as respostas organizacionais dos fornecedores.

◢ O primeiro projeto de gestão de categorias

A gestão de categorias geralmente é definida como um processo que envolve o varejista e o fornecedor no gerenciamento de categorias, tratadas como unidades estratégicas de negócio, gerando resultados avançados, com foco em criar valor para o consumidor.[1] Essa definição talvez pareça um pouco abstrata, mas ajuda a perceber que o conceito se alicerça em quatro princípios:

- ▶ Raciocinar no nível de categoria, em vez de no nível de marca ou produto.
- ▶ Incluir todas as atividades de oferta e demanda sob uma perspectiva holística de varejo.
- ▶ Criar valor para os consumidores.
- ▶ Estreitar a colaboração entre varejista e fornecedor.

Examinar as origens da gestão de categorias ajuda a explicar por que os líderes de negócio, em tantos países em todo o mundo, a consideram um conceito valioso. Talvez o terceiro princípio na lista anterior, "valor para o consumidor", não seja novo em si, mas, em conjunto, os quatro princípios compõem um *framework* transformador. O primeiro princípio é explicado com base no primeiro projeto.

O primeiro projeto de gestão de categorias decolou sob a liderança da Procter & Gamble (P&G) e do Walmart, em 1987. O Walmart percebeu que o alto número de promoções de marketing levava a distorções na cadeia de suprimentos. Não só as ineficiências eram caras, mas também as faltas de estoque estavam impedindo que o Walmart e a P&G atendessem às demandas do consumidor. Até então, a P&G olhava para as promoções sob a perspectiva de evento ou de divisão de produto. O Walmart, por sua vez, se queixava do alto número de representantes de diferentes divisões da P&G que o varejista precisava reunir. A P&G percebeu que precisava adotar uma abordagem integrada em relação a esse cliente importante. Como passo inicial, a P&G

---

[1] HARRIS, B.; BERGER, R.; The Partnering Group. *Category Management Best Practices Report*. Bruxelas: ECR Europe Publications Office, 1997.

organizou manualmente todas as remessas e *drivers* de custos para as promoções do Walmart. Ao fazê-lo, a P&G podia calcular a lucratividade das suas promoções no Walmart. Depois da prova de conceito, por via manual, a P&G ajustou seus sistemas de informação, em 1989, para aplicar essa nova perspectiva do cliente, em bases contínuas. Sem dúvida, esse primeiro projeto de gestão de categorias adotava mais uma perspectiva de cadeia de suprimentos do que uma visão de demanda do consumidor. Todavia, ele possibilitou que a P&G constatasse que poderia melhorar suas relações com os clientes, de maneira mais eficaz, se começasse a pensar em nível de categoria. Essa abordagem está acima e vai além do foco no cliente. Em vez de focar os efeitos de uma promoção para apenas uma de suas marcas, como xampu Head&Shoulders, ela investigava os impactos que a promoção de Head&Shoulders teria em toda a categoria de xampus. Para clientes como o Walmart, faz pouca diferença se uma promoção apenas leva os *shoppers* a mudar de marca, sem melhoria nas vendas ou no lucro de toda a categoria de xampu. O que era óbvio para um varejista passou a fazer sentido para um grande fornecedor, como a P&G. Mudar de uma perspectiva de marca para uma perspectiva de categoria total possibilitou a primeira iniciativa de gestão de categorias entre a P&G e o Walmart.

Um segundo aspecto dessa nova maneira de trabalhar é que os varejistas associam todas as atividades e custos à categoria. Naquela época, um bom comprador fazia o que indicava o título de seu cargo: procurar fornecedores, selecionar produtos e negociar preços. Em outras palavras, esse isolamento de compras às vezes tinha impactos negativos importantes sobre outras funções de varejo. Um comprador podia negociar um negócio fantástico com o seu fornecedor de produtos frescos, numa compra de couve-flor, conseguindo um desconto de 50%, por exemplo, sobre o preço de tabela. Em seguida, o comprador repassava grande parte do desconto ao *shopper*, e as vendas da categoria disparavam. O comprador ficava satisfeito com o aumento das vendas da categoria e com a melhoria da margem relativa. Esses resultados afetavam positivamente o bônus do comprador no fim do ano. Os colegas da área de suprimentos, porém, provavelmente achavam que tinham cometido um grande erro. A couve-flor requer muito espaço de armazenamento no depósito, e outros produtos são removidos ou comprados com menos frequência para criar espaço. Como é um produto fresco, precisa-se de grandes quantidades todos os dias. Caminhões que, em condições normais, transportariam outras hortaliças, estão agora cheios de couve-flor. Os efeitos mais distantes na cadeia de suprimentos podem ser ainda mais desastrosos. Um grande varejista, como a Tesco, no Reino Unido, ou REWE, na Alemanha, talvez nem mesmo consiga encontrar quantidades suficientes de couve-flor, e os agricultores precisam conhecer com meses de antecedência as quantidades de produtos a serem adquiridas pelos varejistas, antes do início do plantio. A couve-flor, nesse exemplo, poderia ser substituída por muitos outros produtos frescos, como queijo, ou outros produtos volumosos, como pacotes com 12 rolos de toalhas de papel para cozinha. O que funciona bem para os objetivos do comprador – aumento das vendas da categoria e da margem relativa – pode muito bem resultar em custos adicionais em outros pontos da cadeia de suprimentos. Esse é o segundo pilar da gestão de categorias: considerar os custos em todas as funções de varejo, de modo a maximizar o lucro para o varejista como empresa.

Uma terceira característica importante da gestão de categorias é criar valor para o consumidor. O consumidor é elemento central do paradigma de marketing e, assim, talvez até pareça que a gestão de categorias não trará nada de novo para a mesa. No entanto, criar valor para o consumidor assume nova roupagem se o varejista e o fornecedor trabalharem juntos para alcançar esse objetivo, como, por exemplo, compartilhando informações sobre o comportamento do *shopper*.

A colaboração estreita entre varejista e fornecedor é o quarto fator crítico da gestão de categorias. A razão de o impacto da filosofia da gestão de categorias ser tão amplo é o fato de ter mudado não só o *mindset* dos varejistas, mas também a maneira como os varejistas e fornecedores trabalham juntos. Para estabelecer um relacionamento fornecedor-varejista que seja mais inovador e mais profundo, abertura e confiança são indispensáveis. Esse relacionamento não é construído da noite para o dia, e exige investimentos emocionais e financeiros de ambos os lados. Os fornecedores tinham várias razões para realizar esse investimento:

► Diminuição da lealdade à marca.
► Aumento das influências sobre as decisões no nível da loja.
► Fragmentação do comportamento da mídia.
► Ataques de marcas próprias emergentes às grandes marcas.
► Necessidade de compensar a concentração e a internacionalização crescentes dos varejistas.

Sob a perspectiva dos varejistas, eles também tinham razões para aprofundar o relacionamento com os fornecedores:

► Resolver ineficiências da cadeia de suprimentos.
► Manter o *market share* e as margens, em resposta a pressões de preço de lojas de descontos e hipermercados.
► Concentração e internacionalização crescente dos fornecedores.
► Ativar *insights* oriundos de dados digitalizados e de cartões fidelidade.
► Usar novas tecnologias, como EDI, para otimizar os processos da cadeia de suprimentos.

Assim, os fornecedores tinham boas razões para deixar de lado o foco típico na marca, enquanto os varejistas minimizavam a importância dos preços de compra, estimulando a adoção de práticas de gestão de categorias em todo o mundo (Quadro 14.1).

O Walmart poderia ter optado por enfrentar seus próprios desafios promocionais. Todavia, o varejista gostou da nova maneira de trabalhar junto com o fornecedor. A P&G apresentou o termo gestão de categorias ao Walmart, e o conceito imediatamente caiu bem. O Walmart apreciava o fato de a gestão de categorias promover maneiras de melhorar o serviço para o cliente final. O foco do Walmart nos *shoppers* é expresso com clareza pelas palavras de Sam Walton: "Tudo o que fazemos desde que criamos o Walmart foi em função dessa ideia de que o cliente é o nosso chefe."[2] O Walmart poderia ter escolhido outro fornecedor, já que a P&G era uma empresa poderosa, que faria o melhor possível para extrair o máximo do arranjo. No entanto, ambas as empresas perceberam que, embora fossem gigantes nos respectivos campos, de varejo e produtos de consumo, cada uma precisava da outra se quisessem crescer mais rápido. E elas tiveram a coragem de sair das tradicionais trincheiras da negociação de preços entre fornecedor e varejista, para adotar abordagens capazes de promover o crescimento mútuo. O primeiro projeto foi um mix de gestão da oferta e demanda, provavelmente com mais ênfase em economias de custo na primeira área. O Walmart ofereceu à P&G *insights* sobre os seus números referentes a vendas e estoques. Dessa maneira, a P&D pôde ajustar sua oferta de produtos para as lojas do Walmart e, em consequência, seus níveis de produção. Para tornar eficaz a gestão de categorias, a P&G reformulou completamente sua estrutura organizacional. Depois de 1989, reestruturou suas forças de vendas, até então baseadas em divisões de produtos, organizando-as como equipes de categoria por clientes. Além disso, a P&G incluiu outras funções, como especialistas em cadeia de suprimentos, nas equipes de clientes. Essas equipes de clientes multifuncionais, que parecem tão lógicas hoje, eram, até então, inéditas. Chefes de divisões de produtos ficaram receosos de perder o foco nas marcas, e tentaram resistir à mudança. Na condição de organização gigantesca, como é a P&G, a reestruturação completa dos departamentos de vendas e marketing só foi concluída em 1993.

---

[2] WALTON, S. *Sam Walton*: Made in America, my story. Nova York: Bantam Books, 1992.

Quadro 14.1 – Cronologia da gestão de categorias e ECR

1980	Brian Harris cunha o termo gestão de categorias e lança seus alicerces teóricos
1985	Primeira ferramenta de planograma (Apollo)
1987	Primeiro projeto de gestão de categorias de todos os tempos, entre o Walmart e a P&G
1989	A P&G inclui a gestão de categorias como função na organização A Sainsbury's abraça a gestão de categorias, como pioneira na Europa
1990	Fundação do The Partnering Group, consultoria focada em gestão de categorias
1991	Em convenção de CIES, discutem-se e compartilham-se conceitos de gestão de categorias e melhores práticas
1992	Surge a sigla ECR (Efficient Consumer Response), quando um grupo de trabalho de varejistas e fornecedores se reúnem para encontrar respostas às ameaças de novos canais
1993	Publicação de Kurt Salmon Associates sobre conceitos de cadeia de suprimentos, sob o guarda-chuva de ECR, que melhora a distribuição de bens de consumo
1994	Fundação da organização ECR Europe
1997	O ECR Europe publica o *bluebook* do ECR que integra melhorias conceituais para a cadeia de suprimentos, gestão de categorias e tecnologias facilitadoras

◢ Um novo conceito: gestão de categorias

O termo gestão de categorias era usado internamente na P&G, antes de 1987, quando começou o primeiro projeto, mas, até então, nunca tinha sido posto em prática. Grande parte dos fundamentos teóricos da gestão de categorias foi lançada por Brian Harris, que também foi responsável por cunhar o termo. Numa discussão, em meados da década de 1980, quando lhe pediram para descrever a função que é responsável pelas várias atividades de *merchandising* para um conjunto de produtos em um supermercado Schnuck's, dos Estados Unidos, Brian Harris sugeriu o título "gerente de categoria".³ Em seguida, o termo "gestão de categorias" foi usado para descrever o planejamento de negócios conjuntos entre um varejista e um fornecedor.

Na época, Brian Harris era professor de marketing na Graduate School of Business Administration, na University of Southern California, e diretor do Food Industry Management Program, da USC, atividades que se estenderam de 1978 a 1983. Mais tarde, ele cofundou a Aba Groups, que desenvolveu a primeira ferramenta de desenho de planogramas (Apollo Space Management System), em 1885. Brian Harris foi consultor da P&G, onde seu aplicativo Space Management estava sendo implementado.⁴

Brian Harris observou que muitas discussões entre varejistas e fornecedores focavam o preço e que os interesses do consumidor final eram negligenciados. Desenhou, então, um modelo de colaboração que atraiu a atenção da P&G para o seu projeto com o Walmart. O primeiro projeto entre o Walmart e a P&G mostrou que a ideia poderia funcionar. O pessoal na P&G queria levar o novo modelo de pensamento para fora da empresa, de modo a encorajar a colaboração no setor. Essa iniciativa nem sempre atendia aos melhores interesses da P&G. Em seguida, seis funcionários deixaram a P&G e, em 1990, constituíram

---

³ TPG. Dr Brian Harris: TPG Role. *The Partnering Group Website*, 2015. Disponível em: <http://www.thepartneringgroup.com/our-people/brian-harris/>. Acesso em: 22 jul. 2015.
⁴ Ibid

uma empresa de consultoria, junto com dois outros, que tinham trabalhado como colegas na empresa Retail Directions – Mike McPartland e Brian Harris. O grupo de oito denominou a nova empresa de consultoria "The Partnering Group" (na verdade, de início, chamaram a empresa de "Partnering Group", ou PG, como trocadilho com a P&G, mas depois acrescentaram "The" para evitar quaisquer questões legais).[5]

A The Partnering Group desenvolveu muitas das teorias, ferramentas e práticas de trabalho que possibilitaram a difusão da gestão de categorias por todo o setor, como uma nova função. Foi o necessário e o suficiente para torná-la um movimento sustentável, em vez de uma sucessão de projetos avulsos da P&G. O modelo mais popular é o processo de negócio gestão de categorias, mais conhecido como modelo de oito passos. Esse *framework* ajuda a decidir se um único SKU (produto) deve ser parte de uma categoria, como atribuir papéis à categoria e quais estratégias e táticas de marketing podem ser aplicadas. O modelo se situa na base da gestão de categorias, e será analisado em detalhes neste capítulo. Contudo, àquela altura, a gestão de categorias ainda não se tornara grande, porque, embora o conceito e seus benefícios tenham sido compartilhados já em 1991, em uma conferência do CIES, em Nice, a gestão de categorias só foi amplamente aceita quando foi bem explicada no famoso *bluebook*, denominado *Category Management Best Practices Report* e lançado pelo ECR Europe, em 1997 – o que me leva ao termo *Efficient Consumer Response* (ECR).

◢ A gestão de categorias como parte do ECR

O termo ECR surgiu em 1992, quando um grupo de empresas, incluindo Safeway, Kroger e P&G, se reuniram como

---

[5] DAN. Jerry Singh, Managing Partner. *Category Management Incorporation*, 2015. Disponível em: <http://www.categorymanagement.com/about-jerry-singh.html>. Acesso em: 22 jul. 2015.

um grupo de trabalho. O objetivo era encontrar uma resposta estratégica apropriada, por parte dos supermercados tradicionais, à ameaça imposta por canais emergentes, como *discount mass merchants* (grandes varejistas de descontos), do tipo Walmart, e lojas de conveniência 24/7, do tipo 7-Eleven. O grupo contava com o apoio da consultoria Kurt Salmon Associates (KSA). Em 1993, a KSA publicou um relatório com vários conceitos sobre cadeia de suprimentos, que poderiam melhorar a distribuição de bens de consumo.[6] O documento preconizava o abastecimento integrado – a conjugação das etapas de abastecimento do forne-cedor para o depósito do varejista e abastecimento do depósito do varejista para as lojas. Usando dados digitalizados agregados de cada loja, a cadeia de suprimentos devia ser transformada, do carregamento dos estoques pelos fornecedores (*push*/empurrar) para o atendimento à demanda do consumidor (*pull*/puxar). O relatório de KSA afirmava que o abastecimento mais eficiente possibilitava redução de até 50% nos estoques e diminuição de 2,8% nos custos da cadeia de suprimentos. A KSA estava bastante otimista para acrescentar que a iniciativa poderia ser concluída até 1996. O ECR, em si, não era totalmente novo, e pode ser visto como um tipo específico de estratégia de *quick response* (QR), ou resposta rápida, adotada na indústria de vestuário, e do sistema *just-in-time* (JIT), de gestão de estoques, aplicado na indústria automobilística.[7] Embora a ameaça de canais disruptivos de *mass merchants* (grandes varejistas) não tenha ocorrido, o potencial de economizar custos de suprimentos também sensibilizou a Europa. Essa conjuntura resultou na fundação da organização ECR Europe, em 1994.

---

[6] KURT SALMON ASSOCIATES. *Efficient Consumer Response*: Enhancing Consumer Value in the Grocery Industry. Washington, D.C.: The Research Department Food Marketing Institute, 1993.

[7] KURNIA, S.; SWATMAN, P.; SCHAUDE, D. Efficient consumer response: a preliminary comparison of US and European experiences. *Progressive Grocer,* 1993. Disponível em: <http://userpages.uni-koblenz.de/~swatmanp/pdfs/C_Kurnia+Swatman+Schauder_Bled98.pdf>. Acesso em: 22 jul. 2015.

◢ A transferência do ECR para a Europa

Depois de seu início nos Estados Unidos, a filosofia de gestão de categorias surgiu primeiro na Europa e, depois, na América Latina e Ásia. Em 1989, na Europa, a Sainsbury's foi o primeiro varejista a abraçar a gestão de categorias. A empresa analisou o papel de cada uma de suas 75 maiores categorias e designou uma estratégia de categoria para cada uma, geralmente em conjunto com um grande varejista da categoria. A iniciativa se estendeu por mais de dois anos e meio. Ao oferecer cursos de treinamento abertos, a Sainsbury's educou grande parte da indústria, o que era crucial para o lançamento das funções de gestão de categorias no Reino Unido e, talvez, até na Europa.

Meu primeiro envolvimento com a gestão de categorias foi quando trabalhei como gerente de pesquisa no departamento de pesquisa de mercado e planejamento estratégico da Albert Heijn, nos Países Baixos. A Albert Heijn é reconhecida como uma das precursoras da gestão de categorias, e sua experiência dá uma boa ideia do que aconteceu com os varejistas, em geral, em toda a Europa. Já em meados da década de 1980, a Albert Heijn havia combinado as atribuições de compras e comercialização de produtos nas lojas, em vez de dividi-las em funções separadas. O novo cargo foi denominado "gerente de mix", que respondia ao diretor comercial, para produtos frescos ou não perecíveis. Em 1995, o gerente de mix recebeu mais autoridade decisória no processo de logística, do fornecedor para o depósito do varejista, e seu título mudou para "gerente de categoria". A reestruturação também incluiu uma nova camada organizacional de sete gerentes de unidade, reportando-se diretamente a um diretor de compras e de *merchandising*. Também se constituiu uma equipe para o marketing de formatos de varejo. Isso possibilitou que se considerassem as categorias de maneira muito mais estratégica. Antes, quando focava faturamento, participação justa e margens de compra, a Albert Heijn se empenhava em alocar todos os custos a todas as categorias, para compreender pela primeira vez qual era a contribuição de cada categoria para o lucro líquido. A redefinição dos tipos de categoria e dos tipos de custo que eram alocados revelou que a lucratividade de algumas categorias era muito mais baixa do que se supunha. A Albert Heijn tornou público que havia sofrido perdas de dezenas de milhões de florins holandeses em cinco grupos de produtos: pão, refrigerantes, cerveja, laticínios e plantas/flores. Para enfatizar a urgência de ações imediatas, a Albert Heijn denominou essas categorias "megaperdedores". A reestruturação da cadeia de suprimentos e a renegociação com os fornecedores foi semelhante: a Albert Heijn agrupou todas as categorias sob uma unidade de liderança. Geralmente, os fornecedores achavam que estavam operando em uma categoria com altos lucros para a Albert Heijn; portanto, foi um choque para eles saber que eram corresponsáveis pela sangria do varejista nessas categorias. Esse foi o caso de refrigerantes. A Albert Heijn constatou que a coleta de garrafas usadas em suas lojas envolvia pesados ônus para as lojas, transportes e depósitos.[8] Ainda mais revelador foi quando descobriram que os *shoppers* devolviam garrafas nas lojas da Albert Heijn que tinham sido compradas em lojas de descontos e até no exterior. Em resposta, a associação da indústria de refrigerantes (NFI) publicou um estudo alegando que os refrigerantes geravam lucro superior a um milhão de florins holandeses para a Albert Heijn. Apesar desse estudo, a Albert Heijn pressionou por melhorias na cadeia de suprimentos em todas as categorias megaperdedoras. Os fornecedores que colaboraram, sob a perspectiva da Albert Heijn, foram recompensados com um projeto de gestão de categorias, na condição de fornecedor exclusivo, ou "capitão da categoria", como frequentemente eram chamados.

---

[8] HANSEN-LOVE, E. AH lijdt verlies op fris em bloemen. *Volkskrant*, 24 ago. 1995. Disponível em: <http://www.volkskrant.nl/dossierarchief/ah-lijdt-verlies-op-fris-en-bloemen~a397487/>. Acesso em: 22 jul. 2015.

Consultores como a The Partnering Group aproveitaram o interesse por ECR para promover o conceito de gestão de categorias. Em 1997, o *bluebook* do ECR combinou com sucesso inciativas de cadeia de suprimentos com o conceito de gestão de categorias, com base no princípio de que ambos eram orientados ao consumidor. O objetivo geral era promover colaboração entre empresas, em toda a cadeia de suprimentos, com o objetivo de atender melhor, mais rápido e a preços mais baixos às demandas dos consumidores. Em meados da década de 1990, o conceito de gestão de categorias estava intimamente ligado ao termo ECR. O conceito de ECR foi o princípio abrangente para melhor colaboração em qualquer ponto de contato entre varejista e fornecedor. Na Europa Oriental, o ECR ainda é um movimento forte e ativo para melhor cooperação na indústria de bens de consumo, como foi na Europa Ocidental, em meados da década de 1990. Três áreas de trabalho integradas foram identificadas para a combinação do ECR com a gestão de categorias:

▶ Gestão de suprimentos ou abastecimento eficiente: a otimização de todos os processos de cadeia de suprimentos que ocorrem até a entrega dos bens na loja. O ECR Europe diferenciou várias áreas de melhoria, como fornecedores integrados, produção sincronizada, reabastecimento contínuo, automação de pedidos na loja, operações confiáveis e *cross docking*.

▶ Gestão da demanda ou gestão de categorias: otimização de todos os processos que afetam o *shopper*, até o consumo. Normalmente, isso se divide em quatro áreas de melhorias: promoções, mix de produtos, lançamento de novos produtos e recursos de gestão da demanda, como estrutura da organização e definição de objetivos.

▶ Tecnologias capacitadoras: para otimizar os processos de oferta e demanda, foi necessário implementar tecnologias novas e aprimoradas. As tecnologias que receberam mais atenção no início do ECR foram comércio eletrônico (intercâmbio eletrônico de dados, EDI), transferência eletrônica de dados e custeio baseado em atividades (ABC).

Muitas das áreas de melhoria em ECR não eram novas, na época. A mudança importante no conceito de ECR baseou-se mais no fato de que as organizações começaram a implementar as alavancas de aprimoramento de maneira integrada, em vez de isolada. Com efeito, o ECR está direcionado para a solução de ineficiências em toda a cadeia de suprimentos, da gestão de matérias-primas ao marketing de consumo. Além disso, o ECR estimula a colaboração entre organizações, sobretudo as que se situam entre fornecedores e varejistas. Das três áreas de trabalho do ECR, a mais focada, nos anos 1990, era gestão de suprimentos e tecnologias capacitadoras. Os varejistas que adotaram o ECR queriam primeiro reduzir custos, antes de olhar para as categorias sob a perspectiva dos consumidores. Por exemplo, o EDI substitui notas de papel para expedição e faturamento (entre outras coisas), é muito mais rápido, e gera economias de custo. De acordo com o conceito de abastecimento contínuo, o sistema providencia pedidos e entregas de produtos, automaticamente, depois que o caixa digitaliza o produto para o consumidor. Isso torna os estoques redundantes, tanto nas lojas quanto no depósito do varejista, propiciando economias de custo.

◢ O processo de gestão de categorias em oito passos

O *bluebook* do ECR, de 1997, oferece uma descrição completa e clara do processo de oito passos da gestão de categorias (Fig. 14.1). No momento em que escrevo, esse ainda é um conceito válido, pois é essencialmente uma metodologia de planejamento estratégico, que ajuda a determinar em quais negócios a organização opera e que identifica os *drivers* do crescimento futuro da categoria. O processo de oito passos orienta os varejistas e fornecedores, passo a passo, no percurso das atividades coletivas necessárias para definir, desenvolver e avaliar uma categoria. As oito fases são:

1º Passo - Definição da categoria: compreender as necessidades atendidas pelos produtos da categoria; selecionar os produtos que são mensuráveis e manejáveis para todas as partes; montar uma árvore de decisão do *shopper*, que explique como os *shoppers* escolhem na faixa de produtos do mix; se necessário, dar um novo nome à categoria, que reflita as necessidades e a língua do consumidor.

2º Passo - Papel da categoria: desenhar um modelo para distribuir recursos por entre as categorias; atribuir papeis a cada categoria, com base em seu valor para o varejista e *shoppers*, nas tendências de mercado e na posição competitiva do varejista.

O *bluebook* do ECR, de 1997, descreve quatro tipos de papeis de categoria. *Categorias de destino* são aquelas que diferenciam o varejista em relação aos concorrentes. São lucrativas para o varejista, e os *shoppers* se conectam com elas (por exemplo: a categoria de vinhos, no Delhaize, ou a categoria de refeições prontas, refrigeradas, da Albert Heijn). A maioria são *categorias rotineiras ou preferidas*: frequentemente estão na cesta do *shopper*, como café, além de serem muito importantes para o fluxo de caixa do varejista e indispensáveis para os *shoppers*. As *categorias de conveniência* suprem as necessidades do *shopper*, em condições de *one-stop shopping*. No entanto, os *shoppers* não veem os varejistas como canal de venda básico para essas categorias. Exemplos são revistas ou bilhetes de loteria nos supermercados. Finalmente *categorias sazonais* ou *ocasionais* podem ajudar a reforçar a imagem do varejista e são importantes para o lucro.

3º Passo - Avaliação da categoria: descrever as tendências do mercado e do consumidor; determinar o desempenho do varejista e dos fornecedores, com base em uma análise completa; encontrar as melhores oportunidades para melhorias a serem quantificadas.

4° Passo - Métricas de desempenho da categoria: descrever os objetivos qualitativos e quantitativos a serem alcançados, e ajustar, em consonância, o plano da categoria.

5° Passo - Estratégias da categoria: definir estratégias de marketing para as categorias e seus segmentos. O *bluebook* do ECR, de 1997, descreve sete estratégias. Os exemplos incluem construção de transações, para aumentar o valor da cesta do *shopper*, e melhoria da imagem, para permitir que a categoria transmita a imagem de varejo desejada.

6° Passo - Táticas da categoria: detalhar a estratégia da categoria em uma faixa de ações de marketing específicas. O sucesso da categoria e o valor da cesta podem ser ampliados pela alocação de mais espaço. A viabilidade dessa estratégia também depende da importância da categoria para o varejista. Para uma categoria de destino, o varejista deve estar preparado para criar mais espaço e para selecionar categorias de produtos com margens acima da média. O resumo final de todas as táticas de categorias é denominada tatograma.

7° Passo - Implementação da categoria: elaborar um prospecto de todas as ações planejadas; distribuir pessoas e tempo; obter permissão da alta administração; testar e implementar.

8° Passo - Análise da categoria: medir e avaliar os resultados do plano da categoria, pelo menos anualmente. O modelo original prevê essa avaliação como oportunidade de gerar feedback para o primeiro passo – definição da categoria.

Figura 14.1 – Processo de gestão de categorias

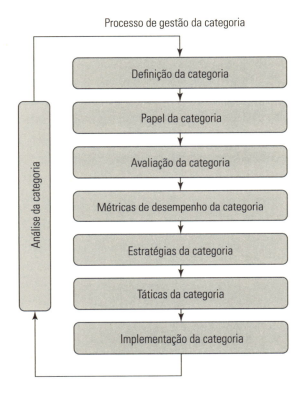

Fonte: ECR Europe, The Partnering Group, Roland Berger & Partners

◢ O modelo ficou ultrapassado

Em meados da década de 1990, varejistas e fornecedores seguiram, passo a passo, o processo de gestão de categorias. O modelo de oito passos foi muito útil, ao ajudar os varejistas e fornecedores a iniciar a gestão de categorias. Seus numerosos padrões esclareceram as ações exatas a serem praticadas pelas organizações. A visão estratégica do modelo ajudou a profissionalizar a gestão de compras e suprimentos no varejo. Em razão dessa abordagem holística e estratégica, o modelo, como já dissemos, ainda hoje é um paradigma de raciocínio útil. Contudo, por várias razões, ele tem sido aplicado cada vez menos:

- O modelo de oito passos adota uma abordagem de projeto. Isso pode ser útil quando a gestão de categorias ainda é novidade, mas, depois de adotar a filosofia, a maioria das organizações procura modelos orientados ao processo.

- O modelo está associado a numerosos padrões quantitativos, cujo uso exige muitos dados e recursos. No começo, as organizações aceitavam esse requisito como normal, porque tudo era novo. Mais tarde, isso assustou as organizações, afastando-as do modelo. Automação e ampla variedade de modelos de três passos chegaram tarde demais para mudar a percepção de carga de trabalho pesada.

- Os varejistas vieram com seus próprios modelos, para atender às suas necessidades específicas. Normalmente, acho que esses modelos contêm todos ou a maioria dos oito passos originais. Quase sempre, porém, os varejistas exigem que os fornecedores sigam seus processos, em vez de usar o modelo original ou de desenvolver, em conjunto, um novo modelo.

- Os primeiros passos foram absorvidos pelo domínio exclusivo do varejista. Algumas decisões são tomadas uma vez e nunca mais são revisadas. Veja, por exemplo, a atribuição de papeis à categoria. Os papéis tendem a manter-se estáveis ao longo do tempo. Mudança no papel da categoria poderia ocorrer em consequência de mudança na estratégia, se as tendências dos *shoppers* se transformarem muito, ou se, depois de aproximadamente dois anos, constatar-se que a estratégia da categoria precisa de revisão.

- O modelo negligencia um passo importante, anterior à definição da categoria, ou seja, o alinhamento estratégico. Antes de investir tempo e dinheiro, os varejistas precisam descobrir se o modelo os ajuda a gerenciar seus processos de compra e fornecimento. Antes de constituir uma equipe de projeto multifuncional e investir em pesquisa de mercado, os fornecedores precisam descobrir se a alta administração do varejista está aberta ao compartilhamento de informações, à liberação de recursos e a confiar nos resultados de pesquisas, em vez de basear suas decisões em instintos. O fornecedor deve contar com uma caixa de ressonância em nível sênior, se o gerente de categoria se recusar a colaborar ou ameaçar de só implementar o plano da categoria se o fornecedor reduzir seus preços. Muitos projetos de gestão de categorias foram liquidados, ao se tornarem parte do processo de compras e da rotina de negociações diárias.

Atualmente, varejistas e fornecedores raramente percorrem todas as fases do processo de negócio original de gestão de categorias. Geralmente, apenas consideram certa parte da abordagem e trabalham com ela, em colaboração ou sozinhos. A gestão de categorias evoluiu de abordagem colaborativa, movida a projeto, para processo contínuo, em que o varejista decide sobre a maioria dos primeiros passos do modelo e pode pedir apoio aos fornecedores, em decisões táticas e operacionais. Alinhada com essa nova realidade, e complementando a decisão formal, a Category Management Association (CMA) oferece uma perspectiva muito útil de pragmática da gestão de categorias:

Gestão de categorias é um processo contínuo e colaborativo entre fabricantes e varejistas, para gerenciar as necessidades dos *shoppers*, agrupadas no que denominamos "categorias". Os objetivos desse processo são: otimizar a satisfação dos *shoppers* e cumprir a função atribuída pelo varejista a cada categoria, no portfólio geral de categorias de varejo. O estado final do processo de gestão de categorias é a combinação de mix, preço, apresentação de prateleira e promoção, que otimiza a função das categorias ao longo do tempo.[9]

---

[9] CMA. Clarifying Definitions of Category Management. *Category Management Association*, 2014. Disponível em: <http://www.cpgcatnet.org/page/whatis-CatMan/?cm_c=202922>. Acesso em: 22 jul. 2015.

A gestão de categorias é intensiva em dados e analítica por natureza. Gestão de categorias é compreender dados. Em contraste, *shopper marketing* é mais voltado para compreender emoções ou motivações.

◢ A contribuição do ECR

Então, qual é o resultado da iniciativa ECR? O ECR definiu os objetivos de deixar o *shopper* mais feliz, melhorando relacionamentos na cadeia de suprimentos e entregando mais lucro como resultado. Vamos começar com uma avaliação do valor monetário do ECR, pois já houve algumas pesquisas nessa área. De início, as estimativas de reduções de custos, propiciadas pelo ECR, variam entre 4% e 10% do faturamento gerado pelo consumidor. Na ponta mais baixa, em mercados como Países Baixos, onde a logística é altamente eficiente, os ganhos são menores do que, por exemplo, nos Estados Unidos. Em seu estudo "The Case for ECR", o ECR Europe conclui que 10 anos depois do começo do movimento ECR, na Europa, suas economias chegaram em 3,6% do potencial de 6,9%, como porcentagem das despesas incorridas pelo consumidor.[10] Ainda há muito a ser feito para que os resultados cheguem ao objetivo final. Na época, o potencial de economia era de 3,3%, ou €28 bilhões. Além disso, o estudo afirmou que as vendas de varejo poderiam aumentar em 4,9%, caso se atendesse com mais eficácia as necessidades do *shopper*. É seguro dizer que ainda existe potencial de melhoria, sem estimar exatamente o valor em euros. O conceito de ECR continua válido – resta ver se o movimento ECR seguirá exercendo papel importante. Com menos convenções, menos estudos encomendados e organizações nacionais de ECR dissolvendo-se na rede GS1, o movimento

---

[10] ECR EUROPE. *The Case for ECR*: A Review and Outlook of Continuous ECR Adoption in Western Europe. Bruxelas: ECR Europe, 2006.

perdeu a força em muitos países.[11] As exceções são mercados emergentes, como Rússia e Países Bálticos, onde a organização ECR serve como plataforma que reúne varejistas e fornecedores para melhor colaboração por entre a indústria.

Os outros objetivos do movimento gestão de categorias/ ECR foram oferecer maior satisfação ao *shopper* e propiciar melhores relações de trabalho entre varejista e fornecedor. É difícil provar que o *shopper* e os varejistas da cadeia de suprimentos ficaram mais felizes com o passar dos anos e atribuir essa conquista ao movimento ECR. Contudo, vale a pena analisar alguns efeitos organizacionais da gestão de categorias e do ECR. O movimento impulsionou mudanças organizacionais dentro das empresas. No lado do varejo, os departamentos de compras se transformaram em departamentos de gestão de categorias, onde atuam compradores, experts em cadeia de suprimentos e gerentes de *merchandising*. Essa *expertise* é necessária para comprar pelos custos mais baixos possíveis e para gerenciar os produtos em termos de logística, depósito, ocupação de espaços na loja e *marketing pull* oriundo do *shopper*. Evidentemente, isso significa que o perfil desejado do comprador e do gerente de categoria também muda.

No início da gestão de categorias, grandes fornecedores geralmente tinham algumas pessoas trabalhando em *trade marketing*, talvez em conjunto com outras atividades de marketing. Quando começaram os primeiros experimentos, essas equipes foram reforçadas, em termos de número de pessoas e de nível hierárquico. A equipe, então, passou a reportar-se ao diretor de vendas. Algumas vezes, elas mudaram de nome, para "departamentos de gestão de categorias", exatamente como suas contrapartes em varejo. Mais tarde, desde meados da década de 1990, alguns fornecedores novamente remanejaram as atribuições entre

---

[11] ECR AUSTRALASIA. *The Consumer Goods Forum*, 2015. Disponível em: <http://www.ecr-europe.org/about-ecr/related-organisations>. Acesso em: 22 jul. 2015.

diversos departamentos. Por exemplo, gestão de categorias para gestão de mix e espaço; *trade marketing* para execução de *display* e *merchandising* de prateleira; *shopper marketing* para campanhas promocionais para o cliente; e *shopper insights* para pesquisa de mercado. As linhas de prestação de contas geralmente levam ao diretor de marketing ou de vendas e, numa minoria de fornecedores, a posição conseguiu assento no conselho de administração. Além disso, em termos de estrutura organizacional, a gestão de categorias estimulou a formação de equipes de clientes, para servir a um ou a poucos clientes. As equipes de clientes tentam reproduzir as capacidades das equipes de varejo, como logística e pesquisa. O líder da equipe pode assumir a responsabilidade pelo processo de negociação ou focar o relacionamento geral e delegar a função de vendas a um membro da equipe.

As mudanças estruturais propiciam melhor comunicação entre varejista e fornecedor. Várias funções de ambos os lados conversam umas com as outras. Relacionamentos de alta qualidade são indispensáveis. Infelizmente, é difícil dizer se os relacionamentos melhoraram ou se apenas ficaram mais equilibrados. Ainda hoje, alguns varejistas insistem em copiar a embalagem de grandes marcas, enviar cartas com ofertas especiais e reivindicar condições privilegiadas, sem contrapartidas. Por outro lado, fornecedores lançam folhetos em lojas de descontos, relutam em se adaptar aos mercados locais, por força da abordagem de produção em vários países, e usam suas equipes de *merchandising* de campo para corrigir planogramas em lojas locais.

A ascensão das novas atribuições de *trade marketing* em organizações de fornecedores impactou outros departamentos. Primeiro, até então, o departamento de marketing era o fator dominante em estabelecer o curso da organização quanto aos seus planos de marketing e propaganda. Com a introdução da gestão de categorias, isso mudou. *Trade marketing* entrou em territórios tradicionalmente pertencentes ao marketing. Grandes marcas só são exitosas se o seu crescimento estiver sujeito ao crescimento da categoria. Distribuir 100% de cada produto não é mais possível, e a gestão de categorias mostra as marcas compatíveis com as necessidades de certo canal e varejista, a disponibilidade de espaço e os preços aceitáveis. Em algumas organizações, a gestão de categorias assumiu a atribuição de desenhar a embalagem, antes sob a responsabilidade das equipes de marcas de consumo, já que o destaque na prateleira se tornou mais crucial do que descrever na embalagem os ingredientes e os benefícios do produto. *Market shares* eram calculados para pequenos segmentos, descritos em termos de produtos, como tabletes de chocolate com menos de 100 gramas. Depois do lançamento da gestão de categorias, os fornecedores se deram conta de que tinham de definir *market shares* sob a perspectiva do *shopper* (por exemplo, categoria de doces açucarados) e considerar o modelo operacional holístico dos varejistas (todos os doces, em vez de apenas doces de chocolate). Finalmente, os fornecedores deslocaram suas verbas e foco de pesquisa para embalagem, de conceitos e propaganda para pesquisas sobre o *shopper* (árvores de decisões, planogramas) e para pesquisas sobre o varejo (pesquisas de satisfação, seleção de lojas). Portanto, a gestão de categorias imergiu profundamente em operações de varejo e de fornecimento, e espero que continue a evoluir, à medida que a compreensão do que importa para o *shopper* se torna mais importante para varejistas e fornecedores.

O QUE FAZER PARA DEIXAR OS *SHOPPERS* FELIZES?

No centro da gestão de categorias, estão a vontade e o entusiasmo para realmente compreender os *shoppers* e servi-los da melhor maneira possível. Em todas as decisões de marketing de varejo, os gestores devem anotar como elas ajudarão o *shopper*. E seja honesto se o único propósito dessa decisão for aumentar a lucratividade da empresa ou superar os concorrentes.

QUAIS ESTRATÉGIAS DE MARKETING OS VAREJISTAS PODEM USAR?

A Sainsbury's nos mostrou que envolver os fornecedores, de maneira aberta, em um novo modelo de negócio de colaboração, pode sacudir a cadeia de suprimentos e, ao mesmo tempo, maximizar o retorno do investimento.

A gestão de categorias foi criada em resposta à ameaça de novos canais, como *mass-merchant discounters*. O mesmo modelo de colaboração poderia ser útil para a indústria, ao responder aos novos atores on-line, como a Amazon.com e o Google.

Geralmente, acho que os gestores fazem as melhores escolhas na gestão de categorias, usando ferramentas adequadas para a solução de problemas. No entanto, gestão de categorias é um conceito integrado. O simples fato de trabalhar em um novo planograma pode impactar negativamente as táticas promocionais ou levar o varejista a se sentir desconectado das necessidades dos consumidores, por não investir nas fases preliminares da gestão de categorias.

CAPÍTULO

15

A VERDADEIRA
COMPREENSÃO DO CLIENTE

OS PRINCÍPIOS de gestão de categorias, analisados no Capítulo 14, introduzem uma ampla variedade de abordagens, incluindo instrumentos orientados por dados e de natureza analítica. Essas abordagens precisam ser convertidas em *insights* e, então, implementadas para o *shopper*, por meio de conversas entre varejistas e fornecedores. O objetivo final dos varejistas deve ser tornar os *shoppers* felizes. Para tanto, os varejistas precisam de fornecedores que compreendam seus objetivos e maneiras de trabalhar. Por outro lado, no Capítulo 14, já ficou claro que os fornecedores, mais do que nunca, precisam de varejistas para construir o relacionamento com os consumidores. Portanto, compreender as necessidades dos varejistas, em toda sua extensão, é pré-requisito para os fornecedores. Conhecendo as necessidades dos varejistas, é possível conduzir a análise certa para os desafios enfrentados pelos varejistas. Além disso, compreender suas necessidades garante uma forma melhor e mais personalizada de comunicar a essência da proposta e das análises dos varejistas. O modo de comunicação (breve ou longo; mínimo ou detalhado, etc.) depende das preferências do varejista, que foram apuradas na fase de compreensão. Não se trata apenas da qualidade da mensagem que os fornecedores transmitem aos varejistas, mas também de como eles transmitem essa mensagem e se consideram os interesses dos varejistas. Neste capítulo, analiso as maneiras como os fornecedores podem adaptar sua cultura, estrutura e outras características organizacionais, para efetivamente compreenderem as necessidades dos varejistas.

◢ Desperdiçando o tempo dos varejistas

Muitos gerentes de contas e gerentes de *trade marketing* caíram na armadilha de desperdiçar o tempo dos gerentes de categoria, com apresentações irrelevantes ou sem foco, destacando dados irrelevantes, que não estão ligados às prioridades e às necessidades dos clientes. Os gerentes de categoria não estão interessados, de modo algum, em todas as funções já exercidas pelo gerente de contas, nem em uma detalhada do processo de produção ou da história do fornecedor, desde a sua fundação. Apresentações sem foco são recebidas com desdém. Da mesma maneira, os gerentes de contas fazem muitas perguntas, por vezes sem sentido, sobre detalhes do comportamento de compra dos gerentes de categoria. Gerentes de categoria de produtos de limpeza, por exemplo, são perguntados sobre a higiene de sua própria casa, assim como os gerentes de categoria de alimentos para pets são indagados sobre os hábitos alimentares de seus próprios pets. Quando trabalhei com o consultor de varejo Al Forbes, ele me deu uma lista dos erros a serem evitados, ao lidar com gerentes de categoria[1]:

1) Perguntas vagas (por exemplo, "Como vão as coisas?").

2) Pedido de dados irrelevantes, como estatísticas de mercado sem *insights*.

---

[1] Al Forbes, owner of Solvinus retail consultancy disponível em: <http://www.solvinus.com/>), personal communication.

3) Críticas sem soluções.

4) Reuniões sem propósitos específicos.

5) Apresentações sem boa análise incremental.

6) Abuso no uso de jargões de fornecedor.

7) Apresentações de marcas fora do contexto da categoria.

8) Apresentações desconectadas das prioridades/necessidades.

9) Propostas que geram fragmentação e duplicação do mix de produtos.

10) Omissão de questões que tendem a impactá-los – até depois do evento.

◢ O *trade marketer* como parceiro transacional

Tornou-se prática comum para o *trade marketer* acompanhar os gerentes de contas em visitas a gerentes de categoria, ou até visitar o cliente por conta própria. Os gerentes de categoria realmente apreciam essa participação, porque *trade marketing* é considerado mais objetivo e menos focado em vendas. Todavia, isso também significa que muitas das competências que se esperam dos gerentes de contas agora também são exigidas de *trade marketers*, já que também participam das visitas. Os gerentes de categoria precisam de várias contribuições dos *trade marketers*. Em essência, os gerentes de categoria necessitam de informações rápidas e exatas sobre o desempenho da categoria do varejista. O *trade marketer* deve conhecer os fatos sobre a categoria, como: crescimento no último período, rotatividade de no mínimo os 10 produtos do topo e da base, e os mais recentes lançamentos de produtos por varejistas concorrentes. Dominar esses fundamentos transformará a equipe de *trade marketing* em ótimo parceiro transacional.

Lidando com os problemas

O gerente de categoria quer extrair mais do *trade marketing* do que os aspectos mencionados anteriormente. Depois de identificar os pontos fortes e os pontos fracos dos concorrentes, o gerente de categoria espera propostas que abordem "problemas" do momento. Por exemplo, se os varejistas concorrentes estão atraindo *shoppers* com promoções pesadas, o gerente de categoria deseja que o *trade marketer* mostre os *shoppers* que estão indo embora e sugira mudanças de promoções e preços que os façam voltar para produtos específicos, com preços elásticos. Os gerentes de categoria apreciam inteligência competitiva, sem comprometer o fornecedor. Quem for capaz de oferecê-la será reconhecido como conselheiro e parceiro de confiança. Ao sondar em profundidade o "coração" dos gerentes de categoria, você verá que eles gostariam de conseguir muito mais dos *trade marketers*, como novas ideias oriundas de outras categorias e sugestões de inovações baseadas em *insights* dos *shoppers*. Os gerentes de categoria querem estar um passo à frente dos concorrentes. Os *trade marketers* podem ajudá-los a alcançar esse resultado. Eles têm condições de apoiar o varejista, apresentando uma visão de como será a categoria no futuro e oferecendo capacitadores que permitirão ao varejista alcançar seus objetivos de categoria, com mais rapidez e eficiência. Esses fornecedores são **parceiros estratégicos**.

Aceitando o desafio

As transições por vezes transcorrem sem contratempos e os participantes nem mesmo percebem que estão entrando em "nova" fase. É melhor começar com informações relativamente simples sobre o desempenho da categoria, para conquistar a confiança do cliente. Não há razão para que os desafiantes da categoria também não sigam essa abordagem. Cheguei a essa conclusão pessoalmente, quando a Kraft Foods (hoje Mondelez) conseguiu tornar-se parceira preferida de gestão de categoria da Albert Heijn, embora Mars e Nestlé, à época, fossem fornecedores muito maiores. Conquistei a confiança do gerente de categoria, entregando-lhe, de início, listas de giro simples e gráficos Pareto (80/20), a cada quatro semanas. Essas informações geravam *insights* sobre o desempenho no curto e no longo prazo e eram suplementadas por sugestões de ação. O gerente de categoria tinha pouco tempo disponível e, por conta disso, gostou do fluxo contínuo de informações, apresentadas de maneira objetiva. Ao mesmo tempo, fiz vários tipos de pesquisa sobre *shoppers* e trabalhei com afinco na construção de uma visão da categoria. Começamos a conquistar o coração do cliente não só com a promessa de um novo relatório completo da categoria, mas também com a oferta de um voo de helicóptero para o lugar da reunião e de um tour pela fábrica de chocolate da Kraft Foods, perto de Bruxelas, Bélgica. Como resultado desses esforços, a Kraft Foods assumiu a liderança num projeto de gestão de categoria, para grande surpresa de outros fornecedores. Uma das grandes mudanças que propus foi um novo planograma no qual grupos de produtos que tendiam a ser comprados juntos foram apresentados na vertical (Fig. 15.1). Esse planograma logo foi aproveitado por outros varejistas e ainda hoje é o modo de apresentação padrão nos Países Baixos.

Figura 15.1 – Mudanças no planograma de chocolates

Planograma de chocolates antes

Bombons
Barras e tabletes
Doce em barra

Planograma de chocolates depois

Caixa de bombons	Tabletes grandes	Pacote sortido de doce em barra
Pacote de bombons	Barras pequenas	Pacote de mini doce em barra

Serviços necessários

A Fig. 15.2 resume os três serviços de *trade marketing* para o gerente de categoria: desempenho da categoria, soluções para a categoria e futuro da categoria. Em conjunto, esses serviços se integram numa hierarquia, como na hierarquia das necessidades de Maslow. Sem a prestação dos serviços básicos, o gerente de categoria não deixará que a equipe de *trade marketing* atue no nível seguinte:

▶ Na base: como tem sido o desempenho da categoria?
▶ No meio: quais são as soluções para os problemas da categoria?
▶ No topo: qual é o futuro da categoria?

Além disso, trabalhar no primeiro nível não é menos importante do que operar nos dois níveis subsequentes. A verdadeira pergunta a ser feita é: o que é mais relevante para o varejista? Diferentes varejistas precisam de diferentes tipos de informações, dependendo de sua posição no mercado. Varejistas em indústrias como eletrônica, brinquedos e DIY (*Do-it-Yourself*), por exemplo, iniciaram a gestão de categorias, em nível profissional, depois dos varejistas de alimentos, bebidas e produtos de limpeza. Os varejistas desses setores geralmente foram capazes de crescer sem maiores problemas, expandindo o número de lojas ou recorrendo à diversificação. Quando, nas mesmas condições e sob os mesmos critérios, as vendas começam a despedaçar-se e a concorrência fica mais feroz, os varejistas reconhecem a necessidade de adotar uma abordagem mais estratégica e baseada em fatos na gestão de categorias. A competição se intensifica e os varejistas sentem a necessidade de suporte adicional dos departamentos de *trade marketing* dos fornecedores.

Figura 15.2 – Suporte esperado pelos gerentes de categoria

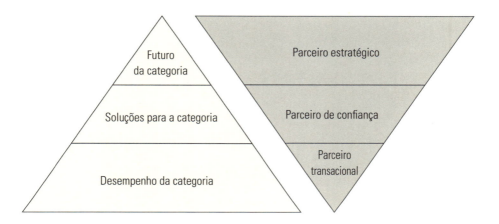

O ímpeto para a mudança geralmente se manifesta quando a alta administração do varejista percebe o potencial da gestão de categorias. Às vezes, os principais fornecedores deflagram a mudança. Vi esse processo em mercados emergentes, como Rússia e Ucrânia, nos quais empresas de bens de consumo rápidos treinam seus gerentes no conceito de gestão de categorias, para desenvolver relacionamentos mais profundos com os clientes. Todavia, a consequência da adoção tardia da gestão de categorias, em indústrias como a eletrônica, tem sido os fornecedores focarem a eletrônica entrega de informações básicas, referentes especificamente ao fornecimento, inclusive sobre mix e promoções. Ao alocar recursos aos clientes, os fornecedores naturalmente tentam combinar a experiência e as capacidades do cliente. Fiz esse experimento pela primeira vez na Gillette, antes de a Procter & Gamble adquirir essa empresa. O portfólio de produtos da Gillette era muito amplo e incluía, entre outros itens, lâminas de barbear, máquinas de café, pilhas e canetas. Esses produtos abriram caminho para ampla variedade de clientes, como atacadistas especializados em presídios, hotéis, farmácias, instalações militares e varejistas on-line. Essa diversidade se refletiu nas capacidades e no tamanho dos clientes e das equipes de *trade marketing*.

◢ A evolução do *trade marketing*

Para identificar o nível e o tipo de suporte de que precisa o gerente de categoria, é útil identificar os objetivos e as capacidades do varejista e a situação competitiva que o varejista está enfrentando. Isso, por sua vez, determina a extensão potencial do suporte a ser prestado pelo fornecedor. Compete ainda ao fornecedor decidir se o *trade marketing* é uma ferramenta eficaz para esse propósito. Uma pergunta importante a ser formulada é se o fornecedor tem capacidade e ambição para atender às necessidades do varejista. Identifico quatro fases do *trade marketing*: transação, suporte, aconselhamento e *shopper marketing*. A Fig. 15.3 mostra os objetivos e o foco principal das quatro fases. De fato, sondando mais fundo, você descobrirá que cada fase tem suas próprias necessidades de dados, estrutura organizacional, competências da equipe, funções, processos, etc.:

1ª Fase - Transação: na primeira fase, preencher a capacidade de produção e atingir as metas de volume é o objetivo mais importante do que qualquer outra coisa. Assim como a fase 2, tem perspectiva de curto prazo e foco interno.

2ª Fase - Suporte: na segunda fase, os fornecedores ficam mais sensíveis às necessidades dos clientes, pois querem descobrir os argumentos certos para ampliar as promoções e o mix de produtos.

3ª Fase - Aconselhamento: na terceira fase, os fornecedores deslocam o foco para fora. As campanhas de marketing são ajustadas às necessidades dos clientes, desde que não transgridam os objetivos e os padrões estabelecidos pela equipe de marketing.

4ª Fase - *Shopper marketing*: na última fase, os fornecedores realmente trabalham para o crescimento da categoria total, na crença de que todos os *stakeholders* colhem os frutos desse esforço. Quando o crescimento da categoria não for possível, porque, por exemplo, praticamente todos os *shoppers* já compram o produto (como leite ou papel higiênico), o fornecedor trabalha com o varejista para melhorar a saúde financeira da categoria. Nesse estágio, o fornecedor promove o equilíbrio certo entre atividades focadas no consumidor e atividades focadas no cliente.

Figura 15.3 – A evolução do *trade marketing*

	Transação	Suporte	Aconselhamento	Shopper Marketing
Objetivos	• Suporte de vendas do fornecedor	• Ajuda a realizar objetivos do *Key Account Manager* (KAM) • Convence o cliente a comprar, com promoções e novos produtos	• Implementa campanhas de marketing no nível do cliente, de forma oportuna e efetiva	• Promove o crescimento sustentável e/ou a saúde da categoria • Inovação baseada no comportamento do *shopper*
Foco	• Interno • Curto prazo • Fornecedor • Fornecedor de volume • Negociação anual	• Interno • Curto prazo • Cliente • Fornecedor e cliente de volume	• Externo • Médio prazo • Consumidor e produto • Promoção e novo produto • Volume e faturamento	• Equilíbrio interno e externo • *Shopper* e categoria • *Drivers* de categoria • Volume, faturamento, lucro

A qualquer momento, o gerente de categoria pode lidar com os fornecedores em diferentes fases. Pode trabalhar em categorias muito diferentes e/ou lidar com fornecedores com diversos níveis de profissionalismo. Ao relembrar as três necessidades de serviço do gerente de categoria, vê-se que este desenvolverá uma visão da situação futura da categoria sob o ponto de vista de fornecedores que se encontram em uma das duas últimas fases do modelo de *trade marketing*. Muitos fornecedores de bens de consumo rápidos, na Europa Oriental, estão na primeira fase, enquanto a maioria das empresas na Europa Ocidental continental operam na segunda ou na terceira fase do *trade marketing*. O mercado do Reino Unido é mais avançado, com a maioria dos fornecedores operando na terceira fase, a de aconselhamento, do *trade marketing*, e alguns fornecedores atuando até na quarta fase, a de *shopper marketing*. Esta última é a abordagem estratégica usada pelos fornecedores que promovem *brand equities* de marcas de varejistas e fornecedores e suprem as necessidades dos *shoppers*. É a maneira mais impactante de os fornecedores alocarem recursos de *trade marketing* em torno de um varejista, tema ao qual retornarei no Capítulo 16, depois de sugerir algumas competências para tornar as organizações mais focadas no cliente.

Em resposta ao contexto da organização, o departamento de *trade marketing* ajusta seus objetivos e atribuições. Ao transitar para a quarta fase, de *shopper marketing*, a organização se torna mais estratégica e extrovertida, ou voltada para o externo, como mostra a Fig. 15.4.

Figura 15.4 – Trajetória de Crescimento – organização de *trade marketing*

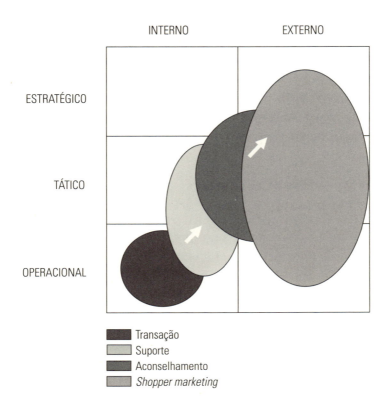

Superando as barreiras de cada fase

A transição de uma fase para outra exige esforço extra. Cada transição tem seus próprios pontos específicos, que exigem mais atenção. Por exemplo, a falta de *trade marketers* talentosos, com habilidades em marketing estratégico e em *consumer insights*, geralmente é considerada um gargalo na transição para a fase de *shopper marketing*. Nas primeiras fases, o gerente de *trade marketing* geralmente tem dificuldade em obter verba da administração para a nova função. O gerente de *trade marketing* desempenha um papel crucial na superação das barreiras de cada fase. Algumas das competências necessárias dos gerentes de *trade marketing* têm a ver com a gestão de mudanças e, assim, não são diferentes do que seria exigido de outras posições que envolvem gestão organizacional profissional. E, ao se deslocar da primeira fase transacional, focada exclusivamente nos interesses do fornecedor, para a fase de *shopper marketing*, com uma visão equilibrada dos interesses dos *stakeholders*, a função de *trade marketing* se torna mais estratégica e voltada para o externo. O que torna essa evolução mais específica é que o gerente de *trade marketing* deve compreender e interagir bem com pessoas de todos os níveis e funções na organização. Para chegar a esse ponto, o *trade marketing* precisa dispor de *insights* profundos sobre as necessidades do cliente.

◢ A compreensão do cliente como condição para a profissionalização do *trade marketing*

Na transição para a fase seguinte, a organização precisa desenvolver uma base de conhecimento composta de três aspectos, que atua como plataforma para a aquisição de *customer insights*:

1) Rotinas do gerente de categoria.

----

2) KPIs do gerente de categoria.

----

3) Influências de outras funções de varejo sobre o gerente de categoria.

Rotinas do gerente de categoria

Conhecer as pressões operacionais e os prazos inevitáveis o ajuda a empatizar com o gerente de categoria. A Fig. 15.5 mostra como é o dia típico de um gerente de categoria. A jornada começa com a verificação dos números e a certeza da disponibilidade de estoques suficientes. A agenda de promoções ainda tem dois eventos a serem executados e deve ser enviada à equipe de marketing até o fim do dia. O pessoal de serviços está recebendo chamadas de gerentes de lojas, em busca de informações sobre mudanças de preços em produtos críticos. Problemas urgentes geralmente absorvem grande parte do dia do gerente de categoria.

Figura 15.5 – Rotina do gerente de categoria

A verdade é que os gerentes de categoria passam menos de 5% do tempo conhecendo melhor as necessidades dos *shoppers* e garantindo que a categoria supra as suas futuras demandas. Essas são exatamente as áreas em que os gerentes de *trade marketing* do fornecedor querem focar suas visitas. Evidentemente, os dias não são sempre iguais, e os gerentes de categoria assumem diferentes funções, dependendo do tipo de categoria, situação da economia, objetivos organizacionais e características pessoais (Fig. 15.6).

KPIs do gerente de categoria

Conhecer os KPIs do gerente de categoria pode ajudar os *trade marketers* a compreender melhor as necessidades dele. Essas necessidades se relacionam com a categoria, como margens comerciais ou níveis de faltas de estoque, e também necessidades pessoais, como ambições profissionais e metas da função, para receber o bônus anual e cumprir os requisitos da empresa. Por exemplo, ao adotar objetivos estratégicos de sustentabilidade, o Walmart, nos Estados Unidos, promoveu reuniões de seus gerentes de categoria com cada fornecedor, para que eles esclarecessem como estavam contribuindo para as iniciativas ambientais e de sustentabilidade do Walmart. Compreender os KPIs dos gerentes de categoria é fundamental para estabelecer uma base comum entre o varejista e o fornecedor e, por sua vez, para oferecer ao fornecedor a capacidade de propor soluções.

Figura 15.6 – Fatores que influenciam as atividades do gerente de categoria

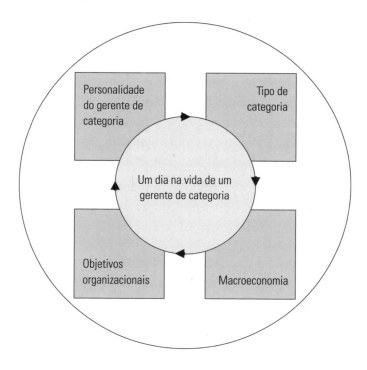

Conhecer e compreender os KPIs do cliente não significa que eles sejam os mesmos para ambas as partes. Um exemplo de incompatibilidade que vivenciei ocorreu quando a meta do gerente de categoria da Albert Heijn era aumentar a margem percentual da categoria, enquanto a meta da PepsiCo focava muito mais o aumento do volume. A PepsiCo nem mesmo percebeu a discrepância de KPIs, até ver as prateleiras abarrotadas de marcas próprias e marcas de nicho concorrentes. Essa constatação foi reveladora, e a PepsiCo rapidamente introduziu inovações no produto para aumentar a margem da categoria, e promoveu iniciativas para reconquistar a confiança do cliente. Em outras palavras, a Pepsi-Co teve de reformular seus objetivos. Na verdade, a Albert Heijn também mudou sua estratégia, porque muitas das marcas próprias não apresentaram bom giro. Discrepâncias de KPIs também podem ocorrer quando varejistas e fornecedores os avaliam de maneira diferente. As empresas de cigarros, por exemplo, supõem que sua categoria seja muito lucrativa. No entanto, a maioria dos varejistas inclui despesas gerais de *checkout* e de serviços nos cálculos da margem de cigarros. Os fornecedores de cigarros geralmente ignoram esse detalhe. Conforme os critérios de custeio dos varejistas, a categoria de cigarros é muito menos lucrativa e atraente do que supõem os fornecedores.

Compreensão das funções de varejo

Certa vez, constatei, da maneira mais difícil, que além da gestão de categorias, outras funções podem influenciar as decisões referentes a categorias. Quando comecei na PepsiCo, me pediram para desenvolver um novo *display* para os negócios da empresa nos Países Baixos que, à época, estava entre minhas prioridades. A PepsiCo teve a ótima ideia de facilitar as compras entre categorias correlatas e esperava elevar os gastos do *shopper* usando um *display* permanente que poderia conter várias categorias, como batatas fritas, refrigerantes, frutas e vinhos. A PepsiCo sabia, pelo gerente de categoria, que a iniciativa atenderia às necessidades de vendas e margens incrementais. A equipe de *trade marketing* conduziu experimentos em várias lojas, mas, infelizmente, o teste nunca foi realizado em âmbito nacional e acabou em cerca de um ano. Depois de todo o esforço e entusiasmo da minha equipe, resolvi descobrir o que tinha dado errado. Somente um ano depois do encerramento do projeto, constatei que uma pessoa no departamento de *merchandising* do varejista questionou a aparência do *display*. Numa reunião de marketing comum, que avaliava e aprovava todo o *merchandising* da loja, o projeto do *display* foi assassinado em cinco minutos. Se eu tivesse tomado conhecimento dessa reunião, poderia ter ajustado o *display* aos requisitos do cliente, em relação ao material, tamanho e figuração da marca. Faz sentido para o *trade marketing* visitar não só o gerente de categoria, mas também os sujeitos de outras funções no varejista, como operações de loja, planejamento de promoções e gestão de espaço. Em mercados avançados, como Reino Unido, os *trade marketers* mantêm contato com aproximadamente 30 pessoas no varejista. Essa realidade é muito diferente do modelo de engajamento fornecedor-varejista, em que só interagem o gerente de categoria e o gerente de contas. Os gerentes de categoria trabalham de acordo com diretrizes estabelecidas por outros departamentos, como operações de loja e marketing. Ao interagir com essas funções, o fornecedor desenvolve uma compreensão holística do processo de varejo, identifica onde fazer ajustes proativos e descobre áreas em que pode oferecer ajuda. Conhecer as necessidades do cliente em primeira mão estimula a colaboração. Em algumas organizações, esse princípio chegou a tal nível que o gerente de contas só visita o gerente de categoria, enquanto o *trade marketing* só procura as outras áreas no varejista.

◢ Cinco coisas que um gestor de categorias espera numa proposta de gestão de categorias

Compreensão profunda e conjunto de competências são requisitos para a eficácia do conteúdo de uma proposta de categoria. Evidentemente, a proposta também deve ser atraente em si. O gerente de categoria gostaria que as propostas de gestão de categorias preenchessem os seguintes critérios:

1) Melhores condições.

2) Exclusividade.

3) *Insights* para conquistar a vantagem competitiva do pioneiro.

4) Soluções plenamente alinhadas com suas necessidades.

5) Advertência de mudanças significativas (mercado, concorrentes, consumidores, categoria, canais, etc.).

Antes de apresentar seus planos aos clientes, os *trade marketers* podem verificar até que ponto a proposta de gestão de categorias foca o cliente, avaliando-a sob esses cinco critérios. Se um dos critérios não for atendido, o *trade marketer* poderá prever os tipos de perguntas que o gerente de categoria tenderá a fazer durante a conversa, preparando-se para respondê-las.

Sempre parece haver bons motivos para as organizações retardarem o início do trabalho, a fim de compreender melhor os serviços. O gerente da categoria só está interessado na proposta de promoção de hoje ou em seu incentivo, com base no volume do fornecedor. Alguns gerentes de *trade marketing* mencionam a categoria deles, em si, como razão para manter as coisas inalteradas. De acordo. Uma categoria, como papel higiênico, por exemplo, é menos interessante do que refrigerantes. Entretanto, é possível incluir diversão na jornada do *shopper* ou tornar a categoria mais centrada no cliente, talvez com o uso de atividades sazonais ou de campanhas promocionais customizadas. A categoria pode ser enfadonha, mas, quando os *trade marketers* visitam uma loja diferente, todas as semanas, é possível que se inspirem ao conhecer novos lugares. Comece hoje! O box a seguir apresenta algumas ideias como ponto de partida.

 DAR A PARTIDA, COM FOCO NO CLIENTE

1. Visite uma loja diferente todas as semanas. Compartilhe o que você aprendeu com o gerente de categoria, trimestralmente.
2. Seja claro quanto as prioridades – pessoais, da categoria, da empresa.

3. Localize os frutos nos galhos mais baixos.
4. Identifique os grandes vencedores da categoria que estão abertos para o varejista.
5. Ofereça *insights* reais e relevantes sobre o *shopper* e sobre a categoria.
6. Identifique ações competitivas que tendem a impactar o cliente.
7. Identifique as melhores práticas da categoria (concorrentes, outros mercados, outros canais).
8. Identifique as melhores práticas fora da categoria.
9. Identifique perspectivas do panorama mais amplo: tendências dos consumidores e dos *shoppers*, fatores macroeconômicos.
10. Promova reuniões sem agendas rígidas.

Se essas sugestões forem seguidas, espero que os gerentes de categoria não mais sejam abordados com ideias irrelevantes, que não ofereçam *insights* reais. Os gerentes de categoria têm pouco tempo para tratar da estratégia da categoria, por estarem sujeitos a muitas pressões diárias. O fornecedor deve conhecer os objetivos de curto e longo prazo do gerente de categoria e de quem exerce outras funções no varejista. As equipes de *trade marketing* enfrentam o desafio de contar sua história de maneira concisa e de ajustá-la às preferências do gerente de categoria. Compreender o cliente é a base da colaboração, fator crítico para implementar os planos de *trade marketing*.

O QUE FAZER PARA DEIXAR OS *SHOPPERS* FELIZES?

Treine os fornecedores no modelo operacional de varejo e compartilhe com eles o que é a marca de varejo. Isso permite que as equipes de *trade marketing* do fornecedor compreendam melhor o que os *shoppers* esperam encontrar na loja.

QUAIS ESTRATÉGIAS DE MARKETING OS VAREJISTAS PODEM USAR?

Construir um relacionamento direto com os gerentes de *trade marketing* dos principais fornecedores propicia *insights* mais profundos sobre a categoria e sobre o *shopper*. Esses *insights* são a base para a inovação.

Num sistema de gestão do fornecedor, os varejistas podem saber em que fase do modelo de evolução do *trade marketing* o fornecedor está. Em consequência, as necessidades das categorias podem ser alinhadas com as capacidades do gerente de categoria e com a pontuação da equipe de *trade marketing* do fornecedor.

CAPÍTULO

16

SHOPPER MARKETING: A NOVA FASE DO *TRADE MARKETING*

BASICAMENTE, a gestão de categorias é percebida como a maneira de o varejista personalizar sua organização. Desde seu lançamento, o conceito tem influenciado a interação entre fornecedores e seus modelos de venda; *trade marketing* é a resposta dos fornecedores ao poder crescente dos varejistas. No Capítulo 15, apresentei os termos *trade marketing* e *shopper marketing*. Na Fig. 15.3, descrevi *shopper marketing* como fase evolutiva da disciplina *trade marketing*. Em vez de criar um *hype* e sugerir que o *shopper marketing* é uma novidade, recomendo pensar em *shopper marketing* como um estágio avançado de *trade marketing*. Neste capítulo, exploro o *shopper marketing* com mais profundidade. Nessa fase, a organização, resolutamente, decide focar a satisfação das necessidades do *shopper*, o que é um passo mais importante do que apenas constituir categorias mais amplas e mais saudáveis. Esse avanço é ainda maior em relação a apenas representar os interesses do fornecedor. Ao dedicar mais tempo às definições e à análise de melhores práticas, espero que o *shopper marketing* seja não só uma abordagem estratégica, capaz de impulsionar inovações com base e análise cuidadosa de compra, para que os *shoppers* realmente usufruam a experiência, mas também que melhore a saúde financeira das organizações de varejo.

A definição de *shopper marketing*

Às vezes, o termo *shopper marketing* é usado simplesmente para designar promoções ou eventos específicos para o cliente. Eu diria que isso não é muito diferente do que acontece no marketing de varejo, desde meados da década de 1990. Portanto, antes de lançar um novo termo, quero ter a certeza de que ele é útil em conversas entre varejistas e fornecedores e que ajudará os parceiros a darem o próximo passo. *Trade marketing* é uma atividade recente. Os *trade marketers* podem entender – exatamente como eu – que, nas festas de aniversário, é um pouco difícil explicar aos outros convidados em que consiste o seu trabalho e por que ele é necessário. Até grandes fornecedores têm dificuldade em definir e compreender a função. Em consequência, com muita frequência, o *trade marketing* é deslocado para o departamento de vendas ou de marketing, onde executa tarefas importantes, mas puramente técnicas. Para exercer impacto duradouro na organização, conquistar um lugar na equipe gerencial e, na minha visão, sobreviver como função, o *trade marketing* deve ajudar a gerar *shopper insights*, com base em inovações que criam valor incremental para a categoria. Essas inovações podem ser em produtos, mas também podem ser em preços, em *merchandising* ou em qualquer outra área de marketing de varejo. Em 2007, Grocery Manufacturers Association (GMA) e Deloitte propuseram uma definição muito útil de *shopper marketing*[1]:

São todos os estímulos de marketing, desenvolvidos com base na compreensão profunda do comportamento do *shopper*, concebidos para construir o *brand equity*, engajar o *shopper* (isto é, o consumidor em "modo de compra") e levar o *shopper* a comprar.

---

[1] GMA DELOITTE. Shopper Marketing: Capturing a Shopper's Mind, Heart and Wallet. *GMA Online*, 2007. Disponível em: <http://www.gmaonline.org/downloads/research-and-reports/shoppermarketing.pdf>. Acesso em: 22 jul. 2015.

Essa definição vai à essência do que é *shopper marketing*. Ela enfatiza o componente estratégico do *shopper marketing* e a importância de ter *insights* sobre o *shopper*, em vez de apenas sobre o comportamento do consumidor. Ao usar o termo "estímulos de marketing", GMA/Deloitte aí incluem todos os instrumentos de marketing, não só um *display*, mas também embalagem e preço. Para o *shopper*, não faz diferença se o sinal é enviado pelo departamento de marketing do fornecedor ou pela equipe de vendas. Adotando essa abordagem holística, as organizações chegam aos *shoppers* com mais eficácia e consistência. No entanto, para mim, o objetivo final não é tanto uma única transação, mas o crescimento incremental da categoria, por meio da inovação. Eu gostaria de enfatizar ainda que o *brand equity* do varejista e do fornecedor também se beneficiam com *shopper marketing*. Ao incorporar esses elementos, acho que uma definição mais exata de *shopper marketing* é:

> Atividades de marketing que usam *insights* sobre segmentos de *shoppers* para promover inovações customizadas, pelas quais o *brand equity* do varejista e da marca do fabricante se reforçam reciprocamente.

O objetivo mais importante do *shopper marketing* é criar valor incremental para a organização, por meio de inovações. De fato, a equipe de marketing de consumo no lado do fornecedor também trabalha com inovação, mas, ao focar *insights* que despontam nos momentos de consumo, a equipe de *shopper marketing* pode acrescentar *insights* do processo de compra. O *shopper marketing* funciona com *insights* sobre qualquer pessoa que esteja em modo de compra. Essa predisposição é instigada na loja, mas também no percurso para a loja ou nas pesquisas on-line. A definição anterior, de *shopper marketing*, enfatiza o foco intenso em resultados, porque apenas certos segmentos de compra assumem pessoalmente as atividades de marca do varejista e do fornecedor. Dentro de cada segmento, há a possibilidade de mais diferenciação por jornada de compra.

◢ O melhor do *shopper marketing*

Ao adotar essa definição, é difícil encontrar exemplos de campanhas que realente cumpram todos os requisitos. A minha favorita é a campanha de *shopper marketing* chamada Seasons, da ConAgra Foods, empresa americana que produz alimentos embalados. Por meio de entrevistas qualitativas e de grupos de foco compostos de mães, a ConAgra Foods identificou os cinco períodos de humor característicos, que se repetem a cada ano. Esses períodos diferenciados do ano, ou *seasons* (estações), são induzidos por um conjunto de emoções, que influenciam o comportamento de compra. Por exemplo, novembro e dezembro são o período das festas, alegres e familiares, uma época em que a tradição é importante. Suponho que as famílias preferem fornecedores que oferecem receitas de nossas avós, ainda hoje apreciadas e nostálgicas, em vez de 20 receitas inovadoras, que propõem variedades de iguarias clássicas. A ConAgra Foods customizou o tema Seasons para cada varejista, de modo a reforçar os elementos típicos da marca, mais compatíveis com o contexto de varejo específico.

Outro ótimo exemplo é da PepsiCo, nos Estados Unidos. O Sam's Club, *outlet* do Walmart, buscava iniciativas de fornecedores para realizar seus objetivos estratégicos e ambientais, e para atuar como centro da comunidade. A PepsiCo atribuiu alta prioridade à sustentabilidade, em sua política Performance with Purpose, ou Performance com Propósito. Em contexto colaborativo, o Walmart e a PepsiCo desenvolveram uma campanha de *shopper marketing*, em que os *shoppers* podiam devolver garrafas vazias ao Sam's Club. Essas eram, então, transformadas em jaquetas de lã, macias e felpudas. As lojas que coletavam as maiores quantidades de garrafas eram recompensadas com US$1.000 e com jaquetas de lã para as suas comunidades. O encaixe nos objetivos estratégicos do varejista e do fornecedor era claro. Mas, e quanto ao *shopper insight*? Os jovens raramente compram refrigerantes e, ainda por cima, o Sam's Club não é um canal principal para eles. Reciclar as garrafas no Sam's Club, portanto, gerou tráfego incremental desse grupo de *shoppers*, relativamente novo.

◢ Os dois principais *drivers* do *shopper marketing*

O advento do *shopper marketing* não significa que tudo o que foi aprendido e construído em *trade marketing* pode ser rejeitado ou ignorado. Nem todas as atividades na loja podem ser denominadas *shopper marketing*. Até que poderiam, mas não precisa ser assim. O *shopper marketing* não é uma profissão completamente nova, mas, sim uma nova fase do *trade marketing*. Ao implementar o *shopper marketing*, as organizações criam condições para que o *trade marketing* se torne mais estratégico e voltado para o externo. No modelo de evolução do *trade marketing* apresentado no Capítulo 15, cada fornecedor pode selecionar uma fase adequada e operar de acordo com seus próprios objetivos. Os fornecedores também podem escolher diferentes fases de *trade marketing*, conforme as características dos varejistas. Por exemplo, o fornecedor pode usar o *shopper marketing* para poucos supermercados, com alto potencial de vendas, e oferecer aconselhamento a outros clientes de varejo, nos moldes da terceira fase. O *shopper marketing* é uma resposta estratégica do *trade marketing* à importância crescente dos *shoppers* e ao poder crescente dos varejistas. Explicarei os dois fatores com mais detalhes.

Importância crescente do shopper

Não se esqueça de que o *shopper thinking* é um conceito relativamente novo. Só em 2004 Alan George Laffley, CEO da Procter & Gamble (P&G), cunhou o termo First Moment of Truth (FMOT), ou Primeiro Momento da Verdade. A P&G reconheceu que grande parte da sua publicidade não era eficaz. A mídia passou por mudanças drásticas em relação às suas formas e seu alcance, e o número de canais de varejo explodiu. De acordo com Malcolm

Gladwell, em seu livro *The Tipping Point*, as pessoas se confrontam com umas 254 mensagens comerciais por dia.[2] Tudo isso torna mais difícil alcançá-las e promove a falta de lealdade às marcas de varejo e de fornecedores. As pessoas geralmente se familiarizam, de início, com produtos do fornecedor nas prateleiras dos supermercados. Os varejistas precisam compreender que os fatores indutores do consumo de um produto podem ser diferentes dos que fazem os *shoppers* comprarem o produto. Além disso, quem consome o produto nem sempre é quem compra o produto – consumidores e *shoppers*. Essa afirmação não só é verdadeira para produtos óbvios, como alimentos para bebês e rações para pets, mas também, por exemplo, para outros itens menos óbvios, como perfumes para homens, que, geralmente, são comprados por mulheres. Em consequência desse *insight*, a P&G começou a investir mais no aprendizado de como as pessoas decidem diante das prateleiras. Esse esforço resultou em árvores de decisão e em mais atenção para os planogramas e para as promoções das lojas. Desde a "descoberta" do *shopper*, os varejistas constataram que as pessoas podem estar em *shopping mood*, ou dispostas a comprar, também fora da loja. A ida para a loja influencia a decisão final na loja. Pense em como se prepara a lista de compras, e em como se escolhe um canal de varejo, em função de diferentes jornadas de compra. Em 2011, Kim Lecinski lançou o conceito de Zero Moment of Truth (ZMOT), ou Momento Zero da Verdade. Além disso, o Google acredita que os *shoppers* descobrem o produto primeiro on-line, antes de vê-lo no mundo físico. Isso pode ocorrer em vendas diretas pela internet ou em *reviews* de produtos. Seja verdade ou não que a pesquisa on-line precede outras fases da compra, essa crença aponta para novas tecnologias que mudam a maneira como as pessoas compram. Finalmente, algumas organizações começaram a integrar todos os instrumentos de marketing e vendas, para influenciar a decisão dos *shoppers*. Encontrar o melhor retorno do investimento na marca,

---

[2] GLADWELL, M. *The Tipping Point:* How little things can make a big difference. Londres: Abacus, 2012. (Ed. bras.: *O ponto da virada.* Trad.: Talita Macedo Rodrigues e Teresa Carneiro. Rio de Janeiro: Sextante, 2011.)

tanto na física quanto na on-line, e estabelecer uma comunicação *above-the-line* é o grande desafio dos próximos anos. A Fig. 16.1 mostra as quatro fases da evolução do *shopper thinking*.

Figura 16.1 – Os quatro passos do pensamento sobre *shopper marketing*

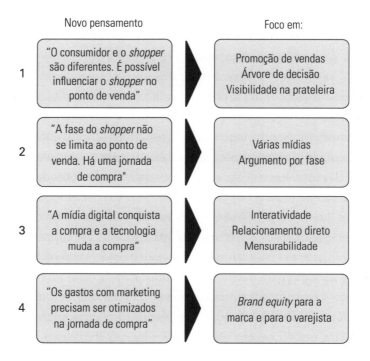

O poder crescente dos varejistas

O *shopper marketing* também é uma resposta ao poder crescente dos varejistas. Na Europa Ocidental, os três principais varejistas tipicamente dominam uns 70 a 80% do mercado. Embora o segmento de varejo em países emergentes, como Rússia, ainda seja pequeno, os grandes varejistas tentam crescer agressivamente, expandindo a rede de lojas e fazendo aquisições. Não é só tamanho. Começando no Reino Unido, varejistas contrataram profissionais de marketing experientes dos fornecedores. Seus pensamentos, ferramentas e processos aumentaram os níveis de profissionalismo em marketing. Marcas próprias são um bom exemplo disso, e os *shoppers* agora podem desfrutar de melhor qualidade, de arquitetura de marca multicamada e de embalagem atraente. Por meio de estratégias refinadas, os varejistas destravam as necessidades dos *shoppers*, em diferentes localidades e em diversos momentos do dia. Um fator que impulsiona o poder dos varejistas é terem começado a ir além da coleta de vastas quantidades de dados e estarem agora extraindo *insights* desses dados. Os dados digitalizados e de cartões fidelidade são, em regra, mais exatos e mais eficientes do que os dados de outras fontes. De uma posição de poder, os varejistas podem optar entre compartilhar ou não compartilhar dados com fornecedores. Os fornecedores que não quiserem ceder muito poder precisam ouvir com mais cuidado o cliente e investir seletivamente em seus varejistas e, então aplicar *shopper marketing* como ferramenta para identificar benefícios mútuos e auferir retornos. A cada fase da evolução do *trade marketing,* o fornecedor se volta cada vez mais para o cliente, até atribuir ao *trade marketing* uma função estratégica na fase final.

◢ Um novo papel para o marketing de consumo

Na fase final, o *shopper marketer* assume as atividades que até então eram atribuições do *consumer marketer*. Veja o caso das embalagens – essa era uma tarefa exclusiva do marketing de consumo. Agora, em algumas organizações, o *shopper marketer* é responsável por tornar a embalagem tão atraente e tão cativante para que ela sobressaia na prateleira, ao mesmo tempo que transmite todas as informações sobre a marca. Tanto a emergência de novas mídias quanto a importância dos *drivers* de compra deslocam a responsabilidade do *consumer marketing* mais para:

- ▶ Definição da identidade e da personalidade da marca.
- ▶ Campanhas nacionais on-line e televisivas.
- ▶ Pesquisa de mercado sobre imagem e concorrência.
- ▶ Escopo do mercado e expectativas de lucro.

- Determinação das diretrizes e dos objetivos da marca.
- Inovação.

Em contraste com os *consumers marketers*, que focam o momento de consumo, os *shopper marketers* lidam com muitos momentos da verdade. Estes últimos estão muito mais preocupados com o futuro e a saúde da categoria total, em vez de apenas se concentrarem na marca do fornecedor. O relacionamento com os varejistas é fundamental para se chegar ao *shopper*. As atividades típicas são:

- Programas de ativação que suprem as necessidades das marcas do fornecedor e do varejista.
- Busca de *shopper insights*.
- Análise da categoria e formação da visão da categoria.
- Seleção de canais ótimos e desenvolvimento de parcerias com varejistas.
- Uso de todos os instrumentos do mix típico de marketing de varejo: por exemplo, preço, equipe, layout da loja, embalagem.

Há muita confusão sobre o que realmente é *shopper marketing*. Se a equipe desenha e implementa *displays*, até podem ser instrumentos muito eficazes e bem escolhidos para a fase de *trade marketing* em que você opera. Na minha opinião, porém, essa atividade não é *shopper marketing* se não houver *shopper insights*, se não for parte de uma campanha estratégica mais abrangente ou se o tipo de programa não puder ser direcionado com facilidade para qualquer outro varejista.

Um ótimo exemplo do papel de *shopper marketing* é oferecido pela P&G. Na busca contínua por melhor compreensão do *shopper*, a P&G instalou câmeras acima da prateleira de tinturas para cabelo. E, assim, percebeu que alguns *shoppers* compram só um frasco de tintura, enquanto outros compram dois frascos. Em pesquisas de painel de consumidores, o resultado seria abordado como algo do tipo "a compra média da categoria é 1,4 frasco de tintura", e pouco mais se pensaria sobre o assunto. Contudo, as câmeras nas prateleiras possibilitaram que a P&G compreendesse o verdadeiro *driver* da compra – mulheres com cabelos compridos compravam mais frascos do que mulheres com cabelos curtos, o que faz todo o sentido, evidentemente. Uma análise mais profunda mostrou que as mulheres com cabelos compridos jogavam fora metade do conteúdo de um dos frascos. Em consequência, a equipe de *shopper marketing* criou um frasco com uma vez e meia a capacidade do convencional. Esse exemplo mostra como *shopper marketing* pode desenvolver inovações baseadas em shopper *insights*. Além disso, mostra por que faz sentido para os *shopper marketers* assumir pelo menos parte das atribuições de embalagem, como otimização dos tamanhos. Em outras áreas que são cruciais para a imagem da marca, como design da embalagem, as equipes de gestão da marca e *shopper marketing* podem assumir atribuições compartilhadas.

Os instrumentos dos quais depende o *shopper marketing* são os mesmos aplicados pela equipe de marketing no lado do varejo. Isso não significa dizer que os fornecedores assumem o papel do varejista ou exercem o mesmo tipo de controle, quando se trata, por exemplo, de preços ao consumidor e promoções. Algumas equipes de *shopper marketing* começaram a aconselhar os varejistas sobre layout da loja. A Unilever conduz um programa exitoso, denominado Partners for Growth (Parceiros para o Crescimento), que ajuda lojas de conveniência no Reino Unido a otimizar seu *merchandising*. Esse programa se baseia em um experimento de 2005, quando a Unilever reconstruiu a "loja de alimentos", da Stoke-on-Trent, de maneira virtual. Os *shoppers* foram perguntados sobre sua atual jornada de compra e foram convidados a comprar numa loja nova, concebida por projeto virtual. Isso levou a toda uma gama de recomendações, como corredores mais largos, melhor visibilidade de produtos frescos, através de uma vitrine externa, e um layout de categoria diferente. Os resultados foram aumento de 9% nas vendas da loja de Stoke-on-Trent e de 8% em outras lojas reformadas. A P&G adota técnicas semelhantes para a reconstrução virtual de lojas, de modo a oferecer aos varejistas conselhos sobre o layout total da loja, sem se limitar à localização das categorias. A

PepsiCo tem o mesmo objetivo, mas aplica uma abordagem diferente. Com base em dados digitalizados do varejista e com a ajuda de um *software* próprio, a PepsiCo ajudou a tornar o layout da loja mais orientado ao *shopper*. Desta forma, a empresa conseguiu que o faturamento total da loja aumentasse em 8%, comparado com a das lojas de controle, mesmo em mercados saturados. Quando usei o *software* em clientes como o Carrefour, descobri que o layout da loja é uma ótima maneira de compreender melhor os objetivos estratégicos dos varejistas. Também é um ótimo acelerador para trabalhar outras áreas, como o *design* de novos conceitos de varejo.

◢ Obstáculos para o *shopper marketing*

A abordagem estratégica de *shopper marketing* não será adotada da noite para o dia. O fornecedor terá de decidir se *shopper marketing* é, realmente, a abordagem certa para a sua fase evolutiva. Será um processo de ajuste gradual. O *shopper marketing* é uma mudança drástica para a organização, se for encarado com seriedade, em vez de ficar apenas no campo do discurso. Além dos suspeitos de sempre – apoio do CEO e orçamento suficiente –, vejo três obstáculos específicos a serem superados pela organização, de modo a possibilitar o pleno florescimento do *shopper marketing*:

> ⇢ Falta de comunicação entre os departamentos de marketing do varejista e do fornecedor

Os departamentos de marketing dos dois lados são responsáveis pelo *brand equity* de suas marcas. Como o *shopper marketing* tenta fortalecer ambas as marcas, os donos delas precisam definir com qual dimensão da marca querem trabalhar, e como. Por numerosas razões, a comunicação entre as duas equipes de marketing geralmente é ineficaz ou inexistente. O marketing no lado do fornecedor encara seu papel como sendo de nível nacional, e não de canal ou mesmo de cliente. A complexidade das análises e planos pode crescer exponencialmente, se as equipes de marketing do fornecedor começarem a analisar dados por cliente, ou até por loja. As equipes de marketing no lado do fornecedor hesitam em apoiar um ou outro varejista, pois, idealmente, promovem a totalidade da distribuição, abrangendo todos os canais e todos os varejistas. As equipes de marketing de varejo desconfiam de fornecedores autoconfiantes, que parecem ter mais tempo para ideias conceituais do que para soluções pragmáticas, para o chão das lojas. Elas são rápidas em deixar claro para o fornecedor que trabalhar muito de perto com um concorrente comprometerá a relação.

⟶ Os efeitos da ativação na loja são desconhecidos

O *shopper marketing* é um novato. A maneira como geralmente atua nas grandes empresas é, primeiro, comprovar o retorno do investimento, antes de receber recursos. Cabe ao *shopper marketer* experimentar várias campanhas de *shopper marketing* e demonstrar os tipos de mídia, de execução e de instrumentos que funcionam melhor. Em seguida, o *shopper marketer* precisa colaborar com os *consumer marketers* para definir o mix ideal de campanhas *above-the-line*, campanhas on-line e ativação nas lojas; *accountability*, ou prestação de contas, é indispensável – é difícil, mas essencial.

⟶ Falta de talento e estrutura organizacional

Publicidade no exercício da função de *shopper marketer* é como procurar um quadrúpede com cinco patas. Esses profissionais devem ser criativos no desenvolvimento da campanha, capazes de lidar com grandes quantidades de dados e aptos a converter, rapidamente, dados em soluções pragmáticas, além de desenvolver relacionamento superior com o cliente e lançar conceitos de marketing estratégicos. Ser bom em apenas algumas dessas áreas já é fantástico. Levará algum tempo para encontrar os talentos certos e apoiá-los até atingirem seu pleno potencial na empresa. Contratar *consumer marketers* que estejam familiarizados com *brand thinking* pode oferecer inspiração e estímulo para os departamentos de marketing de varejo e para as equipes de *shopper marketing*. Minha sugestão é que a empresa reúna uma equipe que equilibre as competências necessárias e que busque parcerias com agências, nos cargos em que isso seja necessário.

◢ Começando

O *shopper marketing* é uma função difícil, mas compensadora. Quando conduzida com sucesso, ajudará os fornecedores a compreenderem as motivações do *shopper* com muito mais clareza e a desenvolver relacionamentos mais íntimos com o cliente. O primeiro passo não é assim tão difícil, e só requer que o fornecedor ouça os comentários dos varejistas sobre suas marcas e programas de marketing. Em seguida, o *shopper marketing* identifica qual das suas propostas de marca se encaixa melhor. Se houver acordo, o varejista e o fornecedor podem desenvolver ideias de *trade marketing* para curto e longo prazos. Os benefícios do *shopper marketing* correspondem em grande parte às outras fases de *trade marketing*. No entanto, como são baseados em *shopper insights* e integrados num *framework* estratégico, os efeitos sobre a categoria são mais intensos e duradouros. A marca de varejo ganha um instrumento que proporciona mais diferenciação em relação aos concorrentes. Como a marca de varejo sonda as necessidades do *shopper*, este se torna mais leal à marca e o faturamento do varejo cresce. O fornecedor identifica mais alternativas para influenciar o *shopper*, consegue mais acesso aos dados e passa a conhecer melhor o varejista. E pode aplicar essa nova expertise para impulsionar as vendas de suas marcas, promover inovação na categoria e alcançar muitos objetivos táticos, como diminuir sua dependência de promoções.

O QUE FAZER PARA DEIXAR OS *SHOPPERS* FELIZES?

Os varejistas devem sintonizar suas mensagens de *shopper marketing* para cada *shopper* ou segmento de *shoppers*, garantir que elas cheguem na fase certa da jornada de compra do *shopper* e ajustá-la ao canal (contexto de compra).

A atenção crescente em relação ao *shopper marketing* leva a mais pesquisas e a mais programas de marketing experimental, que procuram servir melhor aos *shoppers*.

 QUAIS ESTRATÉGIAS DE MARKETING OS VAREJISTAS PODEM USAR?

Com muita frequência, os varejistas olham apenas para os concorrentes, no intuito de obter novas ideias ("melhores práticas"). Os varejistas podem encontrar *insights* ainda mais valiosos sobre novos produtos, serviços e processos operacionais apenas observando o comportamento de compra de seus novos clientes.

Para fazer com que as propostas de *shopper marketing* funcionem melhor para todos os parceiros, os varejistas devem definir suas marcas de varejo, especificar seu segmento principal e identificar as missões de compra nas quais querem trabalhar. Se o varejista não compreender como o programa de *shopper marketing* contribui para a sua marca, o programa será, na melhor das hipóteses, um bom impulso nas vendas.

O *brand thinking* está mais enraizado nos fornecedores, e os varejistas podem beneficiar-se da contratação de talentos de marketing do setor de bens de consumo para fomentar uma cultura de foco no consumidor e na inovação.

Monkey Business Images/Shutterstock

PARTE SETE
ENVOLVENDO
O *SHOPPER*

383 Capítulo 17 – Varejistas em ação para aumentar a felicidade do *shopper*

CAPÍTULO

17

VAREJISTAS EM AÇÃO PARA AUMENTAR A FELICIDADE DO *SHOPPER*

TODOS OS humanos buscam a felicidade. Maximizamos nossas experiências positivas e procuramos evitar a dor e o desconforto. O varejo é um dos muitos lugares no mundo moderno onde os *shoppers* perseguem a felicidade. Torná-los felizes pode ser fonte de grande satisfação, assim como de faturamento.

A prática do varejo está evoluindo, não mais se limitando a ser mera disciplina de gestão e logística, para tornar-se um negócio de servir bem às pessoas. As abordagens iniciais levaram à visão separada das diferentes categorias na loja; à necessidade de gerenciar grandes mixes de produtos, no intuito de aumentar a eficiência; e ao marketing de varejo, com o propósito de aumentar o faturamento. Essas perspectivas geraram experiências negativas para os *shoppers*. Os *shoppers* interagem com o varejo, nas lojas físicas ou on-line, como uma jornada, não como categorias individuais. É possível fazer os *shoppers* felizes por meio de experiências inspiradoras, bem coordenadas e repletas de serviços utilitários. Essa integração pode propiciar experiências de varejo melhores, mais inteligentes e mais relevantes, de modo a contribuir para a felicidade dos *shoppers*.

Participar da felicidade dos *shoppers* é, portanto, o objetivo principal do varejo bem-sucedido. Contudo, por serem as operações de varejo tão complexas, essa visão não recebe atenção suficiente. Sobretudo no varejo de mercados de massa, atribui-se grande ênfase aos aspectos específicos da operação e pouca atenção ao todo. Precisa-se de muita energia e tempo para conduzir bem as operações de varejo. Todavia, sem o foco no *shopper*, essa energia pode se dissipar e esgotar-se, sem a compreensão suficiente do que impacta os *shoppers*. Para otimizar esses esforços e iniciativas, é hora de colocar o foco no *shopper* – de alinhar todas as ações dos varejistas com o propósito de fazer os *shoppers* felizes, desde a modelagem racional à percepção da felicidade do *shopper*. Afinal, os *shoppers* são humanos. Não importa o que o *big data*, cartões fidelidade, pesquisas de mercado e "pegadas" digitais nos digam em termos quantitativos. Na base de nosso comportamento, somos todos seres irracionais. O *trade marketing,* a gestão de categorias e as práticas de marketing de varejo tentam construir modelos que ajudem a compreender e a projetar o comportamento dos *shoppers*. Esse esforço contribuiu enormemente para a profissionalização das práticas de varejo.

Sem desrespeito pelo que foi alcançado até agora, é hora de os profissionais de marketing de varejo darem um passo à frente. Neste livro, tratei de diferentes aspectos do marketing de varejo, das fases iniciais de modelagem até as novas abordagens que serão proveitosas para entregar uma experiência melhor aos *shoppers*. O propósito é fazer os *shoppers* se sentirem felizes na loja. O *mindset* que contribui para a felicidade dos *shoppers* e que tenta prospectar as necessidades emocionais mais profundas do *shopper* propiciará práticas de varejo mais humanas, sustentáveis e justas.

ÍNDICE REMISSIVO

Nota: o Índice é apresentado em ordem alfabética, palavra por palavra. Os localizadores de página em *itálico* indicam as informações contidas em uma Figura, Quadro ou Tabela.

70% das compras por impulso, mito 49–52

7-Eleven, 332

A

Abercrombie & Fitch, 299

Aberturas de novas lojas, 214

Accenture, 238–239

Aconselhamento, fase de, 354, *355*

agências, pesquisa, 222, 223, 225, 226, 227, 231

    ver também Dunnhumby; EM-NOS; GfK; IRI; Nielsen; TNS

Ahold, 15, 155, 168, 188–189, 224

AIMIA (LMG), 222

Airmiles, cartão, 181, 223

Albert Heijn, 68

    compra on-line, 149, 152, 155

    gestão de categorias, 333, 336, 350, 360

    marcas próprias, 256, 257, 258, 261

    mix, seleção, 181, 116, 189, 194

    programas de cartão fidelidade, 223, 225

Aldi, 117, 140, 195, 256, 263

Alimentos, bebidas e produtos de limpeza, 38, 65, 66, 85, 109–130, 243–244

    Compra on-line, 131–169

    ver também produtos orgânicos; secos, mercado; produtos frescos; alimentos congelados

Alimentos congelados, 157

Alinhamento, *182*, 182–186, 204–205, 208, 341

Alinhamento local, necessidades dos *shoppers, 182*, 182–186

Amazon, 140, 148, 165, 189, 242, 243, 247, 346

Ambiente, 66, 289–291

Análise, 215, 236–249, 268, *269*, 289

Análise de *big data*, 236–249

Ancoragem, 73–74, 80, 176, 315

Apollo space management system, *329*, 330

Apps, 133

Apresentações, 347–249, 352

Aquisições, concorrente, 179

Armazenamento, 153–154, 157, 164, 165, 179, 187, 332, 333

Aromas, 33, 76, 271, 287–303

Aromas cítricos, 76, 289, 291, 296, 301

Arrependimento, 193

Art of Choosing, The (Iyengar), 199

Asda, 152, 154, 155

Asos.com, 163

Associações, 291–292, 295, 299

Auchan, 53, 120–122, 140, 148, 155, 179

Aumento de escala, 120

Aumentos de produtividade, 243, 282

Autocontrole, 58, 70–71

Avaliação, categoria, 339

Aversão a perdas, 68

B

Bebês, mercados para 100, 74, 127, 159, 213, 247, 258, 297, 275

Behavioural Insights Team, 89

Benchmarking, 124, 130, 175–176, 215, 230

Bens de luxo, 279

Bescherming Akoestisch Milieu (BAM), 282 –283

BestBuy, 239

BMW, 242

Bonuskaart, 222–223

Budget Shoppers (*Shoppers* Econômicos), 315

C

C&A, 78

Calma, música, 274, 281

Câmeras de segurança, 308

Caminhar pela loja (supervisão), 308, 309

Campbell, sopa, 74, 207, 255

Canal
    blurring (confusão) 24
    escolha, 25, 26, *41*, 42, 109–169
    poder, 257, 259, *264*

Capacidade de visão, 195, 293

Capital One, 243

Carrefour, 114–116, 118, 120, 140, 155, 162
    Cartões fidelidade, 210, 215, 216, 229
    Marcas próprias, 256, 268
    Mix, seleção, 191, 197–198

Carrefour Planet, 122–129, 197–198

Cartões de crédito, 57, 70, 72, 240, 243, 321

Casa
    decoração doméstica, 2–3, 26, 116, 140
    serviços de entrega, 144, 147–148, 154–157, 157, 159, 213

Casino, 35, 155, 210, 215, 216, 231, 301, 257

Categoria
    análise, *339*, 340
    avaliação, 339
    definição, 336, *339*
    desempenho, métricas, 339
    estratégia, 175, 339
    função, 175, 336–337
    gestão, 323–346, 347–365
    implementação, *339*, 340
    localização, 240

táticas, *339*, 340

Categoria, análise da *339*, 340

Categorias de compra, 51, 54, 184

Cérebro, desenvolvimento do, 55–56, 57, 95–99, 100, 105, 291–292
ver também neuropesquisa

Ciclo de vida do mix, 182–191, 208

Clássica
música, 276, 279, 280
varejistas, 183, 186–187, 188

Cliente
compreensão, 347–365
foco, 268, *269*, 310
respostas, 244
serviços, 124, 140, 160, 188
ver também experiências personalizadas de compra

Clubcard, Tesco 210–230, 213

Clubs, Tesco, 213

Coleta de dados, 226–227

Colruyt, 117, 153, 162

Comportamentos de compra automáticos, 65–81

Comportamentos de compra irracionais, 65–81

Compra on-line, 42, 131–169, 175, 176, 191, 208, 213

Compra virtual, 161, 163

Compras não planejadas *ver* compra por impulso

Compras por impulso, 49–60
ver também tomada de decisões

Compre e retire, pontos de, 153–154, 155, 176

Compromisso, 67–68

Comunicação, 89, 99, *216–217*, 344, 347, 371, 375 –376
ver também programas de cartão fidelidade; música

ConAgra Foods, 369

Conceito
extensão, 122
renovação, 120–122

Concessões, preço, 231

Concorrentes, 179, 258
legislação, 231

Confiança, 80

Consumidor
Marketing, 25, 336, 369, 372–375, 377
mercado de produtos eletrônicos, 116, 124, 126, 136, 138, 144, 155, 165
valor, 323, 324, 325

Consumo
direto, 71, *220*
momentos, 101, 369

Consumo direto, 71, *220*

Contabilidade mental, 72–73, 84

Conteúdo de mídia, 238

Continental Bakeries, 267

Coop Norway, 233

Corredores, layout, 98, 101, 74, 130, 142, 164, 263, 289, 375

Crush, 76

Cultura, 199–200, 208

Cultura individualista, 199–191, 208

Custo
alocação, 267
economias (*self-checkout*) 321–322

D

Dados, 42, 180–181, 208, 236–249
cartão fidelidade, 198, 199, 210–235
colheita, 226–227
demográficos, 184

digitalização, 208, 220, 249
força de vendas, 227
integração, 227
painel, 213–215
sistemas, 175
transparência, 231, 230, 268
Dados limpos, 248
Dados complexos, 238
Dados da força de vendas, 227
Dados de painéis, 213 –215
Dados digitalizados, 208, 220, 249
Dados não estruturados, 238
Dados sociodemográficos, 184
Danone Baby, 159
De Boer Winkelbedrijven. 15, 256
Decisão orientada a dados, 243
Delhaize, 133, 158, 162, 336
Demografia, 57, 184, 208, 281
ver também idade; gênero
Densidade, 301
Desafios (dificuldades), 34–35
Descrição verbal, 202–204
Desempenho, 215
indicadores (KPIs), 215, 227, 358, 359–360
métricas de desempenho da categoria, 339
Diferenciação 140, 264, 265, 268, 299–301
Displays, 56, 57, 74, 204–205, 207, 294, 303
faces em, 97, 101
Disponibilidade, 74, 175, 231
Disponibilidade de espaço, 173–176, 179, 207
Dominância assimétrica 68, 202
Dove, 79
Draeger's, 191
Dream Catcher, projeto, 239

Drive-through, entrega, 154–155, 156
Drive-to, entrega, 57, 59
Dunnhumby, 211, 216–217, 231, 301
DIY (do-it-yourself), mercado, 24, 26, 44, 351
ver também decoração doméstica, mercado de

E
EAN, manutenção, 308, 313
Easy Break, 121
eBay, 140
ECI, 70
ECR (efficient consumer response), 329, 332–338, 342–345
Eletroencefalografia (EEG), 93, 95
EMNOS, 215, 217, 225
Emoções, 68, 103, 193, 276–282
Emocional
benefícios (self-checkout), 313–314
shoppers, 31–32, 41, 42
ver também shoppers irracionais
Enterprise resource planning (ERP), 186, 239
Entretenimento, 101
Entrevistas de saída, 32, 95–96
Escolha, 65, 82, 193–194, 207, 208
canais, 25, 26, 41, 42, 109–169
Escolha analítica, 82
Escolha intuitiva, 82
Especialização, 162
Estratégia
Categoria, 175, 339
longo prazo, 38
marketing, 161–162

varejo, 173–174
Estratégia de longo prazo, 38
Estratégico
  alinhamento, 341
  marketing, 268, *269*, 270
  planos, 179–180
Estrutura, mix de produtos, 201
Estudo da geleia (Iyengar e Lepper), 191–192, 199, 200
Etiquetas de prateleira, 58, 73, 80, 85–86, 95, 96
Excesso de escolhas, 65
Execução no ponto de venda, 27–28, 31, *32*, *41*, 43, 253–319
Experiências personalizadas de compra, 160, 208
  ver também customer service
Experimentação, 225, 245, 249
Experimentos em lojas, aromas, 289–291, 300, 301
EYC, 143, 225

F
Fanta, 299
Fase de transação 354, *355*
Faturamento
  E, 310–131
  e música, 272
  incremental, 184, 208
Filtragem, 162, 202
First Moment of Truth (FMOT), Primeiro Momento da Verdade 137, 370
Foodwatch, 69
Fornecedores, 134, 327
  e marcas próprias, 262–270
  e programas de cartão fidelidade, 223, 225
  fotos, 76, 101, 163, 204
    ver também rostos, em displays

Framing (enquadramento), 69
Freelance, serviços de consultoria, 244
Funcionários *ver* funcionários de lojas

G
Gamestop, 242
Gênero, 57, 100–101, 105, 164, 184, 281–282
Gênero musical, 275, 278, 279–280, 285
Gestão
  cadeia de suprimentos, 327, 333, 334
  categoria, 323–346, 347–365
  demanda, 336
  problemas/questões, 350
Gestão da cadeia de suprimentos, 327, 333, 334
Gestão da demanda, 336
  ver também gestão de categoria
  gestão de problemas (questões), 350
GfK, 95, 214, 213, *220*, 231
Ghani, Rayid, 239
Gillette, 227, 308–309, 352
Gôndolas, 60, 98, 101, 124, 163, 164, 240
Grandes marcas, 68, 75, 140, 253–270, 315, 327, 344
Grandes mixes, 199–209
Grupos, 80
Gruppo PAM, 216, 231

H
Halloween, mercado, 76
Harris, Brian, *329*–330
Hipermercados, 42, 97, 109–130, 247

ver também supermercados

Homepage, layout, 163

Horário de funcionamento, 114, 119, 136

Humor

e aromas, 289–291, 297

e música, 285

I

Idade, 99, 281

Identificação por radiofrequência, 240

Imagem

marca, 284, 374

música 274–275

Imagens, 100, 202–204

ver também rostos, em *displays*; fotos

Imagens por ressonância magnética funcional (FMRI), 93, 95

Implementação, categoria, *339*, 340

Incentivos financeiros, 83, 84

Incremental

faturamento, 184, 208

vendas, 165

Indústria de seguros, 70, 122, 125, 134, 165, 166, 240, 245

Indústrias farmacêuticas, 44, 248, 352

Influência, 268, *269*

Influência de músicas dos países, 279

Informação, 205, 231, 239–241, 244

self-checkout, 316

viés, 77

Infraestrutura de TI, 184–185, 243

Insights

ciência comportamental, 72–73

shopper, 37, 39

Insights da ciência comportamental, 72–73

Integração, dados, 227

Internet, 116, 131–140, 159, 191, 231, 240, 246, 267

IRI, 95, 97, 214, 213, *220*, 231

Iyengar, S, 63, 191–192, 199, 200

J

Jazz, música, 279–280

Johnson & Johnson, 297

Jornada do *Shopper* Irracional, ferramenta, 87–88

Jumbo, 84, 86, 179, 187, 188

K

Kaggle.com, 244

Kesko, 186, 189

Key performance indicators – KPIs (Indicadores-chave de desempenho), 215, 227, 358, 359–360

Kindle, 247–248

King, Justin, 214

Kiosk, 86

Koopmans, 299

Kraft Foods, 350

Kroger, 180, 186, 231, 242, 332

Kurt Salmon Associates (KSA), *329*, 332

L

Laurus, 224

Lautsprecheraus, 282

Leahy, Sir Terry, 211–212, 213

Lealdade

programas de cartão 42, 74, 129, 180, 198, 199, 210–235, 222, 249 *shopper* 256 −257, 258–259, *264*, 265, 318

Leclerc, 117, 131, 155, 268

Legislação, 115, 117, 136, 167, 225, 232

Lidl, 65, 85, 116, 140, 195, 197, 256, 258, 264, 282

Limitado
  autocontrole, 70–71
  não alimentos 126
  oferta, 74, 81, 82
  orientação de compras, 142

listas

compra, 57, 58, 71, 162, 315, 316, 371

silêncio, 282 −283

Listas de compras, 57, 58, 71, 162, 315, 316, 371

LMG (AIMIA), 222

Loblaw, 197

Localização, 137, 146, 178–79

Loja
  Funcionários, 119, 242
    compra on-line, 140, 56, 57, 163
    e música 282, 283
    e *self-checkout* 307, 308–309, 311
    ver também serviços ao cliente
  shoppers, *264*, 265
  layout 74, 98, 74, 163, 294, 307
  marcas *ver* marcas próprias
  separação e preparação, 151–52
  ver também corredores, layout; *displays*; gôndolas; paletes de madeira

lojas de departamentos 26, 113, 281–282

lucratividade, 257–258, 261–62

M

Madeira, paletes, 103

Marcas, 51, 120, 160–162, 182
  diferenciação, 140, *264,* 265, 268
  grandes marcas, 68, 126, 140, 253–70, 315, 326, 344
  imagem, 284, 374
  Lojas/Redes de descontos (Tesco), 262–63
  ver também marcas próprias

Marcas
  prateleira, 58, 73, 80, 85–86, 95, 97
  próprias, 44, 68, 253–70, 315
  ver também etiquetas de preços
  white labels (produtos sem marca), 256

Marcas de desconto, 257
  Lojas/Redes de descontos (Tesco), 262–63

Marcas privadas 44, 68, 253–70, 315

Margem em moeda (valores absolutos), 262

Margens, 262

Marketing, *216–217*, 231, 375 −376
  consumidores, 25, 336, 369, 373–376, 377
  estratégia, 161–162
  estratégico, 268, *269*, 270
  shopper, 354–357, 366–79
    ver também trade marketing
  trade, 344–345, 249, 273, 275
    ver também shopper marketing

Marks & Spencer (M&S), 212, 284

Marqt, 31

Masse de marge, 261
Medidas de segurança, *self-checkout,* 307–09
Mensagens personalizadas, 211
Mensagens personalizadas, 211
Menus, 65, 160, 204
Mercado
   Pesquisas, 26, 52–53, 105, 213–215, 242, 373
   relatórios, 236
   ver também GfK; IRI; Nielsen; TNS
Mercado da moda, 23–24, 26, 78, 116, 124, 126, 144, 155, 299
   asos.com, 163
Mercadona, 117, 255, 258, 259
Métodos de pagamento, 73
   ver também cartões de crédito
Métodos heurísticos, 98, 91, 193–194
Metro, 240, 265–266
Missão
   organizacional, 32–33
   segmentação, 29
Mitos, 36, 49–60
Mix de produtos movido ao *shopper,* 176–183
Modelos de previsão, 238–239
Momentos de contato, 297
Mondelez *ver* Kraft Foods
Morrison's, 193 –194, 197, 240, 244
Música, 271–286, 302–08

N
Nectar Card 214, 222–23
Neurônios espelho, 103
Neuropesquisa, 32, 37, 42, 54, 72–73, 93–105, 163
   ver também desenvolvimento do cérebro

Nielsen, 94, 133, 214, 213, *220,* 231, 236, 238
Nike, 299
NKD, 103
Novos produtos, 160, 213

O
Obama, Barack, 239
Ocado, 132, 133, 146–147, 148, 149, 150, 151, 189
Oferta de soluções, 103
Ofertas "gratuitas", 80
Oloffson, Lars, 111, 112, 122, 126
Oito passos, modelo (processo) de gestão de categorias de oito passos
   processo, 336–337
Open data, 248
Operações, 175, 187
Organizacional
   desenvolvimento, 29–30, 31, *32, 41,* 43, 210–270, 377
   missão, 32–33
Orientação, 159
Otimismo, 75–76

P
P&G, *ver* Procter & Gamble (P&G)
PAD - Pleasure-Arousal Dominance, modelo, 276
Pagamento de tributos, 89
Painéis de domicílios, 54, 214, 213, *220*
Papéis, 361
Parcerias internacionais, programas de cartão fidelidade, 215–217
Parcerias, Programas De Cartão Fidelidade, 215–217
Partnering Group, The, 333, 336
Partners for Growth, 375

PepsiCo, 35, 79, 164, 210, 267, 360, 361, 369, 375

Perdas de mercadorias, 305–310

Pesquisa
  acadêmica, 38–39
  agências, 222, 223, 225, 226, 227, 230
    ver também Dunnhumby; EMNOS; GfK; IRI; Nielsen; TNS
  de mercado, 26, 54–55, 105, 213–215, 242, 314
    ver também GfK; IRI; Nielsen; TNS
  neuro 32, 38, 41, 54, 72–73, 93–105, 163
    ver também desenvolvimento do cérebro

Pesquisa acadêmica, 38–39

Pesquisas, 93–594

Percepção, 86–87, 207, 299
  percepção do tempo de espera, 73

Philips, 25, 135, 157

Pipedown, 282

Planejamento do roteiro, 152

Planogramas, 58, 80, 189, 233, *329*, 346, 351, 275

Planos de aposentadoria, 65

Plus, 85–86, 146

Poder, 213, 372
  canal 257, 259, *264*

Poder do varejista, 372

Pop (popular), música, 276, 279

Prazer, e aromas, 289–291

Prazer-estimulação-dominância, modelo, 276

Preço, 113, 116 –117, 124, 157, 242
  comparações, 137

etiquetas, 97

guerras, 178, 224

shoppers, *264*, 265

percepção (compra on-line), 86–87

Pressão social, 77–78

Priming (preparação), 76–77

Princípios universais, neuropesquisa, 101

Privacidade, dados, 247–249, 250

Procter & Gamble (P&G), 25, 236, 308, 275, 375
  Compra on-line, 157, 158
  Gestão de categorias, 325, 327, 329–330, 332
  Vocalpoint, 236, 239–240

Produto
  dimensões, 176
  método de atributos, 205
  nomes, 207

Produtos orgânicos, 126, 268

Produtos de higiene pessoal, 157–158, 195

Produtos eletrônicos, mercado de, 116, 124, 126, 136, 138, 144, 155, 165

Produtos frescos, 74, 116, 122, 124, 74, 189, 325–26
  compra on-line, 133, 140, 141, 142–143, 157, 158, 166
  Coop, 233
  Tesco, 213

Produtos saudáveis, promoção, 85–86

Promoções, 214, 247

Propostas, gestão de categorias 362–363

Psicologia, hábitos de varejo 31, 61–92, 104

Publicidade, 25, 27, 51, 54, 68, 80, 83, 84, 268

digital, 213
e *big data*, 240
P&G, 275
Publicidade digital, 213

Q
Quaker Oats, 255
Questionários, 55

R
Reabastecimento integrado, 332
Recessão econômica 68, 86, 195, 196, 255–256, 259
Red Market, 314
Redução de sacos plásticos, 84–85
Redução do mix, 191–195, 208
Refrigerantes, 124, 126, 299, 333, 362, 364, 369
Regra do pico-fim, 79
Relatórios, 236
Respostas a aromas, 297
Restaurantes, 36, 65, 73, 162, 204, 244, 275, 276, 278, 279–280
Restaurantes de autosserviço, 244
Retirada e supermercado, 155
RFID (Radio-Frequency Identification), 240
Right to Quiet Society, The, 282
Riscos, programas de cartão fidelidade, 231–232
Rock, música, 276
Rostos, em *displays*, 98, 101, 102
Rotina, 86
Rotinas do gerente de categoria, 358–359, *360*

S
Safeway, 332
Sainsbury's, 184

cartões fidelidade, 211, 214, 216, 221
compra on-line, 150, 152, 153, 155
gestão de categorias, *329*, 333, 346
Sam's Club, 369
Samsung, 135
Scanners portáteis, 314, 315
ver também dados escaneados
Schuitema, 188–200
Scoring Points: How Tesco continues to win customer loyalty (Humby, Hunt, Philips), 198–199, 213
Seasons, campanha de *shopper marketing* 369
Secos, mercado, 74, 116, 124, 126, 157, 233, 259, 260
Segmentação, 26, 211–212, 243
Segmentação por estilo de vida, 211–212
Seleção do mix, 97, 113, 116, 160, 173– 209, 214
Seleção, on-line, 161–163
Self-checkout 304–19
Sentido do olfato, 291–292
Separação e preparação de pedidos, 151–153
Serviço de entrega, 146, 147–148, 151–154, 159, 213
Serviços, 115, 119, 316–318
Serviços de consultoria (grupos), 244, 330
Serviços especiais, 74, 115–116
Setor bancário, 191, 213, 249, 239–240, 274
Setor público, 89–90
Shopper
calculista (racional), 30–31, *41*, 63, 94

com limitações físicas, 138
econômico, 315
emocional, 30–31, *41*, 42
fase, 354–357
   ver também trade marketing
felicidade, 25–45, 383–384
importância crescente dos, 275–276
insights, 37–38, 39
irracional, 61–92
lealdade, 256 –257, 262–263, *264*, 265, 317
marketing, 366–379
não econômico, 315
perspectiva (compreensão), 30–32, 33, *41*
racional (calculista), 31–32, *41*
rápido, 58
Shoppers calculistas, 31–32, *41,* 62, 94
Shoppers não econômicos, 315
Shoppers irracionais, 61–92
   ver também shoppers emocionais
Shoppers racionais (calculistas), 31–32, *41,* 62, 94
Shoppers rápidos, 58
Silence list, lojas, 282–283
Sistema 1, processo mental, 80–81
Sistema 2, processo mental, 80–81
Sistemas, dados, 175
Sociomantic Labs, 213
SPAR International, 17
Starbucks, 61, 71, 91, 283, 287
Super de Boer, 187
Supermarket Plus, 145
Supermercados, 155, 275, 279, 282, *318*
   ver também Ahold; Albert Heijn; Aldi; Asda; Auchan; Carrefour; Carrefour

Planet; Casino; Colruyt; Coop Norway; De Boer Winkelbedrijven; Delhaize; Draeger's; hypermarkets; Jumbo; Kesko; Kroger; Laurus; Leclerc; Lidl; Loblaw; Marqt; Mercadona; Metro; Morrison's; Ocado; Plus; Red Market; Safeway; Sainsbury's;
Sam's Club; Schuitema; SPAR International; Super de Boer; Supermarket Plus; Walmart
Supervisão (caminhar pela loja), 308, 309
Suporte, gestão de categorias, 354–352, 354, *355*
Suprimentos de escritório, mercado, 25
Suprimentos, limitando 74, 79, 80

T
Target, 247
Táticas, categoria *339*, 340
Tecnologia, 133, 134–135, 136, 226, 239, 241, 242
   gestão de categorias, 336
   segurança 308–309
   ver também internet; infraestrutura de TI
Tempo de espera, percepções, 73
Tempo, conveniência, 136, 140–141
Tempo, música, 276, 278, 279, 281, 283
Tesco, 117, 210–212, 213
   cartões fidelidade, 210–212, 216–217, 222, 231
   compra on-line, 133, 140, 150, 151, 152–153, 154, 155, 161, 165
   e *big data*, 243, 244

gestão do mix, 176, 179, 189
marcas próprias, 257, 263–264, 265–266
TNS, 51, 53, 58, 94, 214, *220*, 222, 231
Tom, música, 278
Tomada de decisões, 28–29, *41*, 42–43, 243
  ver também compras por impulso
Toys 'R' Us, 197
Trade marketing, 344–345, 249–265, 273, 275
  ver também shopper marketing
Transparência, 73, 157, 231, 230, 249, 268
Transporte, 136, 144
Treinamento, 308, 310
Treinamento do pessoal, 308, 310
  ver também funcionários de lojas
Twitter 238, 240

U
Unilever, 68, 267, 375
United Coffee, 267

V
Valor
  consumidor, 323, 323, 325
  labels (marcas, rótulos), 265–266
Varejista orientado à loja *182*, 184, 187, 188–189
Varejista orientado ao fornecedor, *182*, 184, 187, 188–189

Varejo
  ciclo de vida, 117, 118
  densidade, 301
  estratégia, 173–174
  funções, 361
  painéis, *220*
Vendas
  incrementais, 165
  previsão, 167–168
Victoria's Secret, 279
Viés de informação 38
Vinhos, escolha, 279
Virgin, 120
Vocalpoint, 236, 239–240
Volume, música, 277, 284

W
Walmart, 109–110, 117, 306
  big data, uso, 238, 239
  compra on-line, 140, 167–168
  gestão de categorias, 323, 328, *329*, 330, 333, 359
  Gestão de mix, 191, 195
  marcas próprias, 257, 259
  shopper marketing, 369
White labels, 256

Y
YouTube, 238

Z
Zara, 29, 116
Zero Moment of Truth (ZMOT), Momento Zero da Verdade 137, 371
Zoneamento, 285.

LEIA TAMBÉM

A BÍBLIA DA CONSULTORIA
Alan Weiss, PhD
TRADUÇÃO *Afonso Celso da Cunha Serra*

ABM ACCOUNT-BASED MARKETING
Bev Burgess, Dave Munn
TRADUÇÃO *Afonso Celso da Cunha Serra*

CONFLITO DE GERAÇÕES
Valerie M. Grubb
TRADUÇÃO *Afonso Celso da Cunha Serra*

CUSTOMER SUCCESS
Dan Steinman, Lincoln Murphy, Nick Mehta
TRADUÇÃO *Afonso Celso da Cunha Serra*

DIGITAL BRANDING
Daniel Rowles
TRADUÇÃO *Afonso Celso da Cunha Serra*

DOMINANDO AS TECNOLOGIAS DISRUPTIVAS
Paul Armstrong
TRADUÇÃO *Afonso Celso da Cunha Serra*

ECONOMIA CIRCULAR
Catherine Weetman
TRADUÇÃO *Afonso Celso da Cunha Serra*

INTELIGÊNCIA EMOCIONAL EM VENDAS
Jeb Blount
TRADUÇÃO *Afonso Celso da Cunha Serra*

IoT - **INTERNET DAS COISAS**
Bruce Sinclair
TRADUÇÃO *Afonso Celso da Cunha Serra*

KAM - **KEY ACCOUNT MANAGEMENT**
Malcolm McDonald, Beth Rogers
TRADUÇÃO *Afonso Celso da Cunha Serra*

MITOS DA GESTÃO
Stefan Stern, Cary Cooper
TRADUÇÃO *Afonso Celso da Cunha Serra*

MITOS DA LIDERANÇA
Jo Owen
TRADUÇÃO *Afonso Celso da Cunha Serra*

MITOS DO AMBIENTE DE TRABALHO
Adrian Furnham, Ian MacRae
TRADUÇÃO *Afonso Celso da Cunha Serra*

NEUROMARKETING
Darren Bridger
TRADUÇÃO *Afonso Celso da Cunha Serra*

NÔMADE DIGITAL
Matheus de Souza

O PREÇO É O LUCRO
Peter Hill
TRADUÇÃO *Marcelo Amaral de Moraes, Paulo de Castro*

OS SONHOS DE MATEUS
João Bonomo

PETER DRUCKER: MELHORES PRÁTICAS
William A. Cohen, PhD
TRADUÇÃO *Afonso Celso da Cunha Serra,*
Celina Pedrina Siqueira Amaral

RECEITA PREVISÍVEL
Aaron Ross & Marylou Tyler
TRADUÇÃO *Celina Pedrina Siqueira Amaral,*
Marcelo Amaral de Moraes

TRANSFORMAÇÃO DIGITAL
David L. Rogers
TRADUÇÃO *Afonso Celso da Cunha Serra*

VIDEO MARKETING
Jon Mowat
TRADUÇÃO *Afonso Celso da Cunha Serra*

Este livro foi composto com tipografia Bembo e impresso
em papel Off-White 90 g/m² na gráfica Formato.